Routledge
Taylor & Francis Group

二十国集团
演变、互动、记录

The G20
Evolution, Interrelationships, Documentation

[加] 彼得 · 哈吉纳尔（Peter I. Hajnal）⊙著

国务院发展研究中心
“国际经济金融治理”基础课题组 ⊙译

魏加宁 ⊙监译　杨光普 ⊙校对

中国发展出版社
CHINA DEVELOPMENT PRESS

图书在版编目（CIP）数据

二十国集团：演变、互动、记录 /（加）彼得·哈吉纳尔著；国务院发展研究中心"国际经济金融治理"基础课题组译. —北京：中国发展出版社，2017.7

ISBN 978-7-5177-0680-9

Ⅰ.①二… Ⅱ.①彼… ②国… Ⅲ.①国际经济合作组织—研究 Ⅳ.①F116

中国版本图书馆CIP数据核字（2017）第102195号

著作权合同登记号：图字01-2017-3514

书　　名：二十国集团：演变、互动、记录
著作责任者：[加]彼得·哈吉纳尔
出 版 发 行：中国发展出版社
（北京市西城区百万庄大街16号8层　100037）
标 准 书 号：ISBN 978-7-5177-0680-9
经　销　者：各地新华书店
印　刷　者：三河市东方印刷有限公司
开　　本：710mm × 1000mm　1/16
印　　张：25
字　　数：311千字
版　　次：2017年7月第1版
印　　次：2017年7月第1次印刷
定　　价：50.00 元

联 系 电 话：（010）88919581　68990692
购 书 热 线：（010）68990682　68990686
网 络 订 购：http://zgfzcbs. tmall. com//
网 购 电 话：（010）88333349　68990639
本 社 网 址：http://www.develpress. com. cn
电 子 邮 件：370118561@qq. com

译者序

2016年，中国成功举办了G20杭州峰会。这是在世界经济复苏乏力、全球经济金融治理面临转型、可持续发展遭遇严峻挑战的背景下召开的，也是近年来中国主办的级别最高、规模最大、影响最为深远的一次国际峰会。此次峰会达成了一系列共识，取得了丰硕成果，展现了中国在全球治理体系中日益凸显的重要作用。

2008年全球金融危机爆发，并迅速演变成一场经济危机。与此同时，隐藏在全球经济背后的各类问题与矛盾纷纷暴露出来，资产价格大幅下降，经济增速显著放缓，国际贸易急剧萎缩，各国失业率骤升，效率与公平的矛盾更加突出。面对这场危机，现有的国际政府组织和各种协调机制（如联合国、IMF、世界银行、WTO、OECD、八国集团等）显得有些力不从心，有关建立一个全球性的“危机应对委员会”的共识在主要国家领导人之间迅速达成。在此背景下，已经运行将近十年的G20财长和央行行长会议升级到了领导人层面的峰会——首届G20峰会于2008年11月在美国华盛顿召开，并迅速成为“国际经济合作的首要平台”。

在过去十年间，通过丰富议题、扩展议程、完善组织架构等措施，G20在防止经济危机恶化、促进世界经济复苏、推进全球治理、协调各国经济政策等方面取得了有效进展。例如，除“应对危机”议题外，G20的关注范围还扩展到了可持续发展、结构性改革、国际金融体系改革、增长与就业、粮食安全与大宗商品价格波动、气候变化等重要议题。与此同时，G20还设立了越来越多的部长级会议、专家组会议、工作组会议及其他下设机构团体会议，以落实峰会的承诺和倡议。G20还努力协调自身与国际政府组织、工商团体及民间社会的关系。

但是，在世界经济缓慢复苏的同时，逆全球化势头日趋明显，并集中表现为民粹主义、民族主义和经济问题政治意识形态化等三大挑战[①]。伴随着这股逆全球化趋势，国际经济与金融治理也面临着新的挑战：联合国安理会的效率始终无法得到改善，IMF与世界银行的配额改革和机构改革阻力重重，重启多哈回合谈判步履维艰，欧债危机为欧元区的前景蒙上阴影，俄罗斯的八国集团成员国资格被中止，英国脱欧对欧盟及世界的冲击尚未可知。这些挑战都说明了全球治理与全球化进程脱节，值得我们高度重视与深刻反思。与此同时，我们也必须清楚地看到，这种趋势只是暂时的，从长远来看，世界的发展最终还是会回到全球化的轨道上来。正如2017年初习近平主席在世界经济论坛主旨演讲中指出的，“经济全球化是社会生产力发展的客观要求和科技进步的必然结果”，“经济全球化确实带来了新的问题，但我们不能就此把经济全球化一棍子打死，而是要适应和引导好全球化，消解经济全球化的负面影响，让它更

① 参见刘鹤：《两次全球大危机的比较研究》，中国经济出版社2013年版。

好惠及每个国家、每个民族”。

面对全球化带来的日益增多、日渐复杂的各种问题，加快推进全球治理体系改革以跟上经济全球化的步伐，不仅势在必行，而且刻不容缓。在此，作为“国际经济合作的首要平台”，G20在全球经济治理体系中的地位日益凸显。

然而，不得不承认，G20自身也面临着种种挑战：如何处理其正当性与合法性的关系？如何化解代表性与有效性之间的矛盾？如何处理与其他国际政府组织间的关系，尤其是与联合国、IMF、世界银行以及G7之间的关系？G20是否应当以及能否顺利从一个“危机委员会”转变为一个“指导委员会”？如何完善对G20绩效的评估与问责，以保证历届G20峰会所做承诺得到有效落实？……面对这些问题，G20必须进行改革，而且正在进行改革。要想参与有关G20改革的讨论，要想展望全球治理的未来走向，此书乃必读之物。

国务院发展研究中心

“国际经济金融治理”基础课题组

负责人：魏加宁

2017年6月6日

前言与致谢

自我的专著《八国集团体系与二十国集团》和《二十国集团：演变、互动、记录》（即本书英文版第一版）相继在2007年、2014年出版以来，全球治理已经发生了巨大变化。这些变化包括七国集团（G7）或八国集团（G8）体系以及二十国集团（G20）体系的发展。其中，有两个重大变化最值得关注：一个是G20先后在财长和央行行长会议层面（1999年）和领导人会议层面（2009年）的诞生，这两个会议回应了将主要发展中国家和其他系统重要性国家（特别是中国、印度、巴西、南非和墨西哥）全面纳入全球治理体系的呼吁，反映了全球经济与政治的新形势；另一个重大变化是俄罗斯的G8成员国资格被中止，G8重回G7。

正如许多其他国际机构的诞生都是以危机为契机的，G20也不例外。G20部长级会议发端于20世纪90年代末的亚洲金融危机，而G20峰会则开始于2007~2008年的全球经济与金融危机。因此，我们需要一本类似于《八国集团体系与二十国集团》的书来梳理与G20有关的一系列复杂问题。

本书旨在成为有关G20及G7/G8/G20改革工作的权威参考。首先，本书梳理了G20的演变历史，包括G20峰会及在其之前就已开始的G20财长和央行行长会议；其次，本书还分析了G20议程的演变、成员国资格问题、广义的G20体系以及G20与国际政府组织、工商团体及民间社会之间日益重要的关系；在此基础上，本书分析总结了G20已经达成的改革共识和已经实现的改革，并考察了G20在监督与评估方面取得的进展及面临的挑战；再次，本书梳理了有关G20峰会及下设机构团体的档案资料，并汇总了有关G20的其他信息来源；最后，本书制作了一个翔实的参考文献列表以及一个单独的中文参考书目。本书大部分资料截止到2016年底，但对之后至2017年3月的发展情况有一个简要的说明。

我希望这本书能够为各领域的研究人员、工作人员和学生提供有价值的参考，包括经济学、金融学、政治学和其他学科以及政府部门、国际组织、金融机构、非政府行为体、新闻媒体等。当然，这本书也可能激起更广泛的读者群体的兴趣。尤为重要的是，为了本书中文版的面世，我已将全书各章节进行了更新，**通过手中这本书，您可以看到中国在全球治理体系中正在发挥日益重要的领导作用。**

我非常感谢尊敬的加拿大前总理、前财政部长保罗·马丁先生对本书的极大鼓励以及提出的宝贵意见。还要感谢我的导师Nicholas Bayne爵士，他丰富的经验、敏锐的洞察力以及富有建设性的建议让我在多年有关G7/G8和G20的研究写作中受益匪浅。我的同事多伦多大学John Kirton教授，也在本书写作中给我以鼓励、指导和支持，他是G7/G8和G20领域的知名学者，也是G7/G8研究中心的创始人和主任，还是G20研究中心的创始人和联合主任；G20研究中心的其他成员，特别是Madeline Koch、Jenilee Guebert、Caroline Bracht、Julia

Kulik、Brett Donnelly、Sophie Barnett、Maria Marchyshyn、Zaria Shaw和Alissa Wang等人也为我提供了热心帮助；多伦多大学蒙克国际事务学院前研究主任Louis Pauly教授对本书也给予了积极支持和有益建议；在此，谨对以上所有人一并表示感谢。同时还要感谢多伦多大学蒙克国际事务学院和三一学院在硬件方面提供的支持。

我还要感谢许多学术界与民间社会的同事和朋友以及政府和国际组织的官员，他们都分享了各自的所见所闻与见解。由于需要感谢的人太多，恕我难以一一列出，但需要特别感谢的是：加拿大国际治理创新中心和滑铁卢大学的Andrew Cooper，哥德堡大学全球研究院的Jan Aart Scholte，FIM民主全球治理论坛前CEO Nigel Martin，海因里-伯尔基金会经济治理项目部主任Nancy Alexander，彼得森国际经济研究所前主任Edwin Truman，InterAction[①]国际支持部门主任John Ruthrauff，布鲁金斯学院Colin Bradford，G8和G20非政府组织工作组和莫斯科AIDS信息分享协会的Alena Peryshkina，加拿大对外事务和国际贸易部的Janet Gompf，之前在维多利亚大学全球研究中心任职的Gordon Smith、Barry Carin和Peter Heap，其中Gordon Smith是该中心的前主任，并且是加拿大的协调人，前加拿大协调人Peter Harder，莫斯科国立研究大学经济学院国际组织研究所所长Marina Larionova，隶属于俄罗斯外交部MGIMO大学的Victoria Panova，上海外国语大学的朱洁金、钱浩、胡立中，曾在对外经贸大学国际关系学院任职的徐婷，Enough Food for Everyone Campaign和What World Strategies[②]，Bond[③]国际支持部门的Joanna Rea以及联合国达格

① 这是一家民间社会组织——译者注。
② 这是两家民间社会组织——译者注。
③ 一家致力于国际发展的民间社会组织——译者注。

哈马·舍迩德图书馆的图书管理员。最后，我要特别感谢中国国务院发展研究中心魏加宁研究员对本书翻译和出版的鼓励与支持，感谢杨光普以及国务院发展研究中心“国际经济金融治理”基础课题组所做的翻译工作，正是他们的努力，本书中文版才得以出版。

长期以来，跟我工作的研究助理Gillian Clinton，为本书的更新做了大量出色的准备工作。另外，我要感谢Ashgate出版社的Kirstin Howgate、Margaret Younger、Brenda Sharp、Laura Linder，他们的付出使本书英文版得以在2014年顺利面世。同时，还要感谢劳特利奇出版社（已并购了Ashgate出版社）对本书中文版出版的许可。最后，我还要感谢我的妻子Edna和我的儿子Mark对我工作的支持与理解。

我要感谢所有为本书改进和出版提供帮助的个人和组织。书中的任何不准确或遗漏都是我的责任。

彼得·哈吉纳尔

2017年3月于多伦多

目 录

绪 论

第一章 G20的缘起

第二章　G20的成员国、受邀国、峰会及议程

第三章　不断演进的G20体系

第四章　G20与国际政府组织的关系

第五章　G20与工商团体的关系

第六章　G20与民间社会的关系

第七章　有关G7/G8和G20的改革

第八章　对G20绩效的监督与评估

第九章　G20的文件记录

第十章 其他信息来源

结 语

表目录

G20
二十国集团
演变、互动、记录

绪论

在本书开篇，我们先为读者了解复杂演进的二十国集团（G20）论坛提供一些背景知识。首先概述G20的特点，然后对有关G20作为全球治理机构的各种观点加以综述，接下来介绍本书的写作目的和架构，最后对各章的主要内容予以简单介绍。

G20：是什么？不是什么？

正如它的前身G7/G8一样，G20也不是一个正式组织。一般而言，正式的国际政府组织是根据《联合国宪章》或《国际货币基金组织协定条款》等创始章程或国际条约建立的。正式的国际组织设有常设秘书处，负责执行该组织理事机构的政策、决定和指示。与此相反，无论是G7还是G8，抑或是G20都不是建立在宪法性文件之上的，也没有常设秘书处，尽管G20的轮值主席国在轮值期内会设立一个临时秘书处以协调工作和组织会议，G7/G8和G20公报也没有法律约束力和强制执行力，但这只告诉我们“G20不是什么”。

“G20究竟是什么”则是一个更难回答的问题。G20在1999年财长和央行行长会议公报中宣称：“成立G20是为了在布雷顿森林体系的框架内提供一个新的非正式对话机制；扩大系统重要性经济体之间对经济和金融政策关键问题的讨论；促进合作以实现世界经济稳定与可持续增长，并使成果惠及所有人”（G20，1999）。2011年，作为戛纳峰会的主办国，法国简要申明了G20“是在相对非正式形式下每年由轮值主席国主办的会议”（G20，2011g）。2012年，作为洛斯卡沃斯峰会的主办国，墨西哥将G20的特征总结为“有关在国际经济和金融领域最重要议题的首要国际合作论坛，它汇集了世界主要发达经济体和新兴经济体”，并将G20的目标总结为：“（1）成员之间进行政策协调以实现全球经济稳定与可持续增长；（2）促进金融监管规章的出台以减少金融风险和预防金融危机；（3）创建一个新的国际金融架构”（G20，2012ac）。2017年，G20主办国德国将G20直接定义为：“金融和经济议题方面的国际合作核心论坛”（G20，2017 l1）。

G20是最高政治级别的政策讨论与对话的多边论坛，它由世界各区域代表性国家组成，这与具有普遍成员资格的多边组织形成对照。在峰会层面，G7/G8和G20的主要目标都是“行使政治领导力，协调国内外压力，提供国际体系的集体管理”（Bayne，2011b）。还有一些人使用“双边”而不是“多边”来形容G20（Hampson、Heimbecker，2011）。G20能够实现（在许多情况下已经实现）政策协调，并在越来越多的经济及其他问题上提出政策倡议。G20将具有悠久民主历史的市场经济国家与其他不同政治制度的系统重要性国家团结在一起。除了G7/G8国家[①]，G20还包括阿根廷、澳大利亚、巴西、中国、印度、印度尼西亚、墨西哥、沙特阿拉伯、南非、韩国和土耳其[②]等11个国家，欧盟为第20个成员。正如G7/G8一

① G7、G8国家分别为加拿大、法国、德国、意大利、日本、英国、美国（G8含俄罗斯）。

② 本排序按照英文首字母顺序排列——译者注。

样，G20也可以看作一个成员间（近乎）平等的俱乐部。包括Gnath和Schmucker（2011）和Kirton（2013d）在内的几位学者，正在研究G20内部平等性的问题。

G20成员国的经济总量占世界总量的80%以上，贸易总量占全球贸易的四分之三，人口总数占世界人口的三分之二。G20的决策具有广泛影响力，有助于推进国家层面甚至多国层面的改革。和G7一样，G20也是一个非正式论坛，由轮值主席国负责组织峰会、制定议程和邀请嘉宾，因此每个轮值主席国都扮演着特别重要的角色（G20，2017I2）。G20已经成为全球治理的主要行为体，特别是自2009年9月匹兹堡峰会宣布G20将是“国际经济合作的首要论坛”以来（G20，2009c）。

G20的轮值主席国是按照“三驾马车”规则来确定的。轮值期并不是严格按照日历年来计算的：下一任即将当值的G20成员国通常会在当年12月1日开始担任主席国，并持续到下一年11月。为了确保议题的连续性（译者注），并希望现任和后任主席国能获得上一任主席国的经验，G20财政代表于2002年确立了“三驾马车”规则（G20，2007）。这“三驾马车”分别来自由G20指定的轮值主席国区域小组，如表1所示。例如，2017年的“三驾马车”分别为2016年的主席国——中国、 2017年的主席国——德国和2018年的主席国——阿根廷。

表 1　　G20轮值主席国区域小组

组1	组2	组3	组4	组5
澳大利亚	印度	阿根廷	法国	中国
加拿大	俄罗斯	巴西	德国	印度尼西亚
沙特阿拉伯	南非	墨西哥	意大利	日本
美国	土耳其	—	英国	韩国

资料来源: G20，2017I3。

每个成员国在担任G20轮值主席国期间均设立一个临时秘书处，

该秘书处负责协调工作并组织G20的各种会议。前几届G20峰会并没有遵循“三驾马车”规则：首届峰会在美国举行（华盛顿，2008年11月），第二届峰会在英国举行（伦敦，2009年4月），第三届峰会又在美国举行（匹兹堡，2009年9月），第四届峰会在加拿大举行（多伦多，2010年6月；但当年的轮值主席国是韩国）。

早在2010年，John Kirton就察觉到“G20的内部领导可能从三驾马车转变成由所有民主政体组成的五国联盟”（Kirton，2010b）。那么，由此引发出了一个问题：这样的转变是否会放松G20接收来自南北世界拥有不同政治制度成员国的标准？这会不会把中国和其他新兴经济体排斥在全球经济治理的领导体系之外？2010年11月，担任轮值主席国的韩国主办了首尔峰会，同时G20戛纳峰会重申了“三驾马车”规则。这一点很重要，因为这样做加强了所有G20成员国的平等领导地位，而不仅仅是由G7主导。“三驾马车”规则体现的是G20根据区域分组的轮值主席权。

G20的相对非正式性有助于领导人发展良好的个人关系（尽管这比G7/G8更难实现[①]），也有助于各成员国了解彼此国内政治经济环境。正如Hampson和Heinbecker（2011年）所指出的，“G20成员国的多样性意味着较少的利益共同性……这在一定程度上抵消了任何协议达成背后的广泛支持，削弱了该集团履行承诺的能力”。

针对日益增多和日渐复杂的各种问题，G20为各国领导人提供了一个实现政策协调与合作的平台。在超过18年的部长级会议和九年的领导人会议的历史上，G20在金融、经济和其他一些全球性问题上取得了重要成果，尽管实施效果并不一致。与此同时，尽管G20比G7/G8在全球经济和政治领域更具代表性，但因其被认为效率低下、缺乏普遍代表性以及不具备完全的合法性，对G20的批评从未

① 由于G20的规模比G7/G8更大，成员国更具多样性，因此领导人之间建立个人关系难度更大。

停止过。

然而，前加拿大G20 协调人Len Edwards在戛纳峰会前夕写道："G20代表了全球经济治理的未来。它为中国、印度和巴西等国代表的新兴经济体提供了机会，使他们能够与发达经济体相互合作，为规范国际经济行为打造一个有效治理框架"（Edwards，2011）。

作为全球治理机构的G20

通过对G20的一些分析，John Kirton（2013c）总结了几个学派关于G20的不同观点：

- **冗余说**。这种观点认为，G20由于其非正式性质和大量多样的成员国而走向冗余。它还认为，G20是G7/G8和布雷顿森林体系在金融和经济领域中一个不必要的对手。这个学派的一些学者甚至认为G20是危险的，因为它篡夺金融治理的权力，并将联合国的大多数成员国排除在外（Åslund，2009）。
- **拒绝说**。这个学派拒绝承认G20的杰出性，但不否认G20的贡献和继续存在的状态（Beeson和Bell，2009）。这个学派的其他人指出了G20在制度和执行方面存在的问题（例如，Duncan，2008；Giles，2009；Payne，2010）。
- **升级说**。这种观点认为，G20的核心使命应该仅限于促进金融稳定，保持经济持续增长和使所有人受益（Alexandroff和Kirton，2010；Griesgraber，2009）。也有人指出，与G7/G8相比，G20具有更广泛的代表性。还有人认为"G7将成为执行委员会，而G20将担任集会的角色”（Penttilä，2009）。在这个学派中还有一种观点：G20和G7/G8是“相互合作相互依赖”的关系（Cooper，2010a）。

- **替代说。**Kirton（2013c）梳理了各种“替代者”的论调，该学派认为随着G20的出现，G7/G8“作为一个有效的中心论坛”将会消失。这一观点将在第七章中详细探讨。

Kirton继续阐述道：“G20在部长级会议和领导人会议层面已经成为一个系统枢纽，并逐步从日益扩大的议程和全球治理层面... 跨越到‘全球治理网络’”。在阐述G20的这一新概念时，他对G20作为一个全球治理网络在全球经济治理方面的前期工作表示肯定，特别是Anne-MarieSlaughter（1997）的贡献。Kirton（2013e）将G20治理绩效概念化为六个维度，分别为国内政治治理、审议、方向设定、决策制定、执行和全球治理的发展。

Bayne（2011b）则使用九个指数开发了一种评估G20和其他国际机构的方法：

- 政治和经济：该机构能够在多大程度上调和政治与经济？G20峰会仍然主要是一个经济论坛，但是它缘于很多政治因素。
- 部门强度：该指数从政府部门参与个数的角度对机构进行评估——一个政府有多少部门参与国际机构的互动？G20主要侧重经济领域，最初并没有要求财政金融之外的政府部门参与，但是随着议程的扩大，更多的部门参与进来了。
- 议程上的国内与国际问题：G20不仅关注国际问题，也关注国内问题，这与上文Kirton提出的“国内政治治理”维度并不相同。
- 自愿合作与规则制定方法：G20依赖成员国之间的自愿合作，缺乏执行规则的能力，在这方面，G20与G7/G8有相同之处。

- 对成员国政府及其公民负责：Bayne认为G20有强烈的责任心。但是，本书的第八章认为G20的民主问责制比较薄弱。此外，本书将透明度视为问责制的一个考量维度，而Bayne则将其与问责制并列。
- 商业友好度：G20是商业友好的，但仍有进步的空间。
- 对更广泛的世界，包括民间社会的透明度：G20只有中等透明度，并且它与民间社会的关系并不稳定。
- 员工资源与对成员国的依赖：G20没有常设机构和工作人员，因此必然依赖各成员国。
- 多层次参与：该机构是否追求超越成员国的目标？在这一点上，G20是在积极参与多层次外交的。

领导人层面的G20被称为“危机（应对）管理委员会”，因为它的最初任务是应对2008年的金融和经济危机。一旦危机缓解，观察家便将其视为“全球指导委员会”的模式①（例如Bradford和Lim 2010），而这种过渡并不是平稳的。以下这个例子就说明了这种不确定的进展：由于欧元区主权债务危机的爆发，戛纳峰会被迫重点关注该危机，偏离了其预先设定的更为广泛的议程。第七章将对这一挑战进行深入探讨。

本书的写作目的

本书旨在提供关于G20和G7/G8/G20改革的权威性参考。这本书

① G20本身也可能这样认为。

追溯了G20的起源和前身，汇总了自1999年以来的G20财长和央行行长会议及2008年以来的G20峰会，回顾了其议程的演变，讨论了G20的成员国资格问题，考察了G20体系的组成部分，分析了G20与国际政府组织、工商团体、民间社会组织及其他组织的关系，分析并总结了G20已经达成的改革共识和已经实现的改革，阐述了G20和G7/G8之间的关系，讨论了一些有关G20绩效评估的问题，汇总了G20峰会及其下设机构团体[①]的记录范式，收集了其他信息来源（包括关于G20的著作、关注G20的智库、G20杰出参与者的回忆录、相关创意作品、网站和社交媒体）。

各章摘要

第一章追溯了G20财长和央行行长会议的创立（包括对前身机构的讨论）以及随后建立G20峰会的情况。本章的结论是：为应对现有机构无法充分解决的经济和金融危机，在部长层面和领导人层面先后出现了G20；为了平衡发达经济体与主要新兴经济体的话语权，G20有必要平等地包括这两类行为体；将G20发展成为一个有影响力的机构需要最高级别的政治领导力与承诺。

第二章考察了G20成员国和受邀非成员国的问题，汇总了自2008年以来的历届G20峰会，并回顾了峰会议程的演变。本章的结论是：尽管G20基于系统重要性来认定成员国的标准仍然保持不变，但成员国资格问题一直富有争议——代表性与有效性持续对立。峰会公报以及越来越多的工作组或类似的下设机构的成立可以看出G20 的议

① “下设机构团体”的英文原文为sub-summit groups，第三章对这类团体有详细介绍。

程正在扩展，这种不断扩展的富有连续性和创新性的议程进一步反映了G20正在向一个更具永久性的机构转变。

第三章回顾并点评了不断演进的G20体系，包括部长级会议、金融稳定理事会、其他下设机构团体会议和协调人会议。本章的结论是：通过处理具体问题和任务，此类下设机构团体会议为G20峰会提供关键性支持与补充。

接下来的三章重点讨论了G20与其他类型组织的关系。

第四章讨论的是G20与国际政府组织的关系、演变、利益和挑战，这些国际政府组织包括布雷顿森林机构①、联合国、经济合作与发展组织（OECD）、国际清算银行（BIS），等等。这种联系是必要且互利的，而且此类合作已在G20实践中得以建立，尤其是布雷顿森林机构和其他几个国际政府组织享有参与G20的特殊待遇。国际政府组织能够为G20提供分析意见、政策建议和绩效评估，并可能提升G20的合法性。本章还介绍了由国际货币基金组织（IMF）主导的“二十国集团相互评估进程”。

第五章讨论了G20与工商团体的关系，并重点介绍了世界经济论坛、国际商会、二十国集团工商峰会（B20）、二十国集团青年企业家峰会及私人慈善机构。本章认为，G20与这些来自工商业的有影响力的支持者的关系已经为双方带来了互利互惠。

第六章分析了G20与非营利性民间社会组织或团体之间不断演进的关系，讨论了他们之间的互动模式，考察了民间社会参与G20的动机和范围，并总结了影响这种关系的因素以及民间社会对G20进程、问责和议程的（有限）影响。本章进一步得出结论，G20与民间社会的互动，是互惠互利的，但G20对民间社会作用的官方认可并不意味着民间社会能够对G20成果产生重大影响，事实上，民间社会尚有潜

① 布雷顿森林机构指世界银行、国际货币基金组织和世界贸易组织——译者注。

力对G20产生更大的影响。

第七章分析并总结了有关G7/G8与G20的改革方案以及已经实现的改革，重点考察了有关两个组织成员资格、议程制定、机构重组及进程改进等方面的改革提案，并分析了G7/G8和G20之间、IMF和G20之间以及G8和G20之间的关系所面临的主要挑战。本章还探究了G7/G8和G20的各种潜在发展轨迹、G20与其他全球治理机构之间的关系、代表性与有效性之间的辩证关系以及G20从“危机委员会”转变为“指导委员会”等问题。

第八章研究了对G20绩效的监督与评估，这对问责来说至关重要。本章考察了民间社会组织（包括智库）、国际政府组织和G20本身在绩效以及承诺履行方面的监督与评估作用。结论认为，G20越发认识到问责在衡量其进展和确立其合法性方面的关键作用。由IMF与其他国际政府组织共同开展的“二十国集团相互评估进程”有助于加强评估与监督。民间社会组织（包括智库）和工商团体也利用各种方法对G20的绩效进行追踪研究。这些不同的评估方法各有优缺点，但可以确定的是，他们都有助于加强对G20的问责。

接下来两章汇总了有关G20的官方记录及其他信息来源。

第九章汇总的是G20峰会、G20财长和央行行长会议以及其他G20部长级会议和作为工作组的下设机构团体会议的文件记录范式、主题事项、筹备与宣传工作。本章展示了历届G20会议的公报和倡议，以及较低级别文件的内容是如何被更高级别文件吸收的。本章综述了外部行为体向G20提交的文件情况，探讨了G20的透明度问题及G20的档案研究问题，并简要讨论了官方网站和社交媒体的使用问题。结论认为，G20峰会、部长级会议和其他下设机构会议公布的文件是G20及其活动的主要信息来源。然而，由于外交谈判的保密性，或无意或过分忠实的信息保管，使得很多情况下公众仍无法获取相关信息。近年来，G20的透明度总体上有所提升，但新旧障碍并存，改进空间很大。

第十章收集了有关G20的其他几类信息来源，包括关于G20的著作、专注于G20研究的智库、G20参与者的回忆录、学术论文、创意作品以及包括G20官方网站在内的其他网页和社交媒体。本章认为，这些信息来源或多或少都是有关G20的重要补充资料，因此，为了更全面地了解G20及其活动，我们需要将这些资料纳入研究范畴。

最后一章为本书的结论。

参考文献不仅包括本书正文中的参考资料，而且还包括G20（以及相关的G7 / G8）和关于G7 / G8 / G20改革的报告和文件。本书对这些资料做如下排列：首先是书籍和小册子，其次是书的章节，再次是期刊文章，最后是官方出版物和网页。

G20

二十国集团

演变、互动、记录

第一章

G20的缘起

概 述

二十国集团（G20）及其前身八国集团（G8）都是为了应对危机而诞生的。在20世纪70年代初，为了应对汇率危机和石油危机，由八个工业化国家组成的G8应运而生。最早，法国、（西）德国、日本、英国和美国成立了非正式的G5；之后，意大利要求加入进来，G5变成G6；1976年，加拿大加入进来，G6变成G7；1998年，俄罗斯成为正式成员国，G7变成G8。

自1986年以来，G7的财长和央行行长就一直保持定期会晤。该论坛也是从G7/G8过程中唯一得以延续的部分，尽管俄罗斯财长和央行行长也偶尔参会。1999年，亚洲金融危机与拉美金融危机之后不久，首届G20财长和央行行长会议召开。该会议的召开可以视为对“一些重要新兴经济体在全球经济的讨论与治理中并没有被充分代表（G20，2012p）”这一质疑的回应。

本章追溯了G20财长和央行行长会议召开之前的一系列重大事件（包括对其前身机构的讨论），以及随后诞生的G20峰会。第二章回顾了自首届G20峰会以来的一系列峰会及其议程的演变，也对G20的组成架构以及受邀非成员国进行了讨论。第三章介绍了更广义的G20

体系的组成，包括G20峰会及其辅助机构与官员、部长级论坛以及其他下设机构团体。此外，第七章梳理并分析了有关G8和G20的改革方案，讨论了相关方面已经取得的改革成就，并考察了G8与G20之间的关系。

G20的前身

1995年，G7哈利法克斯峰会表示支持将一些重要的新兴经济体纳入到国际金融体系中，并声明应该将更多的资源和注意力投放到那些具有全球意义的国家上，这其中既包括发达经济体也包括新兴经济体。秉承这一精神，IMF于1997年确立了“新借款协定（New Arrangement to Borrow，NAB）”，该协定为26个成员国政府提供紧急信贷额度，并于1998年正式生效。随着亚洲金融危机的爆发并蔓延至俄罗斯和拉丁美洲，“新借款协定”先后促成了G22和G33（G20财长和央行行长会议成立前的两大主要集团）的诞生。

John Kirton（2013b）将G20财长和央行行长会议的诞生简化为以下几个阶段：

1. 1988年，G7多伦多峰会承认了亚太地区新兴工业化经济体日渐重要的地位；

2. 1989年，APEC会议在财长与外交部长层面创建；

3. 1998年，“新借款协定”正式生效；

4. 1998年[①]，G22成立；

5. 1999年[②]，G22扩充为G33；

---

① 此为译者注。

② 此为译者注。

6.1999年，G7财长召开金融稳定论坛（FSF）（G7 Finance Ministers，1999a）；

7.1999年，由24个IMF成员国政府组成的国际货币金融委员会（IMFC）成立，当年召开的G8科隆峰会对此表示欢迎；

8. 1999年12月，首届G20财长和央行行长会议召开。

G22

为响应时任美国总统克林顿于1997年11月在温哥华APEC会议上提出的倡议，G22于[①]1998年4月正式成立 。因其第一次会议是在华盛顿特区威拉德酒店举行的，所以G22也被称为“威拉德会议”。在第一次G22会议上，与会各国领导人达成了一项关于召开财长和央行行长会议的协议以推动全球金融体系改革。由此可见，由一些系统重要性经济体的财长和央行行长组成的论坛发端于一场为解决新兴经济体金融危机导致的全球性问题而召开的会议。1998年10月5日，在世界银行与IMF会议的间隙，G22举行了第二次会议，这次会议吸纳了四个新的成员，分别为比利时、荷兰、瑞典和瑞士（G22，1999；G20，2007）。

G33

作为一个更具包容性的团体，G33是在G7的倡议下并在G22的基础上于1999年初成立的。它的成员包括G22的成员和其他11个国家的财长和央行行长，这11个国家分别为比利时、智利、科特迪瓦、

① 出席第一次G22会议的国家有G7和15个其他国家或经济体，包括阿根廷、澳大利亚、巴西、中国、中国香港、印度、印度尼西亚、马来西亚、墨西哥、波兰、俄罗斯、新加坡、南非、韩国和泰国。

埃及、摩洛哥、荷兰、沙特阿拉伯、西班牙、瑞典、瑞士和土耳其（IMF，2006；G20，2007）。

G33分别于1999年3月和4月召开了两次会议，讨论了有关全球经济与国际金融体系改革的问题。但是，由于G22和G33都是临时设立的，发达经济体和新兴经济体对此都颇为不满。这是促成G20成立的一个重要因素。另外一个重要的原因是，G7国家已经意识到了同具有系统重要性的新兴经济体定期举行非正式对话的好处（G20，2007），这样的定期对话为1999年G20财长和央行行长会议的成立奠定了基础。

财长和央行行长层面的G20

根据G7财长向G8科隆峰会所提交报告中的建议，为加强国际金融架构，发起并成立了G20财长和央行行长会议。正如上文所述，G20财长和央行行长会议成立的契机是亚洲和拉美金融危机，同时也源自于发达经济体已意识到将最重要的新兴经济体纳入到全球经济治理中的必要性（Smith，2011a）。很明显，没有其他系统重要性经济体的充分参与，G8国家是无法独自解决全球经济和金融问题的。为将财长和央行行长会议扩充至20个成员国，加拿大前总理及前财长马丁与美国前财长萨默斯一起做了很多工作。在回忆这些工作之初时，萨默斯（2008）对马丁的工作表示了充分的肯定，尤其赞赏他对将全球金融体系从各种临时特设团体（如G22和G33）向更正规化道路推进的必要性的认识，这是有关创建一个更具永久性的财长和央行行长团体这一构想的萌芽，也开启了在政治层面对将系统重要性新兴国家纳入进来的讨论。英国前首相布朗也将G20财长和央行行长会议的成立归功于马丁（Brown，2010）。

除了G8国家，G20还包括阿根廷、澳大利亚、巴西、中国、印度、印度尼西亚、墨西哥、沙特阿拉伯、南非、韩国和土耳其等11个国家以及作为第20个成员的欧盟。一直以来，该数量及构成都被认为是在代表性与效率之间寻求平衡的结果。

G7财长和央行行长在1999年9月的一份联合公报中对这一新论坛的成立进行了确认。公报表示：

我们建议在布雷顿森林体系框架下为非正式对话建立一个新的机制，以此来拓展同系统重要性经济体就重大经济及金融政策议题进行对话，促进合作以实现稳定的、可持续的世界经济增长，惠及所有国家。我们相信，这一平台上的讨论将有利于补充并强化布雷顿森林机构的角色。据此我们将于12月邀请来自世界各地区具有系统重要性的国家代表到柏林共同成立这个新论坛（G7 Finance Ministers，1999b）。

1999年11月，G20副财长与央行副行长在温哥华召开了一次筹备会议，随后首届G20财长和央行行长会议于1999年12月15～16日在柏林召开。此次会议由时任德国财长艾歇尔与时任加拿大财长马丁共同主持。根据伯尔基金会Nancy Alexander（2011）的记载，G20的成员国是由萨默斯、马丁以及艾歇尔三人联合挑选的。

马丁（2005）回顾并分析了G20的诞生及运作细节，在倡导将财长和央行行长层面的G20升级为领导人层面的G20。并由G20官方出版的《二十国集团》（2007）一书回顾了G20最初九年的历史，记录并描述了G20财长和央行行长会议的历史背景、设立过程、组织架构、工作目标、运行方案及演变过程，同时还讨论了G20与其他国际机构和组织，尤其是与G7财长和央行行长会议之间的关系，并对G20在运行及制度上的有效性进行了讨论。其他一些人，如Porter（2000）、Helleiner（2000）、Culpeper（2003）以及Kirton（2005a），也对这些问题进行了分析。

领导人层面的G20

尽管G8的成员组成缺乏代表性这一事实导致其在实践中的缺陷越来越清晰（Smith，2011a），在时任加拿大总理马丁起初提议创建一个G20领导人论坛时，这些早期的方案并没能在其他领导人中得到足够的支持。首先突破这一缺陷的是时任英国首相布莱尔——他于2005年邀请了五个主要发展中国家，即巴西、中国、印度、墨西哥和南非，参加了当年G8格伦伊格尔斯峰会的特定环节。这种“G8 + 5”模式（对这种模式有不同的叫法），在后来的几届G8峰会中都得以延续，包括2006年G8圣彼得堡峰会、2007年G8海利根达姆峰会（在此次峰会上，作为东道主的时任德国总理默克尔将“+5”更名为“Outreach 5”）以及2008年G8北海道峰会（在此次峰会期间，这五个发展中国形成了他们自己的“G5”）。

G8海利根达姆峰会创立了所谓的“海利根达姆进程”，2009年G8拉奎拉峰会将这一进程更名为“海利根达姆/拉奎拉进程”，并要求其向2010年G8马斯科卡峰会提出实质性的报告以及向2011年G8多维尔峰会提交总结报告（OECD，2009；G8，2009）。“海利根达姆/拉奎拉进程”的四大支柱是：促进和保护创新；以透明的投资体制促进投资自由；能源合作，尤其是能源效率与技术合作；在可持续发展领域更好地合作与协调，特别是在非洲。

然而，“G8+5”模式以及“海利根达姆/拉奎拉进程”并未能解决以峰会为中心的全球治理中缺乏关键新兴国家代表的问题。在回忆G8格伦伊格尔斯峰会时，马丁（2008）在其回忆录中表达了他对主要新兴国家被排除在外的担忧：

> 中国国家主席胡锦涛与印度总理辛格是世界上人口最多的两个国家的领导人，而在我们的有生之年，这两个国家很可能会成为地球上最大的经济体。当我们举行G8峰会时，他们却在外面等候，接着进来吃午餐，然后当我们准备继续讨论时，他们再被请出会议室……G8如此对待新兴发展中国家巨头还要持续多久呢？……要么发达世界对包括G8在内的机构进行改革并将这些新兴的经济体纳入进来；要么这些新兴经济体将创建属于他们自己的机构——那样的话，也许有一天在走廊里等待午餐开始的将是我们。

最终促成G20峰会召开的是2008年蔓延至全球的金融与经济危机。为了应对危机，也是作为对时任法国总统萨科齐和时任英国首相布朗呼吁的回应，时任美国总统小布什于2008年11月14～15日在华盛顿召开了第一次领导人层面的G20会议，即首届G20峰会，这也是小布什作为美国总统的收官行动之一（Bayne and Woolcock，2011）。召开G20峰会的根本原因是各国领导人意识到：面对如此大规模的危机，G8是没有足够的影响力来稳定局面的（Bronnert，2011）。小布什（2010）承认，萨科齐曾经敦促他就经济危机应对召开一次国际峰会；但小布什也强调，部分欧洲国家更倾向于G7峰会，真正促成G20峰会的还是他本人。

在回忆录里，布朗（2010）有如下记载：2008年9月25日，在联合国大会期间，部分国家（一些是G20成员国，其他的则非G20成员国）举行了临时会议，集中讨论了经济危机以及为应对危机有必要采取的一致行动。“我们都认为，G8太过局限，因为它排除了所有主要的新兴经济体，而这恰恰是危机的核心。我和萨科齐总统先前考虑过根据G20财长会议的模式联合提议一个领导人层面的会议。”事实上，布朗与萨科齐于2008年早些时候在萨科齐的乡村官邸会面时就讨论了这一想法；那时两人已经达成一致共识，认为“G20将是最好的”，并且要推动西班牙与荷兰成为G20成员国。之后，小布什与萨科齐、布朗以及时任欧盟委员会主席巴罗佐进行了磋商，并于当年10月22日发出了华盛顿峰会的邀请。

首届G20峰会（“金融市场和世界经济峰会”）是在圣保罗G20财长和央行行长年度会议（会议举办国巴西是当年的G20轮值主席国）后不久召开的。除了20个成员国的首脑，IMF总裁、世界银行行长、联合国秘书长以及西班牙与荷兰的领导人也都受邀出席。Bayne 和 Woolcock（2011）指出，尽管G7国家并不太情愿接受G20，但新兴经济体最终还是在G20峰会上获得了与其经济发展水平相匹配的政治权力，当然我们也应该看到这一进展的另一面——“权力共享意味着责任共担，责任共担也意味着利益共享”（Hampson and Heinbecker，2011）。

新的峰会模式促使与会领导人决定次年再次举行会晤，然而在2008年11月，G20峰会作为一种可持续的论坛之地位尚未稳固。第二章将回顾G20峰会演变成为一个固定机构的过程。

小　结

通过对G20诞生过程的回顾，我们可以看到，无论是财长和央行行长层面的G20，还是领导人层面的G20，都揭示了这一全球治理重大进展背后的三个关键动向。

首先，无论何种层面，G20的出现均是由于现有制度已无法妥善解决经济和金融危机；换言之，G20是为了应对危机而产生的。

其次，权力从发达市场经济国家向新兴经济体尤其是中国、印度和巴西的转移说明了国际治理需要平等地纳入不同类型的行为体。无论那些守成的G7/G8国家如何不情愿，这种进展对于有效的全球治理而言是必然也是必须的。含蓄地讲，这种超越权力政治的转变与公平不无关系。

最后，将G20做实并成为一个强有力的机构需要来自最高层（国家及政府首脑层面）的政治领导力与执行力。除了严格意义上的经济与金融议题，G20在其他领域的潜力也已经开始增长，尽管还很缓慢。后文，尤其是第二章和第七章，将对这种迹象进行进一步探讨。

G20

二十国集团

演变、互动、记录

第二章

G20的成员国、受邀国、峰会及议程

本章研究了G20成员国和受邀非成员国的相关问题，回顾了G20自2008年首届峰会以来的历届峰会，追踪了G20历届峰会议程的演变。有关G20的部长级会议、特别工作组会议及下设机构团体的相关内容将在本书第三章进行讨论。有关G20成员国资格的相关内容将在本书第七章进行讨论。

成员国与受邀国

除了G8成员国（加拿大、法国、德国、意大利、日本、俄罗斯、英国、美国），G20还包括阿根廷、澳大利亚、巴西、中国、印度、印度尼西亚、墨西哥、沙特阿拉伯、南非、韩国与土耳其等11个国家和欧盟。G20的成员国虽然没有联合国和其他国际政府组织的成员国那样广泛，但它代表了全球发达国家和系统重要性新兴市场国家，也代表了66%的全球人口、88%的全球生产总值……以及60%的全球贫困人口（Martin，2013）。

G20的领导人最初邀请荷兰和西班牙出席会议。2010年G20首尔峰会决定，从那时起，只有西班牙可以以“永久受邀国”的身份出席会议。峰会还决定，未来会议邀请的非成员国不得超过5个，其中至少有两个应当来自非洲地区（G20，2010年峰会）。2012年G20洛斯卡沃斯峰会的主办国墨西哥，邀请了以下国家的领导人："永久受邀国"西班牙、贝宁（当年非盟的轮值主席国）、柬埔寨（代表东盟）、智利和哥伦比亚（以此来保障广袤的拉丁美洲的代表权）。IMF总裁和世界银行行长通常都会被邀请，联合国和OECD经常参加峰会的部分议程，所以，出席G20峰会的实际成员数量是会大于甚至有时会远远超过20个。2012年轮值主席国墨西哥，除了邀请IMF和世界银行以外，还邀请了联合国、OECD、国际劳工组织、世界贸易组织（WTO）和金融稳定理事会（FSB）来参加洛斯卡沃斯峰会。邀请一些非成员国和国际政府组织可以视为对G20代表性质疑的一种回应。

有关G20的成员国资格并没有正式标准。当G20于1999年在财长和央行行长层面成立时，对成员国资格的主要考虑因素是其系统重要性并"能够为全球经济增长和金融稳定作出贡献"。当初还进一步规定，G20成员国应当能够反映区域平衡并确保G20规模"足够小以促进坦诚和开放的讨论"（G20，2007年峰会报告）。自此，无论是部长级会议还是领导人会议，G20的成员国都没有变过。所以，G20并非囊括20个最大的经济体，例如，非成员西班牙的经济体量全球排名第13位，而成员国南非则排在第25位（2011年Giles）。另一个值得关注的问题是最贫穷的发展中国家和联合国中"有能力的小国，如挪威、瑞士、智利、新加坡和新西兰"，它们都不在G20之列（Hampson和Heinbecker，2011）。

截至2012年6月，G20的正式成员国可分为五类，它们是：

- 发达的盈余国家：德国、日本和韩国；
- 发达的赤字国家：澳大利亚、加拿大、法国、意大利、英国、美国以及除德国外的欧元区国家；

- 新兴盈余国家：阿根廷、中国和印度尼西亚；
- 新兴赤字国家：巴西、印度、墨西哥、南非、土耳其以及非欧元区欧盟国家；
- 主要石油出口国：俄罗斯和沙特阿拉伯（IMF，2012c）。

事实上，邀请非成员国参加G20峰会的传统一直延续至今。为了增加区域代表性，2016年G20峰会主办国中国邀请参加G20杭州峰会的非成员国包括：乍得（代表非盟）、埃及、哈萨克斯坦、老挝（代表东盟）、塞内加尔（代表非洲发展新伙伴关系）、“永久受邀国”西班牙、新加坡以及泰国。另外，下列国际政府组织的行政首脑也受邀参会：金融稳定理事会、国际劳工组织、IMF、OECD、联合国、世界银行、WTO和世界卫生组织。

欧盟与G20的关系

如前所述，欧盟与G8的关系、欧盟与G20的关系有别于欧盟成员国之间的关系，因此需要多着笔墨加以说明。早在1975年G7正式成立之前，欧盟就已经与“Gx”建立了联系。在1973～1975年间，五国集团（法国、西德、日本、英国和美国）的财长组织了一系列秘密会议，随后欧共体表达了不满，因为其没能作为一个单独的组织参与讨论，而它的三个成员国却参加了会议。针对这些不满，五国集团先后讨论了意大利和加拿大加入五国集团的问题。1975年，意大利加入五国集团，并参加当年的布朗伊埃峰会，G5成为G6；1976年，加拿大正式加入，G6变成了G7。从1977年伦敦G7峰会开始，欧共体（后来的欧盟）成为正式的参与者，但它在七国集团中占据一个与众不同的位置。一些人认为欧盟是G7的观察员，也有一些人认为尽管欧盟并不是一个国家，但它仍是G7的正式成员（Hajnal，2007a; Huigens and Niemann，2009；Hajnal and Panova，2012）。欧盟不能举办峰会，因此当提议每年一度的G8轮值主席国时，它不能像其他成员国的领导人那样设定峰会议程。欧盟拥有自己的协调人，可以参与峰会的筹备与举办，并全程参加与会首脑的讨论会。欧盟也参与部长级会议和其他G7、G8下设机构的会议。欧盟委员会主席代表欧盟参加G8峰会。根据《里斯本条约》，欧盟委员会主席①和欧洲理事会常任主席②都能代表欧盟。Marina Larionova（2012a）和她的合作者从多个角度对欧盟与G8的关系进行了详细的研究。

自G20成立之日起，欧盟就是其正式成员（沿用G8的规则，欧盟不能担任G20的轮值主席国，因此也不能举办G20峰会），其正式成员身份不仅适用于G20峰会也适用于G20的其他层级会议。例如，在2013年G20峰会上，时任欧盟委员会主席巴罗佐和时任欧洲理事会常任主席范龙佩代表欧盟参会。在当年的财长和央行行长会议上，代表欧盟参会的是时任欧盟委员会中负责经济和货币事务的奥利·雷恩和时任欧洲中央银行行长马里奥·德拉吉。

Peter Debaere（2010）分析了欧盟在G20中的表现和影响力，以及在G20框架下非G20成员国的欧盟国家参与建立欧盟地位的程度。其结论是，虽然欧盟的目的是向G20传递一致的信息，但他们的口头约定对欧盟成员国并没有约束力，从而使其一致性无法得到保障。许多有关G8或者G20的改革建议都涉及欧盟，其中一项就是呼吁建

---

① 欧盟委员会主席是欧盟行政部门（欧盟委员会）的最高执行官，负责分配、组合委员会的成员，同时可以改组或解雇他们——译者注。

② 欧洲理事会常任主席（President of the European Union）是《里斯本条约》创立出来的新职位，职责是：对外代表欧盟，对内负责主持欧盟会议、协调欧盟内部立场，也被称为欧盟总统——译者注。

立一个单独的个体来代表整个欧盟或欧元区[①]。

G20的发展阶段

G20的部长级会议和领导人会议可以分为以下几个发展阶段：

- 第1阶段（1990年12月～2008年10月）：G20财长和央行行长会议（该会议于2008年11月以后与领导人会议平行召开）。
- 第2阶段（2008年11月～2009年9月）：G20峰会启动阶段。
- 第3阶段（2009年9月～2010年10月）：在2009年9月匹兹堡峰会上，与会领导人宣布G20将是“国际经济合作的首要论坛”，这将G8–G20关系纳入一个新的框架。
- 第4阶段（2010年11月至今）：首尔峰会将“发展”列入G20议程，标志着G20的议程开始从之前仅局限于经济与金融议题向其他领域扩展。

Kirton（2013b）将G20分为三个发展阶段：

- 第1阶段（1991～2001年），即形成阶段。这是G20财长和央行行长会议的第一阶段。在这一阶段，G20的议程从最初关注亚洲金融危机转向反对资助恐怖主义活动、国际金融机构改革和其他经济金融议题。
- 第2阶段（2002～2007年），即平衡影响阶段。在这一时期，G20财长和央行行长会议成为一个由实力相当的发达经济体和新兴经济体组成的对话平台。这一变化的标志是轮值主席国的设立和“三驾马车”原则的确立（见下文），以及

① 第七章将对 G8/G20的改革努力进行详细讨论。

各轮值主席国可以根据其自身关注的问题来设定议程。

- 第3阶段（2008～2010年），即G20峰会创建阶段。这是实现G20最高层级会议制度化、强化成员国平等性的重要步骤。

马丁（2011b）也将截至2010年G20的演进划分为三个发展阶段：

- 第1阶段：1999年创建财长和央行行长会议。
- 第2阶段：2008年首届峰会的召开。
- 第3阶段：2009年决定，2010年在欧洲和北美洲之外的国家举办下一届G20峰会。

随着G8在2014年（暂时地）回到G7（俄罗斯出局），这一变化对G20造成了重大影响，具体表现在G20的议程设定、G20体系的进一步制度化进程、G20与国际组织的关系以及其他领域。这意味着在G20历史上需要增加一个新阶段[①]。因此，G20的部长级会议和领导人会议应当按照以下几个阶段来划分：

第1阶段（1990年12月～2008年10月）：G20财长和央行行长会议（该会议于2008年11月以后与领导人会议平行召开）。

第2阶段（2008年11月～2009年9月）：G20峰会启动阶段。

第3阶段（2009年9月～2010年10月）：在2009年9月匹兹堡峰会上，与会领导人宣布G20将是“国际经济合作的首要论坛”，这将G8–G20关系纳入一个新的框架。

第4阶段（2010年11月～2014年3月）：首尔峰会将“发展”列入G20议程，标志着G20的议程开始从之前仅局限于经济和金融议题向其他领域扩展。

第5阶段（2014年3月至今）：由于俄罗斯的暂时性离开，G8重回G7，这改变了G7与G20不断变化的关系。

---

① 2017年1月6日，JohnKirton接受本书作者的采访。

G20峰会及其议程

本节简单回顾了自2008年以来历届G20峰会及其主要成果，还原了历届峰会议程渐进而又坎坷的演进。每一届G20峰会都有其特定的主题和独特的标识（LOGO）。例如，首尔峰会的LOGO以韩国传统的青纱灯笼为特色元素，墨西哥峰会的LOGO则采用了太阳金字塔造型[①]（Mexico.President，2012b;Kim，2010）。2013年圣彼得堡峰会的LOGO则由伟大的俄罗斯艺术家Wassily Kandinsky 和Kazimir Malevich创造而成，它沿袭了俄罗斯先锋派艺术的传统，其颜色以俄罗斯国旗为模板，其图形元素表达了自由、发展、转型、创新、真诚，以及大胆的想法。LOGO元素与各种形状和颜色相结合，在同一个空间内和谐共存，意在表达G20背后的核心理念（G20，2013g）。

表2.1列举了历届G20峰会的轮值主席国、峰会地点和举办日期。

表2.1　历届G20峰会的轮值主席国、峰会地点和举办日期（2008～2018年）

G20轮值主席国	峰会地点	举办日期
巴西	美国，华盛顿	2008年11月15 ~ 16日
英国	英国，伦敦	2009年4月2 ~ 3日
英国	美国，宾夕法尼亚州，匹兹堡	2009年9月24 ~ 25日
韩国	加拿大，多伦多	2010年6月26 ~ 27日
韩国	韩国，首尔	2010年11月11 ~ 12日
法国	法国，戛纳	2011年11月3 ~ 4日
墨西哥	墨西哥，洛斯卡沃斯	2012年6月18 ~ 19日
俄罗斯	俄罗斯，圣彼得堡	2013年9月5 ~ 6日
澳大利亚	澳大利亚，布里斯班	2014年11月15 ~ 16日
土耳其	土耳其，安塔利亚	2015年11月15 ~ 16日
中国	中国，杭州	2016年9月4 ~ 5日
德国	德国，汉堡	2017年7月6 ~ 9日
阿根廷	地点尚未宣布	2018年

资料来源：G20前领导人峰会和G20信息中心（www.g20.utoronto.ca/summits/index.html）。

① 该造型源自于公元前一世纪建造在墨西哥特奥蒂瓦坎的太阳金字塔。

第一届：华盛顿峰会（2008年11月15～16日）

以“金融市场和世界经济峰会”为主题的首届G20峰会，在华盛顿特区召开。此次峰会是为了应对2008年席卷全球的金融和经济危机而召开的。第一章已经对G20领导人级别会议出现的背景做过详细描述。华盛顿峰会：

- 识别了金融危机的根源，评估了各国已经采取的行动；
- 就“经济刺激措施的必要性”达成共识；
- 确立了有关金融市场改革与监管的共同原则；
- 承诺向IMF、世界银行及其他多边开发银行进行注资；
- 重申了改革布雷顿森林机构的承诺；
- 表达了G20在建立一个开放的全球经济方面的决心；
- 授权相关部长和专家制定行动计划。

各国领导人均表达了做强做大金融稳定论坛的意愿。《华盛顿公报》连同附属文件《落实改革原则的行动计划》充分记录了这些承诺（G20，2008）。

第二届：伦敦峰会（2009年4月2～3日）

受华盛顿峰会的鼓舞以及前期获得的支持，时任英国首相布朗在伦敦召开了第二届G20峰会，主题是“稳定、增长、就业”。此次峰会就处理尚未结束的经济和金融危机达成了更多实质性的成果，敦促各成员国采取协调的财政刺激政策，并同意向IMF提供三倍的财政注资（达7500亿美元）和其他重要措施，包括新的特别提款权分配和贸易融资支持。总的来说，峰会制定了有史以来最大的经济支持计划——高达“1万亿美元的世界经济救助计划”（Brown，2010）。最后，峰会还确定了做大做强金融稳定论坛的决定，并将该论坛重新命名为“金融稳定理事会”。

第三届：匹兹堡峰会（2009年9月24～25日）

伦敦峰会之后，时任美国总统奥巴马在匹兹堡召开第三届G20峰会。值得注意的是，匹兹堡峰会宣布G20是“国际经济合作的首要论坛”，这就意味着G20接管了G8的这一核心功能。在匹兹堡峰会上，各国领导人提出建立一个全新的“强劲、可持续、平衡增长框架”，呼吁加强国际金融监管，改革IMF和各开发银行的使命、宗旨和治理体系，“把增加工作岗位作为复苏的核心”，并再次强调保持全球经济的开放。与会首脑宣布扩展G20议程，发布了有关能源安全和气候变化的公报，承诺“加强对弱势群体的支持”，并阐明可持续经济活动的核心价值观和原则（G20，2009c）。与会领导人决定于2010年举办两次峰会（6月份在多伦多，11月份在首尔），并从2011年开始，每年举办一次峰会，这向外界传递了将G20峰会制度化的信号。

第四届：多伦多峰会（2010年6月26～27日）

当第四届G20峰会在多伦多[①]召开时，全球经济正在缓慢复苏，“各国的关注焦点已经转向了财政整顿”（Giles，2011）。因此，与会首脑承诺将“采取协调一致的行动，以维持复苏，创造就业机会，实现更强大、更可持续和更平衡的增长。这些行动将视不同国家的国情而定。”——最后一句说明G20缺乏一致性的行动。各国领导人（但仅限于发达成员国）还同意“到2013年至少降低一半赤

① 在此之前，G8峰会于6月25～26日在多伦多北部的马斯科卡举行。

字，并于2016年之前稳定或降低政府债务与GDP的比率”[①]（G20，2010a）。

除了继续跟进匹兹堡峰会上建立的“强劲、可持续和平衡增长框架”之外，多伦多峰会还呼吁，金融部门的改革应当立足于四个支柱——强有力的监管体系、有效的监管、解决系统性制度问题，以及透明的国际评估和同行评审（G20，2010a）。峰会设立了一个关注发展的工作小组（Development Working Group，DWP），希望首尔峰会能将“发展”议题列入会议议程。峰会还承诺加强国际金融机构建设，打击保护主义，促进贸易与投资。在另一份文件中，多伦多峰会还阐述了“创新金融普惠性原则”（G20，2010c），并设立了普惠金融专家组。

第五届：首尔峰会（2010年11月11～12日）

G20首尔峰会是第五届G20领导人会议，它的召开标志着G20进一步制度化。首尔峰会的主题是“跨越危机，携手成长”。值得注意的是，这是第一次在非G8成员国举办的G20峰会。通过讨论发展、金融安全网、跨境资本流动以及气候等议题，首尔峰会对G20的议程做了重要扩展。有关发展议题，与会首脑制定了《共享增长的首尔发展共识》和《首尔行动计划》。峰会还批准并加强了“二十国集团相互评估进程”，这是完善G20问责机制的一个重要进展。有关国际金融机构（特别是IMF）和国际金融体系改革的议题，历来都是往届峰会的重要议题，此次峰会也不例外。与会首脑还批准了巴塞尔银行监管委员会提交的资本监管和流动性监管改革方案。[②]

① 随着经济的缓慢增长以及其他因素的影响，在一年多后的2011年戛纳峰会上，各国领导人都承认将降低财政赤字率的最后期限设定为2013年是不切实际的。

② 首尔峰会的文件可在G20信息中心网站（http://www.g20.utoronto.ca/summits/2010seoul.html）上找到。

第六届：戛纳峰会（2011年11月3～4日）

戛纳峰会的主题是“新世界、新观念”，但意想不到的是，一个突发事件对戛纳峰会的议程产生了重大的影响。就在戛纳峰会召开前三天，时任希腊总理帕潘德里欧突然呼吁就希腊债务救助计划实行全民公投[①]——尽管希腊的财政问题在两年前就已经是一个公开的秘密。应G20的要求，帕潘德里欧迅速取消了其公投号召，但这已经透露出希腊金融和政治危机的严重性，随后帕潘德里欧失去总理职位。尽管如此，希腊问题已然引起了全球的高度关注，与此同时意大利的债务危机也在发酵。

尽管欧债危机成为戛纳峰会的焦点，但戛纳峰会议程上的其他议题在峰会的公报中也都有所体现。这些议题包括增长与就业、社会包容、国际货币体系改革、金融领域改革、大宗商品价格与农业发展、能源市场与气候变化、发展问题、贸易与保护主义、腐败问题，以及全球治理。其中，各国领导人尤其看重《戛纳增长与就业行动计划》（G20，2011c；G20，2011a），这一雄心勃勃的行动计划旨在解决经济短期脆弱性、恢复金融稳定并巩固中期增长基础。

戛纳峰会为G20设定了长期发展计划。本届峰会对时任英国首相卡梅伦向各国领导人提交的关于全球治理的报告表示欢迎，并同意他就G20应该保持其非正式性提出的意见（英国首相，2011、2011；G20，2011b）。与会首脑决定召开后续峰会：2012年6月在墨西哥洛斯卡沃斯，2013年9月在俄罗斯，2014年在澳大利亚，2015年在土耳其，2016年轮值主席国将从包括中国、印度尼西亚、日本和韩国中选择（G20，2011c）[②]。

---

① 公投问题的实质是希腊是否继续留在欧元区。

② G20轮值主席国的轮值期并不是按照严格的日历年来计算的：下一年即将轮值的G20成员国通常会在当年12月1日担任主席国并持续到下一年11月，例如，2012年6月洛斯卡沃斯峰会结束之后，俄罗斯于当年12月1日起开始担任G20轮值主席国。

第七届：洛斯卡沃斯峰会（2012年6月18～19日）

洛斯卡沃斯峰会是继首尔峰会之后，第二次在非G8成员国举行的G20领导人会议，也是首次在发展中国家举办。该峰会的议程包括经济稳定与结构改革、普惠金融、国际金融体系改革、可持续发展、绿色增长与气候变化。粮食安全与大宗商品价格波动也是一个重要议题。该议程与墨西哥政府之前宣布的优先议题一致，并且大部分议题在以往峰会中已得以执行，只是重点有所不同。由于欧债危机对世界经济仍存在不确定的挑战，与前一年相比，多国领导人对欧元区的关注并没有减少。值得注意的是，诸如欧元危机和粮食安全之类的问题，也被列入了2012年G8戴维营峰会的议程（US Dos，2012）。

峰会的《领导人宣言》（G20，2012j）对以上大多数议题都有所体现，重点包括：经济稳定与全球复苏、就业与社会保障、贸易问题（G20的推动点亮了多哈发展议程）、国际金融体系改革（包括重申了2012年之前对IMF配额及治理改革的承诺）、金融部门改革与普惠金融①、粮食安全和大宗商品价格波动，绿色增长和腐败问题等。峰会另一个重要成果是《洛斯卡沃斯增长与就业行动计划》（G20，2012m），其宗旨是解决财政金融失衡并缓解其对增长、就业和信心的影响。在机构创新方面，墨西哥峰会首次正式将G20自华盛顿峰会以来开展的工作划分为两类：一类是对金融经济领域问题的追踪工作，另一类是对政治的、非金融性议题（如就业、农业、能源、反腐败和发展等）的协调性工作（G20，2012f；G20，2012w）。2013年，俄罗斯担任G20轮值主席国时也保持了这种做法。

尽管Kirton和Kulik（2012a，2012b）早些时候将洛斯卡沃斯峰会

① 各与会领导人对普惠金融全球伙伴关系取得的进展表示欢迎，并对由普惠金融全球伙伴关系制定的G20基本普惠金融指标表示认可。

定性为“重大成功峰会”，但也指出了峰会的几个缺点：未能履行匹兹堡峰会做出的有关逐步淘汰化石燃料补贴的承诺，未能充分认识到学术界对G20治理的贡献[①]，缺乏对人类健康的关注，没有提到青年和青年创业精神，没有提到妇女、女孩和性别问题。

第八届：圣彼得堡峰会（2013年9月5～6日）

就在2012年12月1日俄罗斯担任G20轮值主席国当天，时任俄罗斯总统普京宣布，圣彼得堡峰会的主要目标是“制定刺激经济增长和创造就业机会的政策……（参与建立）投资激励，市场信用与透明，以及有效监管”（Russia，2012）。因此，这传递了不断发展G20议程连续性和新方法的信号。在这一框架内，俄罗斯提出的雄心勃勃的议程（G20，2013h）包括以下内容：

- 强劲、可持续和平衡增长框架；
- 工作和就业（包括结构性失业和弱势群体的情况）；
- 改革国际金融体系（包括IMF配额、政府借款和公共债务的可持续性）；
- 加强金融监管；
- 能源可持续性（包括基础设施和监管、能源市场、绿色增长和全球海洋环境保护倡议）；
- “惠及所有人的发展”目标（包括粮食安全、基础设施、人力资本、普惠金融和千年发展目标）；
- 加强多边贸易；
- 打击腐败。

在峰会期间，叙利亚危机，特别是化学武器的使用，虽然不

① Kirton和Kulik并没有提及来自G20各国的智囊团体的重要贡献，见第六章。

在已宣布的议程上，但不可避免地使与会首脑在会议期间讨论这场危机；与会外交部长也临时举行了一次会议，专门讨论叙利亚问题。

第九届：布里斯班峰会（2014年11月15～16日）

2014年G20布里斯班峰会的议程主要围绕两组议题，其目标是促进更强劲的经济增长与就业，并使全球经济应对未来的冲击更具韧性。第一组议题具体包括：制定增长战略，推进针对具体国家的改革和措施，以应对共同挑战；吸引民间基础设施投资；提高就业和劳动参与率；消除贸易和竞争障碍以及促进增长和发展。第二组议题主要包括全球金融体系的改革（这一直是历届峰会的长期目标）、完善国际税收体系、加强全球性机构在国际治理中的地位、完善能源市场以及打击腐败。

第十届：安塔利亚峰会（2015年11月15～16日）

2015年G20安塔利亚峰会提出了“三个I”：在国内和国际战线上的包容性（Inclusiveness）、政策框架的实施（Implementation），以及推动经济增长的投资（Investment）。“三个I”下的详细议程包括：加快全球复苏，提升潜力；宏观经济政策的合作（包括投资、就业与贸易、国际金融架构、跨国征税及反腐败等领域的合作）；支持发展、能源和气候融资的可持续性。

第十一届：杭州峰会（2016年9月4～5日）

2016年G20杭州峰会提出了“四个I”，即创新（Innovative）、活力（Invigorated）、联动（Interconnected）和包容（Inclusive）。围绕这些要素，峰会议程包括三组议题：开辟一条增长的新道路，促进强有力的国际贸易与投资，以及发展的包容性和相互联系。值得注意的是，“四个I”表明中国非常注重发展问题，这一问题是早期的峰会，特别是自2010年首尔峰会以来就一直提及的。

第一组议题包括：保持世界经济复苏势头，提高中长期增长潜力，更高效的全球经济金融治理，完善国际金融架构，推进金融部门改革，发展绿色金融，完善国际税收体系以及促进达成反腐倡廉共识；

第二组议题包括：加强贸易和投资合作机制，支持多边贸易体系，促进全球贸易增长，推动包容联动式全球价值链，以及加强全球投资政策的合作与协调；

第三组议题包括：落实2030年可持续发展议程，优化二十国集团发展合作议程，加强基础设施互联互通，促进可获取的、可负担的和可持续的能源供应，增加就业，改善粮食安全和营养，动员气候融资，消除贫困以及支持非洲和其他发展中国家的工业化。

第十二届：汉堡峰会（2017年7月6～9日）

作为2017年G20汉堡峰会的主办国，德国将本届峰会的主要议题确定为三大支柱[①]，即确保经济稳定性、改善可持续性、负责任的发展。第一支柱的内容将包括：加强经济韧性，改善国际金融架构，发展金融市场，确保国际税务公平可靠，深化贸易与投资合作，促进和改善就业。第二支柱的内容将包括：保护气候和推进可持续能源供应，在实施“2030年可持续发展议程”方面取得进展，抓住数

① 本书中文版出版时是此峰会尚未召开。

字技术的机遇，改善健康及妇女权益。第三支柱的内容将包括：处理难民和移民问题，加强与非洲的伙伴关系，打击资助恐怖主义和洗钱行为，打击腐败和改善粮食安全。这份前瞻性议程继承并发展了历届峰会的理念，在未来将会得到进一步发展和实践；并将诸如移民问题、妇女问题等新的议题纳入进来。

小　结

G20的成员国构成是基于系统重要性和地域代表性原则的，至今尚未有过变化。不过，针对是否有必要将被排除在外的国家纳入G20以扩大代表性尚未达成共识。事实上，扩大代表性与效率目标是冲突的。化解这一矛盾的办法之一是邀请非成员国领导人（作为区域组织的代表）以及国际政府组织负责人参会。

迄今为止，G20峰会的短暂历史见证了它于危机中的诞生，并正逐步向一个永久性机构转变——无论情愿与否，其不断富有连续性和创新性的议程正在扩展。尽管经济与金融议题仍然是G20关注的核心议题，但其他全球性问题也不可避免地引起了各国领导人的关注。例如，发展、反腐败和粮食安全等问题在峰会公报中均有体现，在技术层面上，G20也设立了专门处理这些问题的工作组和专家组。

一些观察家对G20进一步扩展其议程的能力提出怀疑，甚至质疑它是否应该超越经济与金融核心议题。由斯坦利基金会、加拿大国际治理创新中心（CIGI）和中国现代国际关系研究院共同举办的2011年中期会议探讨了这些挑战。他们对G20不太可能接受的议题类型进行了总结，将其概括为“地方性，模糊性和敏感性”，即过于局部（适用于单个地区）的问题、集体政策反应不明的问题以及“地缘政治非常敏感”的问题（Stanley Foundation，2011）。因此，G20议程的扩展受到包括G20自身的能力、政治及其他方面因素等的限制。

第三章
不断演进的G20体系

本章将考察分析G20体系的以下构成部分：部长级会议，金融稳定理事会和海利根达姆/拉奎拉进程；专家组、工作组和下设机构团体；以及领导人的个人代表（即协调人）。然后，简要介绍G20举办的专家讲座、专题研讨会和大型会议。第二章已对G20峰会做过讨论，第九章将讨论G20在各个层面的文件记录，包括峰会、部长级会议、工作组和其他下设机构团体会议。

G20财长和央行行长会议是G20体系的首要组成部分，一般在峰会（顾名思义，“峰会”就意味着G20体系的最高级别会议）之前举办，目前已经举办了将近二十年，并将一直延续下去。财长和央行行长会议是根据G7各国财长的建议，由G8领导人创立的。G20峰会召开后，越来越多的其他部长级会议、专家组会议及下设机构团体会议也纷纷登台，这标志着G20体系不断演进和拓展。有些会议定期召开，而另一些则是在特定背景下临时召开的。从实际意义上讲，尽管领导人的参与是必不可少的，但在落实倡议方面，这些下设机构团体的工作可能比峰会本身更为重要。金融稳定理事会在金融监管中的作用就是一个很好的例子。

财长和央行行长会议

1999年G8科隆峰会召开之前，G7各国财长在向峰会呈递的一份报告中，建议成立G20财长和央行行长会议，旨在完善国际金融架构，应对1997～1998年亚洲和拉美金融危机，并回应将最重要的新兴经济体全面纳入全球经济治理体系的呼吁（Smith，2011a）。显然，没有其他系统重要性经济体的充分参与，G8国家无力独自解决全球性经济与金融问题。正如第一章所详述的，加拿大前总理、前财政部长马丁和美国前财政部长萨默斯在推动财长和央行行长会议扩大到20个成员的过程中起了很大的作用（Summers，2008）。

G20财长和央行行长会议定期举行，最初每年召开一次，自2008年以来，每年召开两至四次。表3.1列出了在1999～2017年期间举行的历次会议（截至2017年3月）。除了面对面的会议沟通之外，财长和央行行长们还通过电话会议或电子邮件进行沟通。例如，他们在2011年8月8日举行了电话会议，然后发布了一份关于金融稳定与经济增长的简短声明。作为部长级会议的一部分，各国财政部副部长也有他们自己的系列会议。受领导人委托，各国财长需要协商和拟定各种倡议和计划。比如，在2011年G20戛纳峰会上，财长们被要求：

- 致力于制定强化G20应对金融危机能力的方案；
- 更多地参与IMF的战略引导；
- 审查金融部门监管进展；
- 致力于能源部门改革，并在2012年峰会上向各国元首汇报；
- 在2012年峰会上向各国元首汇报气候融资情况（G20，2011b）。

2012年11月4～5日，G20财长和央行行长会议在墨西哥城举行，其目标是“评估G20领导人所布置任务的落实情况，促进稳定增长和创造就业机会，应对当前的经济与金融挑战”（G20，2012e）。最近的一次会议于2017年3月17～18日在德国巴登召开。

在G20峰会上，除了各国元首出席外，通常还有财政部长。这与G8的情形截然相反——从1998年G8伯明翰峰会开始，财政部长就不再出席领导人会议了。随着G20议程的扩展，当其他领域的问题在峰会上被讨论时，相关领域的部长也可能会受邀参会，或在必要时设立新的部长会议。此外，国际政府组织和G20非成员国有时也会受邀参加G20部长级会议。

表3.1　　历次G20财长和央行行长会议

日期	地点	日期	地点
1999.12.15～16	德国，柏林	2010.6.4～5	韩国，釜山
2000.10.24～25	加拿大，蒙特利尔	2010.10.9～10	美国，华盛顿
2001.11.16～17	加拿大，渥太华	2010.10.22～23	韩国，庆州
2002.11.22～23	印度，新德里	2011.2.18～19	法国，巴黎
2003.10.26～27	墨西哥，莫雷利亚	2011.4.14～15	美国，华盛顿
2004.11.20～21	德国，柏林	2011.9.22～23	美国，华盛顿（9月23和开发部部长）
2005.10.15～16	中国，河北香河	2011.10.14～15	法国，巴黎
2006.11.18～19	澳大利亚，墨尔本	2012.2.25～26	墨西哥，墨西哥
2007.11.17～18	南非，科雷曼德	2012.4.19～20	美国，华盛顿
2008.10.11	美国，华盛顿特区	2012.11.4～5	墨西哥，墨西哥城
2008.11.8～9	巴西，圣保罗	2013.2.15～16	俄罗斯，莫斯科
2009.3.14～15	英国，霍舍姆	2013.4.18～19	美国，华盛顿
2009.4.24	美国，华盛顿	2013.7.19	美国，华盛顿（财政部长和劳工部长）
2009.9.4～5	英国，伦敦	2013.7.19～20	俄罗斯，莫斯科
2009.11.6～7	英国，圣安德鲁斯	2013.10.10～11	美国华盛顿

续表

日期	地点	日期	地点
2010.4.22～23	美国，华盛顿	2015.9.4～5	土耳其安卡拉（9月4日和劳工部长）
2010.6.4～5	美国，华盛顿	2016.2.26～27	中国，上海
2010.10.9～10	美国，华盛顿		
2010.10.22～23	韩国，庆州		
2011.2.18～19	法国，巴黎		
2011.4.14～15	美国，华盛顿特区		

资料来源：二十国集团部长和代表会议，2013年二十国集团信息中心。

劳工就业部长会议

2010年4月20～21日，首届G20劳工就业部长会议在华盛顿特区召开，其主要议题是创造就业机会、社会保障与劳动力市场包容性；2011年9月26～27日，第二届会议于巴黎举行，其主要议题是有关青年就业、社会保障以及劳动者权益等方面的就业政策；2012年5月17～18日，劳工就业部长会议在墨西哥瓜达拉哈拉举行，其议程包括体面的就业，尤其是青年人的体面就业以及增加工作岗位的"绿色增长"，OECD和国际劳工组织的负责人也受邀出席此次会议，会议公报提交给了时任墨西哥总统卡尔德龙，并在G20洛斯卡沃斯峰会上分发给其他国家领导人；2013年的劳工就业部长会议于7月18～19日在莫斯科举行（其中19日的会议同财长和央行行长会议联合召开）。最近三年，劳工就业部长会议先后于安卡拉（2015年9月3～4日）、北京（2016年7月11～13日）和巴特诺伊纳尔（2017年5月18～19日）举行。

农业部长会议

2011年6月22～23日，G20农业部长会议在法国巴黎召开，主要讨论农业大宗商品价格波动等问题。2012年4月11～12日，G20各国农业部副部长于洛斯卡沃斯峰会前夕，在墨西哥城召开会议，就经济、社会、环境等涉及农业与粮食方面的问题如何采取共同行动达成一致意见。一些国际组织也参加了此次会议，包括联合国粮农组织、国际农业发展基金会和世界粮食计划署。最近三年，G20农业部长会议先后于伊斯坦布尔（2015年5月7～8日）、西安（2016年6月2～3日）和柏林（2017年1月22日）举行。

发展与国际合作部长会议

2011年9月23日，G20发展与国际合作部长同各国财政部长、央行行长于华盛顿特区召开了一次联席会议，旨在应对全球经济发展面临的挑战（法国经济部、财政部与工业部，2011）。IMF、世界银行、OECD和联合国粮农组织分别派代表出席了此次会议。

旅游部长会议

首届G20旅游部长会议（T20）于2010年2月22～24日在南非约翰内斯堡召开；第二届会议于2010年10月11–13日在韩国扶余召开；第

三届会议于2011年10月24～25日在巴黎召开。2012年5月15～16日，第四届旅游部长会议于位于墨西哥梅里达的尤卡坦半岛召开，与之同时进行的还有第一次关于奇琴伊察玛雅城市遗址的工作会议。除了G20各国旅游部长之外，丹麦、西班牙、智利、哥伦比亚、柬埔寨、萨尔瓦多、危地马拉、牙买加和秘鲁等国也受邀出席。联合国世界旅游组织、OECD、国际劳工组织、国际航空运输协会和国际民用航空组织也出席了此次会议。每届T20会议都是在联合国世界旅游组织的协助下举办的，并为即将举办的G20峰会提出建议。例如，2012年的T20向G20峰会建议，应支持旅游业并重视其在创造就业机会中的作用（UNWTO，2012；G20，2012y）。2015年10月2日，G20旅游部长会议于安塔利亚举行。

文化与知识产权部长会议

在G20戛纳峰会后，部分G20成员国和非成员国的19个文化与知识产权部长于2011年11月17～18日在法国阿维尼翁举行了一次题为“文化G8–G20”的会议，旨在解决“数字时代的创新”所面临的问题（法国文化与通讯部，2011）。

外交部长会议

2012年2月19～20日，G20各国外交部长在墨西哥洛斯卡沃斯举行了首次非正式会议。此次会议还邀请了贝宁（代表非盟）、柬埔寨（代表东盟）、智利、哥伦比亚、西班牙、阿尔及利亚、阿塞拜疆、挪威、新加坡、阿拉伯联合酋长国等十个国家。时任墨西哥总统卡尔德龙出席了2月20日的会议，并借此机会详细说明了洛斯卡沃斯峰会的五个优先事项：作为经济增长与就业机会基础的经济稳定和结构改革；巩固金融体系，发展普惠金融；改善国际金融架构；加强粮食安全，应对大宗商品价格波动；促进可持续发展和绿色增长，应对气候变化（G20，2012n）。

此次会议讨论了G20在处理全球治理重大挑战与防范危机中的角色，具体议题包括：多边机构改革；“利用现有国际机构和机制，而非试图建立新的机构”；鉴于“落实程度没有达到预期”，监督G20的履约情况；使用预防性的而不是被动的外交手段；制定解决涉及经济、政治和安全等多方面问题的综合方案。当时一些与会者提议，应对此次会议进行跟进（G20，2012l）。虽然没能有计划地跟进，各国外交部长于2013年9月6日就叙利亚危机召开了另一次会议。参加此次会议的有加拿大、哈萨克斯坦（非G20成员国）、韩国、塞内加尔（非G20成员国）、墨西哥、巴西、德国、土耳其、法国及其他一些国家，但美国并没有参加此次会议。时任联合国特使Lakhdar Brahimi 同各国外长进行了交谈。2015年11月15日G20外交部长会议于安塔利亚召开。最近一次G20外交部长会议是2017年2月16～17日在波恩举行的。

贸易部长会议

2012年4月，G20各国贸易部长在墨西哥巴亚尔塔港举行会议。新加坡、智利、西班牙、柬埔寨、秘鲁和哥伦比亚的贸易部部长，以及OECD和WTO的负责人也出席了此次会议。二十国集团工商峰会（B20，将在第五章中详细讨论）也派代表出席了此次会议（G20，2012a）。2014年以来，贸易部长们先后举行了多次会议：2014年7月19日在悉尼、2015年10月6日在伊斯坦布尔以及2016年7月9～10日在上海。

其他部长级会议

随着G20峰会议程的进一步扩展，更多的部长级会议被纳入到G20体系中。在2015年G20安塔利亚峰会之前，G20各国能源部长于10月1～2日在伊斯坦布尔举行会议；在2016年杭州峰会之前，G20能源部长于6月29～30日在北京会面；在2017年G20汉堡峰会之前，各国卫生部长于5月19～20日在柏林进行了会面，略早于此，各国负责数字化的部长已经于4月6～7日在杜塞尔多夫举行会谈。

协调人会议

G20各国领导人有自己的私人代表（即“协调人”）以及支持协调人工作的团队，各国协调人之间就峰会前的准备工作及峰会后的总结工作相互磋商。在峰会的筹备过程中，协调人还会向工商团体、智库及民间社会组织等非政府利益相关方进行咨询。一些G8成员国指派同一人担任G8和G20的协调人。通常情况下，G20的协调人会得到副财长的协助。相比之下，G8的协调人团队更为完备，包括一位主协调人和两位副协调人。其中，主协调人负责G8公报或声明中外交政策部分的准备工作，经济事务副协调人主要负责G8公报或声明中有关宏观经济和财政的内容（在2009年G8特奎拉峰会之前和2011年G8多维尔峰会之后均设有经济事务副协调人），外交事务副协调人负责峰会公报中其余大部分内容。随着2009年9月匹兹堡峰会将G20峰会确立为“国际经济合作的首要论坛”，G8就没有必要再设置经济事务副协调人了（Bronnert，2011）。如果G20议程继续扩展下去，G20协调人的工作团队还可能会扩大。表3.2罗列了截至2012年5月G20各国协调人及其在政府中的职务。

表3.2　　2012年5月G20各成员国协调人一览表

国家	协调人	职务
阿根廷	Cecilia Nahón	外交、国际贸易与宗教事务部主管国际经济关系的秘书长
澳大利亚	Gordon de Brouwer	总理办公室主管经济事务的副秘书长
巴西	Valdemar CarneiroLeão	外交部主管经济与金融事务的副部长
加拿大	louis l é vesque	外交与国际贸易部主管国际贸易的副部长
中国	崔天凯	外交部副部长
法国	Xavier Musca	总统办公室副秘书长
德国	Lars-hendrikRöller	总理经济与金融政策顾问
印度	MontekS.ahluwalia	印度规划委员会副主席
印度尼西亚	MahendraSiregar	经济部主管国际经济金融合作的副部长
意大利	Pasquale Terracciano	总理外交顾问
日本	Nishimaya Shinichi	外务省副大臣
韩国	Lee Jong-hwa	总统国际经济与G20高级顾问
墨西哥	Maria de Lourdes ArandaBezaury	外交部副部长
俄罗斯	Stanislav Voskresenskiy	经济发展部副部长
沙特阿拉伯	Sulaiman Al-Turki	财政部主管经济事务的副部长
南非	Sipho George Nene	国际关系与合作部主管多边事务的副部长
土耳其	Mehmet G ü c ü k	外交部主管经济事务的副部长

续表

国家	协调人	职务
英国	Kingdom　Ivan Rogers	首相欧洲与全球事务顾问和欧洲与全球事务秘书处秘书长
美国	Michael Froman	国家安全委员会主管国际经济的副安全顾问
欧盟	Antonio Jos é Cabral	欧盟委员会主席高级顾问

注：联合国、OECD和世界银行也经常受邀参加G20峰会，其协调人任职状况为：在2012年6月之前联合国的协调人一直由其社会和经济事务部助理秘书长Jomo Kwame Sundaram担任，2012年7月9日，Shamshad Akhtar被任命为新的协调人；OECD的协调人是Gabriela Ramos；世界银行的协调人由其负责对外事务的副总裁Caroline Anstey担任。2012年，受邀出席G20峰会的非成员国协调人分别为：Cyrille S. Oguin（贝宁，驻美国和墨西哥大使）、Jorge BunsterBetteley（智利，外交部负责国际经济事务的主任）、Ana Fernanda Maiguashca（哥伦比亚，财政部技术副部长）和Álvaro Nadal（西班牙，总统办公室经济事务部主任）。

协调人平均每年至少召开三、四次会议。在墨西哥担任轮值主席国期间（2011年年底至2012年年底），G20协调人会议的召开状况如下：2011年12月13～14日，在墨西哥坎昆召开了峰会预备会议；2012年2月2～3日、3月15～16日、5月22～23日，在墨西哥城相继召开了三次会议；2012年6月洛斯卡沃斯峰会之前，协调人再次召开会议；墨西哥作为轮值主席国期间的最后一次协调人会议是于2012年10月29～30日在墨西哥金塔纳罗纳州举行的（G20，2012c、2012v）。其中，受邀非成员国领导人的私人代表和受邀国际组织负责人的私人代表也出席了2月和3月的G20协调人会议。在俄罗斯担任轮值主席国期间，第一次协调人会议于2012年12月11～12日在莫斯科举行；后续的协调人会议分别于3月8～9日（莫斯科）、5月18～19日（圣彼得堡）、7月25～26日（圣彼得堡）、9月2～5日（圣彼得堡）举行；圣彼得堡峰会后，各国协调人于11月7～8日在莫斯科举行了峰会总结会议。

在各国领导人的支持团队中，一个鲜为人知的角色是安全问题负责人。在洛斯卡沃斯峰会期间，各国安全问题负责人于2012年6月18日举行了一次工作晚宴，旨在“增进相互了解、巩固和加强工作联系与彼此之间的协作”。出席会议的G20成员国有：阿根廷、加拿大、中国、法国、德国、印度尼西亚、意大利、日本、韩国、南非和美国；此外，西班牙、哥伦比亚和智利等非成员国也出席了此次会议（G20，2012k）。

在俄罗斯于2012年12月1日担任G20轮值主席国之前，时任俄罗斯总统普京任命Ksenia Yudaeva为新的协调人。此前，她曾担任经济事务专家委员会的负责人，更早之前曾担任俄罗斯联邦储蓄银行行长的高级顾问①。

金融稳定理事会

金融稳定理事会（Financial Stability Board，简称FSB）的前身是金融稳定论坛（Financial Stability Forum，简称FSF），创立于1999年2月在波恩举行的G7财长和央行行长会议，并于1999年4月在华盛顿召开了第一次会议。其宗旨是加强国家与国际监管机构以及国际金融机构之间的合作，并提出合适的合作架构。金融稳定论坛的总体目标是促进国际金融体系的稳定。

在首届G20峰会（2008年华盛顿）上，各国领导人表达了扩大和加强金融稳定论坛职能的意愿，并于2009年伦敦峰会上落实了这一想法，将金融稳定论坛的成员国扩大到G20范围，并更名为“金融稳定理事会”。2011年11月4日，即G20戛纳峰会的最后一天，金融稳定理事会决定，由时任加拿大银行行长卡尼接替德拉吉（时任欧洲

① 更多有关2013年G20各国协调人的信息请查阅http://en.g20russia.ru/infographics/20121201/780989503.html。

中央银行行长）任新一届理事会主席。同时，戛纳峰会与会领导人还决定将金融稳定理事会的职能范围扩大到以下领域：

- 评估导致金融体系脆弱性的因素，制定解决这些问题的方案，并监督落实；
- 促进各国负责金融稳定的部门之间的合作与信息共享；
- 监测市场动态，并就市场发展所需要的监管政策提出建议；
- 就满足监管标准的最佳实践提供咨询意见并进行监测；
- 对国际标准制定机构的工作进行战略性联合评估，以确保其及时性、协调性、优先性和一致性；
- 为监管培训机构的设立提供指导和支持；
- 就国际性危机制定危机管理预案，重点针对系统重要性机构以及与IMF合作开展早期预警工作（FSB 2012a）。

金融稳定理事会的成员是各经济体负责金融事务的最高级别官员（财政部长和/或中央银行行长，在某些国家可能是其他官员），这些经济体包括G20成员国（含欧盟）、中国香港、荷兰、新加坡、西班牙和瑞士。此外，金融稳定理事会的成员还包括以下国际组织的代表：国际清算银行、IMF、OECD和世界银行以及巴塞尔银行监管委员会、全球金融体系委员会、国际支付结算体系委员会、国际保险监督官协会、国际会计准则理事会和国际证监会组织等国际标准制定机构。金融稳定理事会的秘书处设在巴塞尔，办公地点在国际清算银行。虽然金融稳定理事会日益独立，但它依然与G20保持着密切关系，因此本书将其视为G20体系的一部分。

2009年6月，金融稳定理事会于巴塞尔举行了首次全体大会，此后，每年举行五至六次全体会议。此外，金融稳定理事会也会召开区域性和其他类型的会议。

尽管金融稳定理事会已经做了很多工作，但依然有很大的改进空间。马丁（2013）希望金融稳定理事会发展成为一个有效的国际协调机构，以监督各国金融监管。他认为，金融稳定理事会需要以条约为基础，并且“必须有规则执行能力”。

专家组、工作组及其他下设机构团体

G20体系还包括多个专家组和工作组，其职能是支持、协助领导人、部长和协调人的工作。通常情况下，这些专家组和工作组由G20的一个发达成员国和一个新兴成员国共同主持（Canada DFAIT，2012）。以下对这些专家组和工作组（未完全列举）予以简单介绍：

- 农业市场信息系统。
- G20反腐败工作组，该工作组于2010年多伦多峰会设立，其主要任务是“使用联合国和OECD的力量打击国际腐败，防止腐败官员进入金融体系，打击洗钱和逃税行为，加强相互援助、引渡和没收资产方面的一致行动，加强对举报者的保护，开展经验交流”（G20，2012ae）。
- 清洁能源与能源效率工作组。
- G20大宗商品研究组，该研究组成立于2011年3月，由日本主持工作。
- G20发展工作组，该工作组也被称为G20高级发展工作组，于多伦多峰会设立，由法国、韩国和南非共同主持。该工作组下设子工作组或“专题工作组”：

  ——基础设施

  ——人力资源开发

  ——贸易

——私人投资与就业创造

——粮食安全

——可持续增长

——国内资源流动

——知识共享

——普惠金融

- 绿色增长工作组，这是一个关于包容性绿色增长的非正式小组，设立于墨西哥担任G20轮值主席国期间。
- 灾害风险管理工作组，也是于墨西哥担任G20轮值主席国期间设立的。
- G20经济影响小组，该小组设立于戛纳峰会，并由日本主持。
- G20就业工作组，该小组设立于戛纳峰会，重点关注青年人就业，并向劳工就业部长会议汇报工作。洛斯卡沃斯峰会延续了该工作组的工作。就业工作组为布里斯班峰会制定了旨在降低青年失业率和缩小劳动者收入差距的政策。
- G20就业与全球化的社会影响工作组，该小组设立于伦敦峰会。
- 能源专家组，该小组设立于匹兹堡峰会，受财长与能源部长会议领导，参与者包括所有G20成员国。该小组的任务是评估化石燃料补贴方案，就逐步取消低效率的化石燃料补贴制定方案与时间表。它下设一个“全球海洋环境保护”子专家组。
- 能源和大宗商品市场工作组，该小组取代了早期设立的能源专家组和大宗商品研究组，由印度尼西亚和英国共同主持，下设大宗商品市场子工作组（由巴西和英国主持）和能源与增长子工作组（由韩国和美国主持）。
- G20普惠金融专家组，该小组设立于匹兹堡峰会。

- 普惠金融全球伙伴关系，该小组设立于2010年首尔峰会。
- 金融市场工作组，该小组设立于华盛顿峰会，其宗旨是促进金融市场的国际合作与一体化。
- 金融安全网工作组。该小组设立于多伦多峰会，其前身是在匹兹堡峰会上设立的金融安全网专家组。
- G20投融资研究组，该小组由G20财长和央行行长会议于2013年3月设立，并由德国和印度尼西亚共同主持。其职能是识别国别因素、国内资本市场、官方及私人资金在长期融资中的作用。该研究组还从事有关全球金融监管改革的研究。
- 强劲、可持续与平衡增长工作组，该小组设立于匹兹堡峰会，由加拿大和印度共同主持。2012年1月10日召开的工作组会议指出，“未来，本工作组将继续作为G20寻求世界经济可持续、更强劲增长的主要力量”（墨西哥，2012）。该工作组还负责制定《洛斯卡沃斯行动计划：强劲、可持续与平衡增长》。
- G20基础设施高级工作组。该小组是首尔峰会为“发展行动多年计划”而设立的、为期一年的工作组。该小组由英国保诚集团的CEO Tidjane Thiam主持，旨在与多边开发银行合作，重点为低收入国家基础设施建设融资，扩大融资规模，丰富融资形式。其建议得到了戛纳峰会的认可。2016年，德国、印尼和墨西哥共同主持了该工作组的工作。
- 国际金融架构工作组，该工作组设立于墨西哥担任G20轮值主席国期间，由澳大利亚和土耳其共同主持。
- 国际货币体系改革工作组，该工作组设立于法国担任G20轮值主席国期间，由德国和巴西共同主持。
- 世界银行和其他多边开发银行工作组，该工作组设立于华盛顿峰会。

- 强化监管与透明度工作组，该工作组设立于华盛顿峰会，由加拿大和印度共同主持。
- 贸易融资专家组，该工作组设立于匹兹堡峰会，由英国和美国共同主持，分别于2009年8月和2010年8月发布了两份报告。
- 在中国担任G20轮值主席国期间，新设立的工作组包括G20绿色金融研究组、贸易与投资工作组以及支持“G20创新型增长蓝图”倡议的工作组（该倡议得到了OECD的支持）。

海利根达姆/拉奎拉进程

2007年G8海利根达姆峰会创立了“海利根达姆进程”，2009年G8拉奎拉峰会对这一进程进行了扩展，并将其更名为“海利根达姆/拉奎拉进程”。尽管该进程由G8提出，本书之所以选择在此处予以介绍，是由于其与G20之间存在一定的相关性——一方面，该进程的运行期与G20早期阶段有交叉，另一方面它将一些新兴经济体纳入了G20的关注范围。海利根达姆/拉奎拉进程是建立在四大支柱之上的：促进与保护创新；以透明的投资机制促进投资自由；能源合作，尤其是能源效率与技术合作；在可持续发展领域更好地合作与协调，特别是在非洲。可持续发展这一支柱的主要目的是实现“千年发展目标”，重点关注对非洲援助的效率提高，以促进可持续发展并消除贫困（Cooper、Antkiewicz、2008；Hajnal、Panova，2012）。到2010年，该进程已经结束。

专家讲座、专题研讨会和大型会议

G20及其下设机构举办了大量的专家讲座、专题研讨会和大型会议，国际政府组织、金融机构、专家学者、工商团体、智库、民间社会组织等利益相关方也经常参加会议。即便在首届G20峰会之前，许多诸如此类的活动都是在G20财长和央行行长会议的授权下组织举办的。

在墨西哥担任G20轮值主席国期间（2012年），该国政府围绕金融议题和协调人议题，组织了一系列专家讲座与研讨会以及G20部长级会议。下文列举了早些年的一些例子：

- 以“全球化、生活水平和不平等：最新进展与持续挑战”为主题的研讨会，2002年5月18～27日。
- 由德意志联邦银行和加拿大银行共同主办的以“发展强有力国内金融市场”为主题的研讨会，于2004年4月26～27日在渥太华召开。
- 以“全球框架下的区域经济一体化”为主题的研讨会，于2004年9月22～23日在北京召开。
- 由澳大利亚政府主办的以“人口挑战和移民”为主题的研讨会，于2005年8月27～28日在悉尼召开。
- 由澳大利亚政府主办的以“人口和金融市场”为主题的大型会议，于2006年7月23～25日在悉尼召开。
- 由印度尼西亚银行和墨西哥银行共同主办的以“金融业的竞争”为主题的G20研讨会，于2008年2月16 ～ 17日在巴厘岛召开。
- 由印度储备银行和英格兰银行共同主办的以“全球经济：危机的原因”为主题的G20研讨会，于2009年5月24～26日在孟买召开。

- 以“拯救可持续的经济复苏”为主题的G20研讨会，于2009年11月15～16日在首尔召开。
- 由德国联邦财政部主办的以“匹兹堡峰会后的有效金融市场监管：成就与挑战”为主题的国际会议，于2010年5月19～20日在柏林召开。
- 以“后危机时代的增长与发展”为主题的韩国–世界银行高层会议，2010年6月11日。
- 由韩国G20峰会总统委员会和金融稳定理事会共同主办的以“金融改革：新兴市场的视角”为主题的会议，于2010年9月2～3日在首尔召开。
- 以“国际货币体系改革”为主题的研讨会，于2011年3月31日在南京召开。
- 由法国和OECD共同主办的以“联合反腐：二十国集团的工商界与政府”为主题的G20–OECD会议，于2011年10月21日在巴黎召开。
- 由墨西哥财政与公共信贷部和墨西哥银行共同主办的以“当前全球经济增长面临的挑战”为主题的 G20专家研讨会，于2011年12月12～13日在墨西哥召开。
- 由墨西哥政府和重建布雷顿森林体系委员会共同主办的以“完善国际金融架构”为主题的研讨会，2012年1月18日。
- 由墨西哥政府与国际金融研究院共同主办的以“墨西哥轮值期的G20议程”为主题的公共与私人部门高层研讨会，于2012年2月24～25日在墨西哥城召开。
- 由美洲理事会和墨西哥贸促会共同主办的以“墨西哥与G20：反思全球经济平衡”为主题的研讨会，于2012年3月13日在墨西哥城召开。
- 由墨西哥财政与公共信贷部长以及乌拉圭经济与财政部长共

同主办的以“拉丁美洲和加勒比地区的G20优先事项”为主题的专题讲座，于2012年3月17日在蒙得维的亚召开。

- 由世界银行主办的以“普惠金融：从原理到实践”为主题的研讨会，于2012年4月22日在华盛顿召开。
- 由墨西哥政府与世界银行共同主办的G20大宗商品研讨会，于2012年5月5～6日在洛斯卡沃斯召开。
- 由墨西哥政府和OECD共同主办的G20绿色增长研讨会，于2012年5月22日在巴黎召开。
- 由重建布雷顿森林体系委员会和俄罗斯财政部共同主办的以“投融资：长期资金的供给与需求”为主题的研讨会，于2013年2月13～14日在莫斯科召开。

小　结

领导人会议处于G20体系的顶端，但它是由越来越多的部长级会议、专家组、工作组和其他下设机构团体支持与补充的。这些机构致力于解决特定的问题，并根据需要向内部或外部专家征求意见。他们承担其隶属机构交办的任务并向其汇报：部长级会议向峰会汇报；工作组和专家组向部长级会议汇报，或直接向峰会汇报。这些下设机构的主要任务是：完成峰会的筹备工作及后续跟进工作，以及在G20领导人需要时，为他们提供帮助。随着G20议程的扩展，每个新的领域都需要相应的组织架构以对该领域所需采取的行动进行调查、规划、建议和落实。

G20
二十国集团
演变、互动、记录

|第四章|
G20与国际政府组织的关系

本章主要讨论了G20与国际政府组织之间关系的特点、演变、意义和挑战，特别是联合国、布雷顿森林体系机构（主要为IMF和世界银行）、OECD、国际清算银行（BIS）及巴塞尔银行监管委员会等。一些为应对G8和G20而成立的或与这二者有着密切关系的非正式组织，如金砖五国（巴西、俄罗斯、印度、中国和南非）、新G5（巴西、中国、印度、墨西哥和南非）、主要经济体能源与气候变化论坛、环球治理组织等，将会在第七章讨论。欧盟作为一个非国家成员，与G8和G20有着紧密的关系，第二章已对此进行过讨论。作为广义G20体系的组成部分，金融稳定理事会已在第三章进行过讨论。

概　述

除G20成员国及受邀国领导人之外，许多国际政府组织也受邀参加峰会。IMF总裁和世界银行行长是“永久嘉宾”，而联合国秘书长更是出席了早期的历次G20峰会。在2012年G20洛斯卡沃斯峰会上，国际劳工组织、OECD、WTO、联合国粮农组织和金融稳定理事会等国际政府组织领导人均参加了此次峰会。此外，许多国际政府组织轮值主席国的领导人也参加了此次峰会，如当年非洲联盟轮值主席国贝宁，东盟轮值主席国柬埔寨和“非洲发展新伙伴计划”轮值主席国埃塞俄比亚。在2010年7月举行的非洲联盟第十五届大会上，众多非洲国家呼吁将非洲联盟设为G20的永久成员，同时特别提出向G20申请允许非洲联盟轮值主席国和“非洲发展新伙伴关系”轮值主席国都出席G20峰会[①]。尽管这两个国际政府组织都作为观察员出席了G20峰会，但是G20尚未允许非盟按照欧盟的模式作为正式成员参与峰会。

G20峰会的公开文件多次肯定了国际政府组织在全球治理中的作用。例如，2012年洛斯卡沃斯峰会的官方文件对国际政府组织做了如下描述：

- 《G20领导人宣言》援引了很多国际政府组织，包括欧洲投资银行（欧盟的一个分支机构）在利用金融手段支持欧洲经济增长方面发挥的作用；多边开发银行为基础设施项目融资方面的工作；对国际劳工组织、OECD、IMF和世界银行等国际政府组织关于G20国家的就业和生活水平的联合报告表示欢迎（OECD，2012a）。《宣言》将WTO描述为以规则为基础的、透明的多边贸易体系的核心，高度肯定了WTO、OECD和联合国贸易和发展会议在国际贸易方面的监管职能和贡献。《宣言》还就以下几个方面进行评论：WTO在允许最贫困的国家加入国际贸易体系以及完善国际贸易争端解决机制方面发挥的作用，在增加IMF资本金方面的工作，IMF和世界银行在股权结构和治理架构方面的改革，IMF关于监管方面决策机制的工作，布雷顿森林机构、

① “呼吁消除贫困全球行动”组织的S. Kwami在2010年8月9日给作者的电子邮件中曾提及此事。

区域开发银行和OECD在地区货币和债券市场发挥的作用，金融稳定理事会、巴塞尔银行监管委员会和国际证监会组织在金融监管方面的工作以及OECD在税收信息方面的工作。《宣言》进一步援引了金融行动特别工作组、普惠金融全球伙伴关系、世界银行和联合国在促进普惠金融方面的工作，普惠金融全球伙伴关系、OECD和世界银行在促进妇女和年轻人获得金融服务方面的工作，联合国粮农组织和OECD在提高农业生产率方面的工作，世界粮食计划署在取消对粮食采购的出口限制和税收方面的工作，IMF、世界银行和联合国贸易和发展会议在降低大宗商品价格波动方面的工作，国际能源署、国际证监会组织和OPEC在国际天然气和煤炭市场方面的工作，多边开发银行在开发融资方面的工作，世界银行、OECD和联合国在灾害风险管理方面的工作，联合国可持续发展大会（Rio+20）的相关工作，OECD、世界银行和联合国在促进绿色增长方面的工作，联合国和OECD在反腐败方面的工作。各国领导人在《宣言》中还对联合国、IMF、世界银行、WTO、金融稳定理事会、国际劳工组织、联合国粮农组织和OECD等国际政府组织在G20峰会中的积极讨论表示了由衷的感谢（G20，2012j）。

- 《洛斯卡沃斯增长和就业行动计划》指出，G20中的欧盟成员国承诺更好地利用包括欧洲投资银行在内的所有金融手段。各国领导人承诺将在金融稳定理事会的框架体系内进行充分的合作，并对金融稳定理事会、IMF和世界银行等国际政府组织在加强金融监管方面的工作进行支持。各国领导人重申抵制贸易保护主义，并减少与WTO不一致的限制性贸易措施。各国领导人还同意启用由IMF等国际政府组织进行的第三方评估，以推进“洛斯卡沃斯问责机制框架”。出于

> 客观公正的目的，IMF、OECD、金融稳定理事会、世界银行、国际劳工组织、联合国贸易和发展会议以及WTO等向G20提交的报告需进行同行评审（G20，2012m）。

作为G20对国际政府组织所发挥作用的一种肯定，时任墨西哥总统卡尔德龙在洛斯卡沃斯峰会前夕向时任世界卫生组织（WHO）总干事陈冯富珍、时任能源与资源研究所总干事兼联合国气候变化政府间专门委员会主席帕乔里、世界银行前行长佐利克、时任英国格兰瑟姆气候变化与环境研究院主席斯特恩爵士等人授予了墨西哥阿兹台克雄鹰奖章，以表彰其在《斯特恩报告》[①]中发挥的作用（G20，2012s；Stern，2007）。

一些观察家认为，G20过去是，现在仍然是一个指导委员会。“它提升了重大事件的影响力，并且通过一系列筹备工作为决策制定奠定基础。G20通过呼吁各个组织、政府要员以及官方机构采取行动或形成报告等对很多重大事件都产生重要影响。”事实上，G20已经将越来越多的任务交给其他参与者。例如，2011年G20戛纳峰会，就要求IMF、OECD、世界银行、国际清算银行及其他国际政府组织开拓思维并制定行动计划（在某些情况下，还需要向G20做详细的汇报）（Carin，2011b）。

针对参与者的利益与观点同G20某一主题的讨论结果相关的情况，时任英国首相卡梅伦在2011年表示：

> 领导人应该致力于使G20在全球体系中与其他参与者的交往变得更加规范与透明。通过改善G20与其他参与者的总体关系，促进

① 《斯特恩报告》是2007年前世界银行首席经济学家和分管发展经济学的高级副行长、英国经济学家尼古拉斯·斯特恩经过一年调研主持完成并发布的，这份长达700页的报告指出：不断加剧的温室效应将会严重影响全球经济发展，其严重程度不亚于世界大战和经济大萧条——译者注。

他们更多参与到G20的特定议题中，并且对非成员国、国际政府组织和其他方面的有效参与表示欢迎。

某些民间社会组织（CSOs）和其他团体已经对这种安排表达了保留意见。例如，关爱中心[①]在2012年针对G20将任务交给其他国际政府组织表示：

这会在很大程度上影响这些组织机构的行为，他们做决策的方式、渠道甚至也会改变。一个典型的例子是，G20在2011年把国际政府组织的文件搬到了其会议上进行讨论。组织里的人员工作时间是有限的，他们还要处理很多来自其他政治团体的文件。这时，他们留给处理国际政府组织文件的时间就少得多了。至少有几次，在G20会议召开之前，这些文件都没有能够在其所属的政治团体得到讨论或处理。

G20与国际政府组织之间的关系在全球治理体系中是不可或缺的。尽管仍存在一些问题，但是这种关系也为双方参与者均带来了巨大的益处。本章余下部分将重点讨论与G20对话的重要国际政府组织，包括联合国、IMF、OECD和国际清算银行。

联合国

在联合国方面，早期G20峰会均由其秘书长出席，并由其协调人予以支持。后来，这一职责由卓莫·夸梅·桑达拉姆[②]承担，并于

① 位于美国的罗马天主教团体，专注于金融机构及其监管。

② 时任专门负责经济发展的联合国副秘书长兼联合国经济与社会事务部执行秘书。

2012年7月9日交棒给沙姆沙德·阿克塔尔女士①。

2008年11月14日，在美国首都华盛顿特区举行的首届G20峰会开幕晚宴上，联合国秘书长潘基文就金融危机的影响发表了演讲。在演讲中，潘基文呼吁当今世界急需一个全球性的刺激计划，并对金融危机可能演变为一场人类危机的风险表示关切。次日上午他参加了二十国领导人会议，并在会议结束时对《G20：金融市场和世界经济华盛顿峰会宣言》表示欢迎，同时强调各国领导人要承担起相应的责任，包括协调刺激政策、开展更具包容性的经济治理和避免贸易保护主义（UN DPI，2008）。

在2009年伦敦峰会之前，潘基文会见了英国外交大臣。在4月1日峰会召开前夕，他还同G20领导人一道参加了在白金汉宫举办的招待会以及随后的晚宴。在峰会结束的讲话中，他对各国领导人同意向IMF增加1.1万亿美元的注资表示欢迎（UN DPI，2009a；UN PI，2009c）。

在2009年9月25日匹兹堡峰会前夕，潘基文签署了一份声明，阐述了他优先关注的几个重要议题：帮助最贫困的地区和人民，包括在伦敦承诺的500亿美元和持续的刺激措施；官方援助，实现在格伦伊格尔斯设定的目标②；经济复苏战略，包括就业、健康、教育、基础设施建设和食品安全。他还提醒与会领导人，世界上85%的国家和三分之一人口不在G20之列，这是一个需要应对的挑战，并希望G20能够将联合国视为一个能够参与其所有阶段讨论的重要伙伴，包括财长和央行行长会议及协调人会议等（UN DPI，2009b）。

---

① 时任联合国副秘书长兼亚太经社理事会执行秘书——译者注。

② 格伦伊格尔斯，意译为“鹰谷”，位于苏格兰中部，距苏格兰首府爱丁堡约70公里。2005年7月7日至8日八国集团峰会在这里举行，会议的两大主要议题是非洲发展和气候变化。在会议上，国际社会做出了对非洲进行援助的承诺，它表明了富裕国家对实现千年发展目标的承诺，但是遗憾的是格伦伊格尔斯峰会达成的承诺却迟迟没有履行——译者注。

在2010年多伦多峰会上，潘基文强调，要加强对就业和全球经济健康发展的投入力度，要从根本上建立全球经济复苏的基础，并促进绿色增长和复苏。针对各国领导人对千年发展目标的支持，潘基文表示出了诚挚的赞誉（UN DPI，2010c；UN DPI，2010c）。在2010年G20首尔峰会上，潘基文对各国聚焦于发展表示了赞扬。同时强调，各国既然做出了承诺就必须要信守承诺，特别是在千年发展目标上（UN DPI，2010b）。

在2011年戛纳峰会前夕，潘基文在《国际先驱论坛报》上撰文，强调了其对和平的看法，同时呼吁G20领导人展现出他们在伦敦峰会上所展现的雄心壮志和责任感。他倡议将消除贫困和恢复经济增长提上日程，并将缓解不平等和保护环境作为目标。在此次峰会中，他还参加了关于“增长和就业”、发展及国际贸易等方面的专题讨论（UN DPI，2011）。

2012年，潘基文再次出席了G20峰会。会上，潘基文对《洛斯卡沃斯经济增长与就业行动计划》（该行动计划还包括一个问责机制）表示了支持，同时呼吁捐助国切实履行此前做出的承诺，并反对削减用于反贫困的支出，主张对粮食安全和大宗商品价格波动保持关注，强调联合国可持续发展大会（Rio+20）和G20之间的协同作用，特别是在绿色增长方面（UN DPI，2012）。潘基文同样出席了2013年圣彼得堡峰会。会议期间，他参与了个别议题的讨论，出席了9月5日举行的工作晚宴并发表了演讲。他呼吁联合国安理会五个常任理事国的领导人切实履行职责并寻找方法解决叙利亚危机，还要求G20领导人尽快向叙利亚及其邻国提供资金，以填补约44亿美元的人道主义救助和难民安置方面的资金缺口（UN News Service，2013）。

一些观察家仍然认为，联合国与G8或G20的关系是竞争性的甚至是相互排斥的。John Kirton（2013c）援引了这个学派的一些思

想，他们强调联合国和G8未能对危机的发生做出足够的响应，并且假定更具代表性的L20更有优势。还有一些人认为，

G20峰会不仅可以取代G7/G8，而且可以使已经僵化了的联合国更具活力，甚至在实践中可以取代其无效的中央决策机构，如安理会五大常任理事国机制。正如时任法国总统萨科齐在首次宣布将于2011年11月举办第六届G20峰会的计划时所温和表达的，应该对联合国安理会进行改革。

与此相反，斯坦利基金会[①]（2010b）强调，联合国和G20的关系是互补性而非竞争性。联合国的职能既是“G-X”框架的“前端”也是“后端”，既帮助后者形成议程，也能协助其持续跟进。并且该基金会断言，G20对联合国有着政策催化剂的作用。通过讨论倡议并形成初步共识，G20可以在关键问题上帮助联合国取得突破性进展。而联合国反过来也可以支持G20的相关倡议。

Hampson和Heinbecker（2011）认为，G20在新兴国家与发达国家之间达成的协议，有利于这一南北共识在联合国审议中得以推进。他们还指出，许多联合国成员担心G20更具限制性，但他们也承认，当相关分歧阻碍有效行动时，G20能够克服联合国的相关缺陷。他们引用新加坡常驻联合国代表梅农关于联合国和G20之间理想的机制：“我们坚信G20进程应该加强而不是损害联合国”。促进这一目标的一个方法是：将联合国秘书长参加G20峰会作为一项权利，而当经济问题列入议程时，IMF和世界银行的领导人也拥有同样的权利。然而，“如果小集团的预期效益推进得过于缓慢，以至于无法在G20中得以实质化，那么G20有可能成为一个迷你版的联合国而

① 斯坦利基金会是一个非营利、无党派的私人基金会。该基金会聚焦于在解决国际事务方面促进和建设支持有原则的多边主义——译者注。

不是扩大化的G8。在这种情况下，对联合国和G20以及世界本身都是不利的。”

Heinbecker（2011b）对这一观点进行了补充，他认为“对世界问题而言，联合国仍然是必要但不充分的反应，而G20是另一个必要但不充分的反应。有效的全球治理在很大程度上取决于两个机构的同时成功”。他指出，尽管存在缺陷，“联合国依然有其独一无二的合法性”，同时“联合国及其宪章为国际关系的运行提供了指南，包括G20国家在内的所有国家都认为他们的利益得到了尊重。”但是，由于G20在早期处理2008年金融和经济危机的作用以及它占世界国民生产总值的85%，世界人口的67%和世界贸易的80%，这使G20具有了自己的合法性。Heinbecker描述了联合国和G20可以互相帮助的方法，并得出结论，如果这两个机构能够合作，那么二者就能够实现双赢。

在前文提到的时任英国首相卡梅伦2011年的报告中还指出，“联合国和G20在全球治理体系中发挥互补作用”，并就加强这种关系提出了具体建议：使用“各种渠道，为卓有成效的交流提供稳定的信息和机会”，包括与联合国成员举行的G20通报会和磋商；任命一名高级G20官员监督这种安排；并利用联合国进程，例如专门讨论具体问题的非正式辩论。

在俄罗斯担任G20主席国之前，时任俄罗斯总统普京在2012年写道：“俄罗斯将在2013年主持G20峰会，我们必须利用这个机会更好地协调G20和其他多边机构的工作，首先包括G8，当然，也包括联合国”。与其他国际机构的合作已经在G20的实践中牢牢确立。

与联合国的关系对G20来讲依然十分重要。例如，杭州峰会的G20行动计划——《2030年可持续发展议程》中写道：

G20承认《2030年可持续发展议程》在全球范围的后续行动和评

价程序是由联合国领导的，而各国在2016年仅仅能够达到该计划的初始阶段。G20支持联合国的相关进程，并且承认联合国高层政治论坛在全球范围内的后续行动和评价程序中的核心地位。有关他们的集体行动或国家行动，G20成员国须避免以独立报告的形式向联合国重复提交。

如前几届G20峰会一样，国际政府组织的领导人也受邀参加了2016年杭州峰会，包括金融稳定理事会、国际劳工组织、IMF、OECD、联合国、世界银行、WTO、联合国粮农组织以及代表东盟的老挝，代表“非洲发展新伙伴计划”的塞内加尔。此外，杭州峰会的领导人公报反复提及在某些情况下与众多国际政府组织之间的互动，包括OECD、IMF、世界银行、国际清算银行、WTO、世界卫生组织和联合国粮农组织等（G20，2016 4–2）。

在过去几年间，有两个全新且重要的金融机构诞生，即金砖国家新开发银行和亚洲基础设施投资银行。这反映了中国不断增强的经济影响力，也体现了中国对布雷顿森林机构的实质性改革推进缓慢且不足所做出的反应。杭州峰会的G20行动计划——《2030年可持续发展议程》中写道：“中国将会促进亚洲基础设施投资银行和金砖国家新开发银行以及其他机构在对全球发展中发挥更加重要的作用。”（G20，2016 4–3）

国际货币基金组织

据G20财长和央行行长会议的第一份公报显示，“该集团（G20）的成立是为了在布雷顿森林体系框架内的非正式对话提供一个新的机制，从而扩大重要经济体间就主要经济和金融政策问题进行的讨论，进一步促进合作，实现有利于各方的稳定且可持续的世界经济增长”（G20，1999）。而G20的确与IMF和世界银行关系非常密切。双方均认为这种关系是重要的、有益的且互相促进的。这种关系远早于G20的存在——早在G7成立之初就已经在诸多方面对IMF有所倚重，如在金融监管方面①。G8和G20也一直在呼吁对布雷顿森林机构进行改革，包括其配额结构和治理架构。Lombardi（2012）认为“G20已成为一个政治领导人讨论与IMF有关的重要议题的平台。

G20关于配额结构和治理架构改革的倡议是尤为重要且充满挑战的。2010年10月23日，在韩国庆州举行的G20财长和央行行长会议，提议将新兴市场国家的配额增加一倍以提高其在投票时的权重，并增加这些国家在IMF执行董事会中的代表比例。配额结构改革将会导致IMF中10个最大的“股东”国②间配额比例的重大调整。加拿大和沙特阿拉伯将不再是排在前十名的国家。另一个配额审查要求在2013年进行。而董事会的改革似乎更难实现，因为这意味着欧洲国家的代表权重将会大幅减少③。

Bernes（2011）回忆称，“G20已将其自身定义为国际经济合作的首要论坛，而IMF则认为其自身是国际经济合作的首要机构”。那么，“首要论坛”和“首要机构”的区别在哪里？他指出，在2008年金融危机爆发之前，IMF的前景饱受质疑，但是当危机爆发时，G20成为实际的协调机构并展现了出色的领导力，而IMF落实了G20

① 国际货币基金组织的任务是监督国际货币体系并监测其成员国的金融和经济政策。参见www.imf.org/external/about/econsurv.htm。

② 具体为：美国、日本、金砖四国（巴西、中国、印度和俄罗斯）、法国、德国、意大利和英国。

③ 在2010年改革前IMF董事会中，欧洲国家代表主要为法国、德国和英国以及包括比利时、荷兰、丹麦、西班牙和瑞士等国在内的联合代表。

提出的大部分方案。此后，IMF才开始逐渐完善其在国际经济治理体系中的角色定位。因此，对于G20而言，如何厘清IMF与G20之间的关系成为一大挑战。

按道理讲，IMF总裁应被邀请参加G20峰会，他（她）也会参加G20财长和央行行长会议。自1999年G20部长级会议成立以来，参会的IMF总裁包括康德苏、克勒、拉托、卡恩和拉加德（见表4.1）。值得注意的是，历任IMF总裁都来自西欧国家。

表4.1　　1999年以来历任IMF总裁

姓名		国籍	任期
米歇尔·康德苏	Michel Camdessus	法国	1987年1月16日～2000年2月14日
霍斯特·克勒	Horst Köhler	德国	2000年5月1日～2004年3月4日
罗德里戈·拉托	Rodrigo de Rato	西班牙	2004年5月4日～2007年11月1日
多米尼克·斯特劳斯-卡恩	Dominique Strauss-Kahn	法国	2007年11月1日～2011年5月19日
克里斯蒂娜·拉加德	Christine Lagarde	法国	2011年7月5日至今

注：此表为译者根据1999年以来历任IMF总裁的信息整理添加的。

G20委托IMF开展了一系列工作以完成“二十国集团相互评估进程”，而在这项工作中，世界银行和其他国际政府组织也发挥了重要的作用（IMF，2010a；World Bank，2010）。作为《G20：强劲、可持续和平衡增长框架》（G20 2009c）的重要组成部分，“二十国集团相互评估进程”是由G20成员在2009年匹兹堡峰会上构思的一种政策合作方法，它已经成为泛G20-IMF合作的重要组成部分。

在首尔峰会召开前夕，IMF（2010b）发布了一份在“二十国集团相互评估进程”框架下的政策评估报告。首尔峰会加强了“二十国集团相互评估进程”，并呼吁建设一套指示性准则以识别和评估G20国家存在的主要不平衡状况以及由G20成员国自身完成制定自我识别机制的政策承诺。2011年4月，在华盛顿召开的G20财长和央行行长会议上，各国接受了一套指示性准则，这标志着“二十国集团相互评估进程”又向前迈进了一大步（G20 Finance Ministers and Central Bank Governors，2011）。

IMF同OECD、世界银行、国际劳工组织和联合国等机构合作，并为G20戛纳峰会上发起的“G20行动计划”准备了若干与“二十国集团相互评估进程”相关的分析报告，其中包括一份对各分报告进行总结并为G20的集体行动提供脚本的总报告、一份自首尔峰会以来对G20成员国政策承诺实施进展评估的问责报告、一份分析了成员国中期宏观经济和政策框架的“二十国集团相互评估进程”报告和一份对G20中七个国家[①]进行评估的可持续发展报告（IMF，2011a）。同时，在戛纳峰会上通过的《增长与就业行动计划》中指出，要借鉴IMF工作人员针对G20国家中不平衡现象的根本原因所做的独立评估以及相应政策建议（G20，2011a）。

在IMF等机构为G20洛斯卡沃斯峰会准备的题为《二十国集团相互评估进程：走向持久的稳定和增长》报告中，他们评估了G20的全球风险、政策措施和最新进展，并为洛斯卡沃斯峰会提供了一个“乐观”的情景。报告认为，为了实现这些国家设定的增长目标，G20成员国需要更有效地管控不断上升的风险，兑现过去做出的承诺，并制定、颁布更加完善的集体措施。这意味着需要更有效的危机和风险管理机制，兑现当初的承诺，并采取额外的措施以实现成员国间的互惠互利。该报告的附录对全球风险、欧洲地区的不平衡进行了分析，并强调应该加强问责评估（IMF 2012c）[②]。2013年，“二十国集团相互评估进程”政策模板成为《圣彼得堡行动计划》的附件之一（G20，2013c、2013j）。IMF还发布了一份《G20“二十国集团相互评估进程”工作人员可持续发展评估报告（2013

① 这七个国家分别为中国、法国、德国、印度、日本、英国和美国。

② 详情请参见http://www.imf.org/external/np/g20/” MAP” 2012.htm。

更新版）》，聚焦于不平衡与经济增长（IMF，2013）[①]。

IMF官方网站还设立了一个网页[②]专门讨论其与G20的关系。其中，包括在G20峰会及财长和央行行长会议中涉及IMF的相关文件，以及与IMF自身活动有关的文件，如IMF总裁在历届峰会上的发言稿，IMF工作人员撰写的“二十国集团相互评估进程”报告[③]以及在历届峰会前IMF对全球经济前景所做的分析与判断等。

世界银行

同IMF一样，世界银行也属于G20峰会和部长级会议的“核心”观察员，并对G20进程及协商提供技术支持。同IMF总裁一样，世界银行行长也理所当然被邀请参加G20峰会。同时，世界银行行长还是G20财长和央行行长会议的正式成员。自1999年G20部长级会议成立以来，参会的世界银行行长包括沃尔芬森、沃尔福威茨、佐利克和金墉（见表4.2）。值得注意的是，历任世界银行行长都来自美国。

表4.2　　　　1999年以来历任世界银行行长

姓名		国籍	任期
James D. Wolfensohn	詹姆斯・沃尔芬森	美国	1995年6月至2005年5月
Paul Wolfowitz	保罗・沃尔福威茨	美国	2005年6月至2007年6月
Robert B. Zoellick	罗伯特・佐利克	美国	2007年7月至2012年6月
Kim Yong/Jim Yong Kim	金墉	美国	2012年7月至今

注：此表为译者根据1999年以来历任世界银行行长的信息整理添加的。

世界银行同IMF和其他国际政府组织一道运用其专业知识在不同议题上为G20进行支持。以下是最近一段时期世界银行为G20准备的

① 详情请参见http://www.imf.org/external/np/g20/”map”2013.htm。

② http://www.imforg/external/np/g20。

③ 在第七章有更详细的介绍。

相关报告：

- 世界银行集团（2011）：由世界银行、IMF、OECD和几个区域开发银行共同完成的题为《推进气候融资：按照G20财长会议要求准备的文件》的系列报告包括：①《承诺本国气候融资的财政工具》（IMF）；②《以国际航空和航运为气候融资来源的市场化工具》（IMF）；③《化石燃料支持》（OECD）；④《气候融资：如何让私营部门参与进来？》（Shilpa Patel）[①]；⑤《如何保持碳排放市场的活力？》（Philippe Ambrosi）[②]；⑥《多边开发银行的带动与创新》（世界银行）。
- 世界银行（2012d）：《恢复并维持增长》——由世界银行工作人员为"G20：强劲、可持续和平衡增长框架"准备的报告。
- 世界银行（2012）：《提高G20国家的就业和生活标准》——国际劳工组织、OECD、IMF和世界银行的联合报告（详请参见OECD 2012a）。
- 世界银行（2013）：世界银行行长金墉博士在G20圣彼得堡峰会闭幕式上的演讲。

不仅如此，世界银行同墨西哥政府于2012年5月5～6日在洛斯卡沃斯联合举办了一场G20大宗商品研讨会。此外，在盖茨基金会十年1100万美元的资助下，世界银行发展研究局建立了"全球金融包容性指标"公开数据库，该数据库也被称为"Global Findex"，记录了不同性别、年龄、地域与收入水平的人群获取金融资源难易程度。世界银行希望该数据库能够成为"G20普惠金融专家组"的重要

---

① 希尔帕·帕特尔（Shilpa Patel），世界银行教育与卫生局官员——译者注。

② 菲利普·安布罗西（Philippe Ambrosi），世界银行专家，美国加州大学河滨分校（UC Riverside）教授——译者注。

参考（World Bank，2012b）[①]。

经济合作与发展组织

OECD秘书长参加了历届G20峰会。OECD还会定期出席G20财长和央行行长会议以及多个G20工作组会议。自匹兹堡峰会以来，OECD拥有了自己的协调人，并由其金融副总监协助。一篇题为《战胜危机：OECD和G20的职责》（OECD，2011a）的报告，描述了两个机构在应对经济和金融危机方面的互补角色。

OECD向G20的工作组及其下设机构提供免费的场所和其他设施。有些人甚至认为OECD就是G20的准秘书处，那些非OECD成员国的G20国家[②]并不认同这一观点。因此，将OECD视为一个潜在的G20秘书处是不恰当的。

OECD通常与IMF、世界银行、联合国粮农组织和国际劳工组织等相关国际政府组织合作，共同支持G20全方位的工作，包括：增长与就业，社会对经济难题的反应，金融监管，税收，国际金融体系改革，反腐败，农业、大宗商品价格波动与粮食安全，经济与社会发展，以及对化石燃料的补贴等诸多方面的工作（OECD，2012e）。针对上述各个方面的工作，G20会定期委托OECD提交报告和政策建议。如OECD[③]向洛斯卡沃斯峰会准备了如下报告：

- 《追求强劲、可持续与平衡经济增长：关于实施G20结构性改革的承诺书》

① 详情请参见World Bank 2012c和http://datatopics.worldbank.org/financialinclusion/。
② 相比之下，所有G7成员国也都是OECD的成员国。
③ 连同其他机构——译者注。

- 《提高G20国家的就业机会和生活水平》①
- 《OECD与国际金融教育网络关于国家金融教育战略的指导性原则》
- 《G20与OECD关于绿色基础设施倡议的养老基金融资政策的说明》
- 《关于税收透明度和信息交流的全球论坛：向G20提交的进展报告》
- 《可持续的农业生产率增长与小型家庭农场间差距的缩小：向G20轮值主席国墨西哥提交的报告》②
- 《有关将绿色增长和可持续发展政策纳入结构性改革的建议》③
- 《G20的贸易和投资举措》④

OECD参加2013年G20工作的一个例子是，OECD机构投资者和长期融资专项工作组制定的G20/OECD关于机构投资者长期投融资的指导性原则（第八版）。制定这些原则的目的是为了协助G20与其他国家更好地落实这些项目（OECD TaskForce，2013）。2013年，俄罗斯作为轮值主席国还与OECD联合发布了有关金融教育的报告（OECD&G20，2013）。

OECD专门就其与G20的关系和相关工作建立了一个网页，该网页介绍了OECD与G20关系的历史，并提供了OECD为G20准备的报告、演讲、文章以及其他信息⑤。

---

① 该报告由OECD与世界银行、IMF和ILO联合提交。

② 该报告由OECD与国际生物多样性组织、国际农业研究咨询小组联盟（CGIAR）、FAO、国际农业发展基金（IFAD）、国际粮食政策研究所（IFPRI）、美洲国家农业合作研究所（IICA）、联合国贸易和发展会议（联合国CTAD）、联合国粮食安全危机高级专案协调小组、世界粮食计划署（WFP）、世界银行和WTO等国际政府组织联合提交。

③ 该报告由OECD与世界银行和联合国联合提交。

④ 该报告由OECD与联合国CTAD和WTO联合提交。

⑤ 详情请参见www.oecd.org/g20。

国际清算银行

国际清算银行的使命是协助各国中央银行实现其货币和金融稳定，促进各中央银行间的合作并充当中央银行的银行（BIS，2012）。国际清算银行的巴塞尔银行监管委员会为银行监管相关事宜提供了一个定期合作的平台，以加强对核心监管问题的理解，并提高全球范围内银行监管的质量。国际清算银行的主要工作是促进相关问题的信息交流，并制定指导方针、原则和标准（BIS、BCBS，2012a）。巴塞尔银行监管委员会最新的重要举措是“巴塞尔协议Ⅲ”，一个有关流动性风险测量、标准和监测的国际框架。“巴塞尔协议Ⅲ”规定了关于银行资本充足率和流动性的全球监管标准，其目的是为了维护金融稳定并促进经济的可持续增长（BIS、BCBS，2010）。“巴塞尔协议Ⅲ”是对G20匹兹堡峰会的回应，并在G20首尔峰会上获得通过。G20戛纳峰会要求尽快全面实施“巴塞尔协议Ⅲ”。在洛斯卡沃斯峰会上，巴塞尔银行监管委员会向G20领导人提交了一份关于“巴塞尔协议Ⅲ”执行情况的中期报告（BIS、BCBS，2012c），之后，于2012年向G20财长和央行行长会议提交了更新的报告（BIS、BCBS，2012b），并于2013年发布了进一步更新的《巴塞尔监管框架实施进展报告》（BIS、BCBS，2013）。

小　结

本章梳理了G20与相关国际政府组织之间的关系，主要结论是：G20与国际政府组织之间的关系是非常必要且互利的。在G20的实践中，双方已经建立起了很好的合作关系。某些国际政府组织，特别是布雷顿森林机构，享受到了作为正式成员参与到G20峰会、部长级会议和各种工作小组会议的待遇。他们和其他国际政府组织[①]共同为G20提供分析研究、政策建议、绩效考核等技术支持。可以说，这些组织极大地提升了G20的合法性。这些国际政府组织（主要是联合国）可以为那些没有参与会议的国家发声。不仅如此，G20达成的一致意见会以一种最高水平政治动力推动国际政府组织向前发展，G20各国同意向IMF进行注资就是例证之一。此外，信息共享也有助于促进G20和国际政府组织的共同进步。

① 特别是联合国、OECD、国际清算银行和巴塞尔银行监管委员会。

G20
二十国集团
演变、互动、记录

第五章

G20与工商团体的关系

本章的主要内容是G20与工商团体之间的关系，这种关系对双方都有着至关重要的作用。本章重点讨论以下几个特殊的组织或论坛，包括世界经济论坛（WEF）、国际商会（ICC）、二十国集团工商峰会（B20）、青年企业家峰会和私人慈善基金会。

与G8相比，G20与工商团体有着更为紧密的联系。正如第六章将要讨论的，将工商团体包含在民间社会之下是不恰当的，甚至是错位的。工商团体的营利性、行事风格及其影响与民间社会组织有着根本的区别。同工商团体本身的做法一致，G8和G20对商业组织和非营利性民间社会组织进行了区分。事实上，G20与工商团体的关系远超过其与非营利性民间社会组织的关系 。

世界经济论坛[①]

G8/G20与世界经济论坛的关系要追溯到几年前。2005年，时任

① 世界经济论坛（World Economic Forum，WEF）是以研究和探讨世界经济领域存在的问题、促进国际经济合作与交流为宗旨的非官方国际性机构。由于首届世界经济论坛在瑞士小镇达沃斯举办，所以该论坛也被称为“达沃斯论坛”——译者注。

英国首相布莱尔选择在瑞士达沃斯举办的世界经济论坛上，对当年即将召开的G8格伦伊格尔斯峰会的议程进行详细地阐述。此后，除了一些特殊情况外（如2006年时任俄罗斯总统普京），这种做法成了每年的传统；如今，G8和G20峰会都沿袭着这种传统。G20与世界经济论坛的关系也延伸到了世界经济论坛的区域会议，比如，在2012年4月于墨西哥巴亚尔塔港举行的世界经济论坛区域会议上，时任墨西哥总统卡尔德龙收到了二十国集团工商峰会递交的工作建议（B20，2012b）。

2010年1月28日，时任韩国总统李明博在世界经济论坛的主题发言中指出，发展议题将是韩国制定G20首尔峰会议程的优先事项。事实上，G20首尔峰会不仅兑现了李明博的承诺，还将有关气候变化的内容纳入最终议程。2010年1月28日，时任加拿大总理哈珀同样在达沃斯谈到了他的优先事项（WEF，2010；Canada PMO，2010）。2011年1月27日，时任法国总统萨科齐在世界经济论坛上阐述了其对G20戛纳峰会的愿景。2012年作为G20洛斯卡沃斯峰会的东道主，时任墨西哥总统卡尔德龙（2012a）在世界经济论坛上做了题为“全球经济危机：G20的定位与挑战”的主题发言。2013年1月23日，时任俄罗斯总理梅德韦杰夫（而不是时任总统普京）代表当年的G20轮值主席国俄罗斯参加了世界经济论坛并致辞 。

世界经济论坛讨论了G20的几个重要议题，这一点可以从G20领导人的发言以及一些刊物中看出，报告《欧元、美元和人民币的不确定性：国际货币体系的前景》（WEF，2012a）便是一个例子。一篇世界经济论坛的博客写到，2012年6月18日，总统卡尔德龙对B20绿色增长工作小组提出的启动“绿色增长行动联盟”（Green Growth Action Alliance，G2A2）这一倡议表示欢迎：

该联盟实质上是一个与G20和其他政府有着密切合作关系的独特

的政府与社会资本合作（PPP）项目，它由超过40家能源企业、银行和开发性金融机构组成。其目标是：在绿色增长的融资模式上取得突破；使用公共资金撬动更多私人资金在绿色基础设施项目上投资（WEF，2012b）。

后文B20小节将对这一点进行更加详细的介绍。

2014年1月，时任澳大利亚总理阿博特在世界经济论坛上概述了当年即将召开G20堪培拉峰会的议程优先事项（Austraila PM，2014）。类似地，时任土耳其总理达武特奥卢在2015年世界经济论坛上也介绍了土耳其对当年G20峰会的愿景（Turkey PM，2015）。在中国担任G20轮值主席国期间，中国国家主席习近平并没有参加2016年世界经济论坛的年度会议，但他出席2017年的世界经济论坛，并在2017年1月17日的论坛会议开幕式上发表了主旨演讲，强调了经济全球化与全球治理所取得的进步以及面临的问题，并讨论了2016年G20杭州峰会所取得的成就（WEF，2017）。不过，作为2017年G20峰会轮值主席国德国总理默克尔，并没有出席2017年的世界经济论坛。

国际商会

另一个与G8/G20保持密切关系的重要工商团体是国际商会。国际商会（The International Chamber of Commerce，ICC）与G7/G8以及G20的联系可追溯到1990年的G7休斯顿峰会。从那时起，国际商会就将有关工商业的优先事项及建议提交给G7/G8和G20峰会以及包括成员国领导人在内的高级官员。

2008年，当各国领导人刚刚开始筹备首届G20峰会时，国际商会就提出与G20进行交流。在G20华盛顿峰会召开前夕，国际商会联合WTO向G20各成员国政府提交了一份有关全球经济危机的报告：

> 基于对G20各成员国银行的调查，该报告分析了全球经济危机对贸易融资的影响。此外，借助自己的全球网络与媒体，包括金融时报、国际先驱论坛报、CNN和BBC等，国际商会以“广告轰炸”的形式，将报告的核心信息传递给政府领导人与公众。

2009年G20伦敦峰会前夕，国际商会主席冯国经（Vctor K. Fung）会见了时任英国首相布朗，并提交了有关工商业优先事项以供G20峰会讨论。同时，布朗也敦促国际商会扮演好全球经济“发声器”的角色，在峰会前夕将核心信息传递给政治领导人与公众。

2010年，在G8马斯科卡峰会和G20多伦多峰会召开之前，国际商会致函G8和G20领导人，提交了有关国际贸易与投资的建议，具体包括：抵制贸易保护主义和经济民族主义；争取多哈回合多边贸易谈判于2010年底之前达成一致；呼吁各国领导人将贸易融资恢复至更正常的水平；提高世界经济的治理水平；在气候变化、能源、知识产权和创新等方面有所行动（Hajnal，2007a；ICC，2010a）。在G20首尔峰会召开之前，国际商会主席会见了时任韩国总统李明博（ICC，2010b）。

G20戛纳峰会召开之前，国际商会发行了一本名为《G20：是什么与做什么？》的商业手册（Kassum，2011）。该手册对G20、G20成员国资格以及G20与工商团体和民间社会之间的关系做了介绍，并回顾了华盛顿峰会、伦敦峰会、匹兹堡峰会、多伦多峰会和首尔峰会的成就，分析了戛纳峰会的前景，讨论了G20议程及决策过程等。同年，国际商会还发布了一个衡量一国贸易开放程度的政策工具——开放市场指数。该指数表明，德国是唯一挤进世界前20名的G20国家（ICC，2011）。2012年，国际商会向G20洛斯卡沃斯峰会各国领导人提交了有关全球工商业的优先政策事项。国际商会指出，确保G20峰会的公报对有关全球工商业的优先事项有所熟虑是我们的责任。作为全球经济的一线参与者，我们必须确保世界工商业的声音不被淹没（ICC，2012c）。

2012年，国际商会的G20咨询小组与B20的工作小组（见下文）进行合作，并会见了WTO的官员以将多边贸易谈判向前推进。在G20洛斯卡沃斯峰会结束以后，国际商会颇为满意地指出："几个工商业组织的建议在G20于6月19日峰会闭幕当天发布的公报中都有所体现，其中就包括代表全球工商业声音的国际商会（ICC，2012a）"。2013年，国际商会为G20准备了六份政策报告，并与世界经济论坛合作为G20准备了一系列工商业政策建议（ICC，2013）。

二十国集团工商峰会

在2008年11月首届G20峰会召开之前，工商团体与G20的关系就已经比与G8的关系更为密切。在2008年早些时候，八国集团工商峰会和二十国集团工商峰会相继于当年的G8峰会前后召开。同年4月，八国集团东京工商峰会在G8北海道峰会举办之前向各国领导人发布了一份声明。

第一个与G20相关的二十国集团工商峰会（B20）于2010年6月25～26日召开。应加拿大总理（G20多伦多峰会的东道主）和财政部长的要求，G20各成员国需派出两名工商业领袖参加会议。此举旨在就G20议程的经济议题向工商业领袖征求意见并为G20政策目标的设定寻求工商业的支持。B20的目标是促进G20各国领导人与私人部门的对话，并保证G20峰会的讨论能够对私人部门的发展前景有所关注[①]。B20多伦多峰会讨论了商业环境、财政退出战略、金融部门监管、创新、贸易和投资自由化以及发展等内容。此外，峰会议程也涉及企业家精神和小企业的发展。

在B20峰会结束时，作为此次会议的主持人加拿大CEO协会的主席兼总裁John Manley发布了一份会议总结报告，概括了B20峰会的议程，主要包括经济和财政挑战、市场的不确定性、金融监管、贸易和投资、创新和企业家精神等。B20还发布了一份有关中小企业（SMEs）的背景报告《中小企业面临的财务挑战》（Canada，2010）。可见，工商团体与民间社会有着本质的不同，B20峰会也不是真正意义上的民间社会活动，而是G20各国政府与工商团体之间的纽带。B20的文件终稿甚至以G20支持性文件的形式正式发布。

2010年，G20首尔峰会的主办国政府将B20峰会和G20峰会更加紧密地联系起来——G20峰会是于11月10～11日举行的，而B20峰会于11月11～12日举行。时任韩国总统李明博共邀请了120名韩国及国际工商业领袖出席本届B20峰会。此举不仅体现了私人部门在经济复苏中的重要地位，也强调了政府与私人部门之间的伙伴关系。政府与工商界的这种对话也得到了G20峰会的认可，而G20首尔峰会的官方网站（该网站已不可访问）也提供了B20峰会网站的链接。

B20戛纳峰会（于2011年11月1～3日举行）与G20峰会[②]在时间上很好地衔接起来。受时任法国总统萨科齐的委托，法国最大的雇主联盟MEDEF向与会各国领导人提交了一份报告。同时，G20各国的工商业组织均参与了B20的筹备工作。11月2日，萨科齐在爱丽舍宫会见了B20的代表。在此之前，世界经济论坛和国际商会已分别召

① 详见www.b20.org/index-english.aspx。

② 于2011年11月3～4日召开——译者注。

开了一系列小组会议，就如何向G20峰会建言进行了讨论。事后，B20峰会整合了所有的建议，并形成了最终报告。该报告强调了以下工商业关注的优先事项，包括改善全球治理以增强信心，放松对杠杆水平的限制以促进经济增长，以及保证增长的成果能够以可持续的方式共享。具体而言，报告针对以下问题共提出46项建议，包括必要的全球经济政策、金融监管、国际货币体系、大宗商品与原材料、发展与粮食安全、就业及其社会问题、反腐败、贸易与投资、通信技术（ICT）与创新、全球治理问题、能源和绿色增长等（B20，2011）。此外，B20同L20还发布了一份联合公报（B20–L20，2011；关于L20详见第六章），对此，G20戛纳峰会的公报也表示了欢迎。

工商团体与G20的紧密联系在洛斯卡沃斯峰会上得到进一步强化。2012年6月17–18日，B20洛斯卡沃斯峰会召开，共有约150名代表出席了会议，这些代表包括企业首席执行官、G20成员国重要企业负责人以及IMF、世界银行和OECD等多个国际组织的负责人。同年6月19日，B20各工作组的负责人在早餐会上会见了G20的官员。B20洛斯卡沃斯峰会的前期准备工作主要是由以下8个工作组中的前7个完成的，这些工作组负责的议题分别为：

- 粮食安全议题；
- 绿色增长议题；
- 就业议题；
- 提升透明度与反腐败议题；
- 贸易与投资议题；
- 通信技术（ICT）与创新议题；
- 为增长与发展融资议题；
- 宣传与影响力——这个新的工作组与其他工作组都有交叉，其使命是跟进之前的建议并对其后续行动实施监督。

这些工作小组由行业龙头企业的首席执行官、政府官员、国际政府组织代表、工商业论坛代表以及受邀非政府组织代表组成。例如，2012年的粮食安全工作小组由英国联合利华集团和墨西哥宾堡集团的首席执行官担任联合主席，其小组成员包括瑞典雀巢、孟山都、都彭和美国百事的首席执行官、联合国和OECD的高级官员以及英国乐施会总裁。2012年该工作小组的政府联络人是墨西哥农业部秘书处的国际事务协调人。

世界经济论坛是该工作组和其他四个工作组（绿色增长工作组、就业工作组、提高透明度与反腐败工作组以及为增长与发展融资工作组）的领导机构，贸易与投资工作组的领导机构是国际商会，而麦肯锡咨询公司是通信技术（ICT）与创新工作组及宣传与影响力工作组的领导机构。这些工作组的组成及其领导机构很好地展现了大型企业与工商团体的紧密合作关系。

为更好地与G20做好衔接，B20采取深思熟虑的战略，并在以下几个方面为洛斯卡沃斯峰会做了充分准备：

- 更广泛的多方合作——把全球的专家和民间社会（组织）的主要成员作为正式成员纳入工作小组；
- 与G20进程紧密联系——定期向G20协调人汇报工作，并为每个工作小组邀请政府联络人；
- 时间表——在G20洛斯卡沃斯峰会召开的两个月前就制定了详细的建议；
- 优化焦点——当年4月份在巴亚尔塔湾同卡尔德龙总统梳理了建议草案；
- 连续性及影响力——在7个核心专题工作组的基础上，成立了宣传与影响力工作组，以保证相关建议在各国产生共鸣，并在下一年得以实施（B20，2012）。

时任墨西哥总统卡尔德龙出席了B20洛斯卡沃斯峰会并致开幕词，这是G20与工商业之间紧密联系的另一个重要标志。事实上，政府领导人是喜欢同大企业高管打交道的，这两类行为体也是彼此需要对方的。在B20洛斯卡沃斯峰会上，与会代表讨论了如下议题，包括但不限于：世界经济的前景、透明度与反腐败、绿色增长、就业、贸易与投资、增长与发展融资、粮食安全、普惠金融和创新（B20，2012c）。同G20戛纳峰会（G20，2012j）一样，洛斯卡沃斯峰会公报也肯定了B20和L20的贡献，并且肯定了隶属于B20的“绿色增长行动联盟”的贡献。该联盟通过使用公共资源撬动更多私人资金在关键领域的投资（Alexander，2012）。Alexander和Fuhr（2012）通过考察资源相关性行业和绿色增长更深入地探讨了政府与私人部门之间的合作关系。

在G20洛斯卡沃斯峰会闭幕的新闻发布会上，时任墨西哥总统卡尔德龙对参加会议的年轻企业家、智库、工会组织、民间社会组织的成员、工商业人士及学者们致以了谢意。他感谢与会者在本次峰会的各个论坛上分享了自己的思想，并特别对B20在增长与发展的具体协议中所做的贡献给予了高度评价（G20，2012t）。B20自身也愿意同G20就决策过程建立更加密切的联系，比如定期向G20协调人汇报工作和确立各个工作组的政府联络人（Ramírez，2012）。此外，B20的文件终稿以G20支持性文件的形式正式发布，甚至该文件上的标识也是G20峰会的官方标识。

除了为G20提供建议，B20在监督G20履行承诺方面也扮演着重要的角色。为了达到这个目的，在世界经济论坛、国际商会、麦肯锡全球研究院及其他机构的帮助下，B20制定了一个“绩效仪表板”（Enter the B20，2012）。国际商会（2012b）编制了一套G20工商业评分表用来评估G20国家在以下与工商业相关行业中的表现，包括贸易与投资、绿色增长、透明度与反腐败、增长与发展融资，等等。

与洛斯卡沃斯峰会有所不同，2013年彼得堡峰会的东道国俄罗斯增加了一个拓展项目，即在广泛的民间社会活动项目之外增设了一项二十国集团工商峰会。在俄罗斯轮值期内，B20的代表于2012年12月12日在莫斯科举行首次会议。2013年6月20～21日，B20峰会在莫斯科召开，并向G20提交了一本白皮书，详述了其政策建议（B20，2013a）。B20“有效对话工作组”还准备了另一份报告，专门评估B20与G20的对话效率（B20，2013b）。2013年B20峰会还有了其自己的网页：www.b20russia.com/en/。

近些年，B20继续保持每年同G20会面并向其提出政策建议。2014年7月16～18日，该会议于澳大利亚悉尼举行，包括时任澳大利亚总理阿博特在内的G20官员出席了会议；2015年11月14～15日，会议在土耳其安塔利亚举行，土耳其政府的官员们在安塔利亚峰会一开始便会见了由重要的CEO组成的代表团；2016年9月3～4日，中国国家主席习近平在B20杭州峰会上发表了开幕词；而最新一届的B20峰会已经于2017年5月2～3日在德国柏林举行[①]，会议的主题是“复原力、责任感、响应力——构建面向未来可持续的世界经济”。

青年企业家峰会

2010年6月，由加拿大青年工商基金会主办的为期两天的青年企业家峰会（G20 Youth Enterpreneurs’ Summit，简称为G20YES或YESG20）在多伦多举行，来自G20成员国的青年企业家出席了此次峰会。加拿大政府将此次峰会视为G20的一项官方活动。青年企业家峰会的公报（内含一个声明）被提交给了B20的领导人，青年企业

① 截至本书出版前，B20柏林峰会已经于2017年5月2～3日召开，与会代表共同讨论了贸易投资、数字化、能源、气候变化、金融增长、就业、中小企业和反腐败等众多议题，并于5月3日向2017年G20轮值主席国德国总理默克尔正式递交政策建议——译者注。

家峰会提出的有关政策建议也受到了B20领导人的重视。在多伦多峰会之后，第二届青年企业家峰会于2010年11月在韩国仁川举行。之后，第三届青年企业家峰会于2011年10月31日～11月2日在法国尼斯举行。在第三届峰会举办之前，时任法国总统萨科齐于10月13号会见了青年企业家峰会的法国代表。尼斯峰会的成果之一是制订了《二十国集团青年企业家联盟章程》，旨在促使青年企业家成为“经济复苏、岗位创造、创新与社会变革的生力军”（G20YES，2011）。2012年，第四届青年企业家峰会于墨西哥洛斯卡沃斯举行，会议讨论了需要对政策和监管进行哪些完善以支撑G20国家的企业发展（G20YES，2012）。2013年6月15～17日，二十国集团青年企业家联盟在莫斯科举行峰会，该会议的提议被转达至2013年的B20峰会（G20YEA，2013）。

近些年，与B20相关但又独立的二十国集团青年企业家联盟峰会仍在继续进行着：2014年7月18～22日的会议地点在澳大利亚悉尼，2015年9月7～9日在土耳其伊斯坦布尔，2016年9月8～10日在北京。而最新一届会议于2017年6月15～17日在德国柏林举行。

私人慈善基金会

与工商业有着密切联系的私人慈善基金会在为各国政府（包括G20成员国政府）提供资源方面发挥着重要作用。比如，在G8马斯科卡峰会上，盖茨基金会针对母婴健康捐赠了超过10亿美元。此后，盖茨基金会资助了G20普惠金融倡议的两个执行机构，分别是扶贫咨询小组（Consultative Group to Assist the Poor，简称CGAP，详见下文）和普惠金融联盟（AFI）。Culpeper（2012）指出，“基金会的2010年战略简报显示，至少有3500万美元已经捐给了普惠金融联盟，同时有2380万美元捐给了扶贫协商小组”。此外，盖茨基金还为G20的“农业效果倡议”（AgResults Initiative）和农业市场信息系统（AMIS）提供了资助。其中，旨在解决贫困人口粮食安全问题的“农业效果倡议”是于2012年G20洛斯卡沃斯峰会上首次提出的，而农业市场信息系统则是由2011年9月巴黎G20农业部长论坛创立的。

扶贫咨询小组是由来自16个国家的捐赠人成立的一个小组，包括11个多边开发组织和5个私人基金会。Culpeper（2012）指出，G20有关普惠金融的大部分想法都是建立在扶贫咨询小组在过去16年的工作基础之上的，包括其技术支持、政策工作和相关研究。而且，扶贫咨询小组是G20普惠金融倡议的三个主要执行机构之一。

另一个值得一提的慈善基金会是乔治·索罗斯的开放社会基金会（Open Society Foundations，简称为OSF）。2012年年末，开放社会基金会刊登招聘广告，在G20国家和二十国集团智库中招聘高级宣传官员，以重点关注新兴的全球治理框架问题。该基金会对土耳其、印度、印度尼西亚、阿根廷、巴西和墨西哥这几个G20成员国的政策分析特别感兴趣。此举可视为开放社会基金会参与智库建设以及G20进程意愿的具体表现。

毫无疑问，像比尔·盖茨这样的慈善名人在推动某些倡议或行动方面的作用与民间社会有一些相似之处。因此，有关慈善名人这方面的内容放在第六章“知名人士”部分进行讨论。

小　结

事实证明，工商团体对G20是有显著影响力的，并且二者之间是互利互惠的。伴随着G20的发展，二者之间的关系也变得更为密切。来自关注中心（Center of Concern，简称COC）的Aldo Caliari和来自海恩里希·伯尔基金会（The Heinrich Böll Foundation）的Nancy Alexander（2012））对G20与B20之间这种日益密切的联盟关系进行严谨的评估，并对二者之间这种关系的潜在风险和收益进行量化分析。为了最大化对G20的影响，工商界——尤其是B20——向包括主办国领导人在内的G20官员进行咨询，及时为G20峰会准备相关材料，并保证与二十国集团在商业联系上的一致性。除此之外，B20峰会、国际商会和世界经济论坛的通力合作以及这些组织的资源也为私人部门在与G20打交道中的角色与影响力方面提供了有力证据。

G20

二十国集团

演变、互动、记录

|第六章|

G20与民间社会的关系

本章将考察并分析二十国集团（G20）与非营利性民间社会组织（CSOs）及其联盟之间持续演进的关系。首先，本章对民间社会的概念进行界定，紧接着对民间社会参与G8和G20的历史进程予以简要介绍。之后，通过考察与G20存在互动的民间社会组织类型，辨别此种互动的具体模式并探究其中的动力源泉以及民间社会参与G20的具体范围。本章将自始至终考察民间社会对G20的影响，并探究民间社会与G20各成员国政府是否以及如何从这种互动中获益。最后，本章将探寻能够推动或阻碍民间社会对G20发挥影响作用的各种因素，并指出，互利共赢源自于互动；民间社会对G20的进程、问责以及议程重点（即便不是议程设置）等方面起到了一定的积极影响；G20的官方认可并不意味着民间社会对G20的结果产生了主要影响。由此看来，民间社会尚未完全发挥其潜在的影响力。

概　述

首先，我们需要对本章所讲的“民间社会”这一概念进行界定。此处的解释并不以理论界定为目的，因为早期的文献资料已经做过充分的研究，比如Jan Aart Scholte（2011a）在文章中写道："民间社会指的是围绕特定公共议题进行集体行动的非营利性公民团体"。还有一种对民间社会的描述，即"在政党之外，公民团体为了建立社会规则而通过集体行动以寻求的一种政治空间"，这些团体通常"对某一特定公共事务有共同关切或有所行动"。这其中包括了正式的非政府组织（NGOs），同时还有社会运动、社会活动以及针对特定议题的公民团体联盟。民间社会组织相当多元，其规模、地理范围、意识形态倾向、战略和策略等方面都各有不同。

如第一章所述，G20可追溯至1999年为应对1997～1998年亚洲金融危机而发起的财长和央行行长会议。2008年，金融与经济危机席卷全球，财长和央行行长会议也由此升级为领导人层面的会议。为应对危机，时任美国总统乔治·沃克·布什于2008年11月14～15日在华盛顿召集了首次G20峰会。与G20各成员国政府一样，民间社会最初并没有为这种发展做好准备，但是民间社会组织已经意识到G20峰会的趋势并围绕首次峰会参与了早期活动。之后，各种更为全面、更为复杂的民间社会活动也快速发展起来。相比G7、G8的情况，这一过程——无论在民间社会，还是在G20各成员国内部——开展得更为迅速。到第二次峰会（伦敦，2009年4月）之时，民间社会组织已经为参与更为广泛的活动做了更充分的准备，这些活动包括人权问题会议、发展与环境问题会议、游行以及其他活动。

2009年9月，在匹兹堡举行的第三次峰会上，与会领导人宣布G20为各成员国间有关经济与金融问题的主要协调机构。至此，G20取代了G8在经济与金融协调方面的地位。2010年6月25～26日G8峰会在马斯科卡举行，紧接着，第四次G20峰会于6月26～27日在多伦多召开。接连举行的两个会议要求民间社会予以同时但有区别的应对。随着民间社会组织进一步了解G8与G20之间的动态关系，他们与两个论坛建立了更为深入的联系。

2010年11月，第五次G20峰会在首尔举行。此次峰会对会议议程作了重要扩展，加入发展议题和金融安全网议题，并更具试验性地加入了气候议题。此类新发展给民间社会组织带来了更多机遇。某种程度上可以认为，议程扩大得越广，机遇就增加得越多。

2011年，法国同时担任G8和G20主席国，而民间社会组织参与了5月末在多维尔的G8峰会以及11月初在戛纳的G20峰会。在戛纳，雄心勃勃的G20议程包括改革国际货币体系、处理汇率不稳定问题、加强危机管理机制、反商品价格波动、限制能源价格浮动、开发与气候融资、融资创新、全球治理改革等议题。过多的议题给民间社会既带来了机遇也带来了挑战，尽管希腊债务危机最终成了此次峰会的中心议题。

2012年的G8与G20峰会分别在两个不同的国家举行：G8峰会于5月18～19日在美国戴维营召开（紧随其后，5月19～21日北约峰会于芝加哥召开），而G20峰会则于6月18～19日在墨西哥洛斯卡沃斯举行。虽然相隔不远，但双“G”峰会再一次被分开。此外，戛纳峰会与洛斯卡沃斯峰会相隔的时间相对较短，这给民间社会组织带来了另一重挑战。在2013年6月17～18日厄恩湖G8峰会与9月5～6日圣彼得堡G20峰会之间，民间社会有了更多的准备时间。

然而，如今G8与G20的共存也给民间社会带来了难题。对于民间社会组织而言，共存意味着资源与专业知识的可获得性，但同时也意味着不确定性，即特定的议题会在G8框架下讨论还是在G20框架下讨论？民间社会应单独关注G8峰会还是G20峰会？或是同时关注？只要G8和G20同时存在且依然在同一年举办，对民间社会资源的双重要求就会持续。除此之外，民间社会组织还需要出席其他的一些重要会议。那么，他们的付出和努力都值得吗？其对G8或G20的潜在影响能否体现出这些努力？这些付出又能否在媒体报道中得到体现？当前，以牺牲对G8的关注为代价，民间社会组织越来越重视G20，这说明民间社会组织更换了优先顺序。但是，民间社会组织仍然应该意识到G8的持续影响力。

除了峰会本身，民间社会还意识到G20下设机构团体的重要作用，并与之进行互动。举例而言，2011年2月11日，78家法国及国际民间社会组织联合向G20反腐败工作组主席团递交建议，并提议与该工作组合作。同年，一个经济学家团体在10月会议前致函G20财长，敦促其抑制造成粮食价格上涨和全球贫困加剧的食品商品过度投机。非洲经济研究协会、布鲁金斯学会、开发金融国际以及全球金融新规则等智库的联合研究成果出版，题为《金融稳定理事会：开启黑箱》（New Rules，2012a）。

与G20互动的民间社会组织类型及其宗旨

与G20存在互动的民间社会组织范围相当广泛，各个组织的关注点也存在很大差别，如贫困问题、和平与裁军问题、消费者事务、发展问题、环境及气候变化问题、人权问题、性别问题、健康问题、教育问题、金融监管问题，等等。民间社会还包括以信仰为基础的团体、工会、研究机构、智库、科学院等（Scholte，2011b）。

四种特殊的群体可以被排除在本书所指的“民间社会”之外：工商业团体、私人慈善及基金会（二者虽然相关但不同义）、知名人士和议会代表。由于私人部门的目标、行事风格及其同政府及政府间组织的密切关系都与非营利性民间社会组织不同，因此将私人部门排除在民间社会之外是理所当然的。不过，如果把工商业团体包含在民间社会组织内，那么民间社会对于G8和G20的总体影响则会大幅提升。本书第五章的主题为G20与工商业团体的关系，其中涵盖了私人慈善的角色。接下来的内容将概述另外两个群体的角色与作用。

知名人士

尽管知名人士并不是严格意义上的民间社会行为体，但此处仍然对其进行讨论。原因是他们时常为民间社会的社会正义与经济公平目标提供支持，而且他们能够扮演丰富的角色。Cooper（2008a）考察和分析了这些名人在外交领域的作用。

在G8/G20的背景下，摇滚明星Bono和Bob Geldof在2005年格伦伊格尔斯G8峰会召开前，举办了“Live 8”世界巡回演唱会。他们过去参与G8事务（现在是G20事务）的方式之一就是与倡导团体ONE/DATA（Debt，AIDS，Trade，Africa）建立长期联系。遵循在G8峰会前共同编辑主流报纸的传统，2010年Bono和Geldof作为5月10日《环球邮报》——加拿大国家报的客座编辑，与专派记者、专栏作家、摄影师、特约评论员一起做了一期有关非洲的专题报道（Bono，Geldof 2010）。比尔·盖茨（以其个人身份，而非代表盖茨基金会）在G20戛纳峰会和洛斯卡沃斯峰会（作用较少）期间发挥了知名人士的作用。在戛纳，他向G20领导人呈递了一份内容翔实的报告，就发展、健康和国内资源调动等问题提出建议（Gates 2011）。该报告咨询了民间社会组织及其他利益相关方，是经过认真准备的。报告中的观点，特别是有关发展的看法，对G20有潜在的帮助。而G20也参考了比尔·盖茨的建议，正如公报中所言：“我们讨论了实现比尔·盖茨先生所强调的融资创新计划的诸多选项”。然而，戛纳峰会后，G20并未集体跟进这些建议。2012年，在洛斯卡沃斯峰会召开前，盖茨致函时任墨西哥总统卡尔德龙，强调健康、粮食及发展问题的重要性。盖茨与卡尔德龙还共同出席了当年1月举行的世界经济论坛。G8/G20与知名人士之间的关系令非政府组织两难——一部分民间社会组织欢迎知名人士的高调支持，但另一些民间社会组织则担忧知名人士会掩盖了来自民间社会本身的声音。

议会代表

作为立法机关，议会是民间社会之外的组织。但是他们对保证民选政府的民主责任至关重要，同时他们也是民间社会的潜在对话方。数年来，一个与议会相关的小组经常举行会面，即G8议长会议。鉴于该会议并非官方组织，故或许也可将其视为一个民间社会组织。

一个例子是，2010年，在G20财长会议（华盛顿）、G8发展部长会议（哈利法克斯）、非洲伙伴关系论坛（多伦多）前后，哈利法克斯倡议（Halifax Initiative）与其他的民间社会组织分别于4月20日、26日及27日在渥太华举办了三场议会代表圆桌会。这些圆桌会议讨论了气候变化和气候融资问题、金融危机问题以及联合国千年发展目标（MDGs），而这些也都是G8和G20峰会的议题（Halifax Initiative，2010a）。2010年，在多伦多峰会与首尔峰会的间隔期间，其他与议会相关的活动包括9月2～5日在渥太华举行的G20议长会议和9月9～12日同样在渥太华举行的G8议会下议院议长会议。以上活动期间，议长们是否曾与非政府组织代表会面尚未可知。G20成员国的议长又分别于2011年5月18～20日在首尔、2012年2月24～26日在利雅得、2013年4月4～5日在墨西哥城进行了会晤。

民间社会协会

G20最初聚焦于金融与经济问题，且目前很大程度上仍然如此。

正如人们所预料的那样，拥有相关专业知识的民间社会组织（包括智库）在与G20进行互动时扮演了重要角色，诸如布雷顿森林项目、全球金融新规则（一个聚焦于IMF改革的联合体）、经济政策研究中心、全球研究中心以及彼得森国际经济研究所。

其他民间社会团体很快意识到在金融与经济危机中蕴含着更广泛的问题，并直接围绕G20采取行动。随着G20的议程扩展到发展、贸易、气候融资以及粮食安全领域，自然而然有更多不同类型的民间社会组织开始积极响应，并与G20进行互动。这些民间社会组织包括反贫困团体及运动（如Jubilee Movement、Make Poverty History、Global Call for Action against Poverty Campaigns）、工会组织（如国际工会联盟）、关注气候及环境的民间社会组织（如气候行动网络、世界自然基金会、绿色和平）、人权NGO（如大赦国际、人权观察）、发展NGO（乐施会、救助儿童基金会、行动援助以及世界宣明会）以及关注G8和G20框架下全部议题的民间社会组织。比如，成立于2010年的G8及G20全球工作组（可以追溯至2006年）与两个论坛均保持着互动。根据G8和G20的政策需求，工作组为之进行相应的准备。具体而言，2011年的准备工作涵盖了治理、责任与腐败、人力资源开发（具体包括援助、教育、性别与健康）、气候变化、金融议题（具体包括债务、金融交易税、避税地以及普惠金融）、增长、粮食安全及价格、基础设施、就业与体面工作、贸易等议题。工作组每年的准备工作中有相当一部分等同于一场战略规划会议。

一些学者和智库专门从事有关G20的研究，而另一些只是将对G20的研究作为其工作的一部分，如全球研究中心、国际治理创新中心、布鲁金斯学会、查塔姆研究所、G20研究组、彼得森国际经济研究所、艾伯特基金会、海因里希·伯尔北美基金会等。还有其他一些与G20存在互动的民间社会组织，如基于信仰的团体（世界宣明会等）。此外，一些民间社会组织还关注其他的社会及政治问题，如哈利法克斯倡议、全球民主治理论坛以及透明国际等。2012年，东道国墨西哥政府召开了二十国集团智库会议，以此利用了民间社会组织的专业力量。无独有偶，美国外交关系协会在2012年召集了20个主要的外交政策智库，建立了“协会的协会”（Council of Councils）①，并于2012年3月12～13日在华盛顿举行了开幕会议（Council on Foreign Relations，2012a）。

同年，隶属于宾夕法尼亚大学国际关系项目的“智库与民间社会”课题组发布了2011年度《全球智库指数》（Global Go-To Think Tank Index），该指数主要关注G20成员国及金砖国家的智库（UN University，2012）。同年6月3～5日，该课题组还联合赞助了在宾夕法尼亚大学举行的“二十国外交政策智库高峰论坛”（G20 Foreign Policy Think Tank Summit）。第六版的《全球智库指数》（McGann，2012）对不同类型的智库进行排名：年度最佳智库，各地区最佳智库（美国，西欧，中东欧，除中国、印度、日本及韩国在外的亚洲，中国，印度，日本，韩国，撒哈拉以南的非洲，墨西哥与加拿大，中、南美洲，西亚与北非等），分领域最佳智库及特殊成就排名。

各国国家科学院也与G8-G20建立了关系。比如在2011年G8多维尔峰会的准备阶段，巴西、加拿大、法国、德国、印度、意大利、日本、墨西哥、俄罗斯、塞内加尔、南非、英国及美国联合发布了两份共同声明，这两份声明分别是关于水与卫生，以及基于科学的全球发展教育议题的（Royal Society，2011）。2012年，来自15个国家的国家科学院②向G8及G20递交了三个联合声明，其议题分别是能源与水、自然灾害与人为灾害、温室气体的排放与封存（Royal

① 这些智库基本来自G20国家，但该组织与二十国集团智库会议并不相同。

② 这15个国家分别是巴西、加拿大、中国、法国、德国、印度、印度尼西亚、意大利、日本、墨西哥、摩洛哥、俄罗斯、南非、英国和美国，这些科学院被统称为G-Science。

Society，2012a、2012b、2012c）。

虽然很多女性通过非政府组织和群众运动参与到G8和G20有关环境、发展、健康、人权等全球性议题的讨论中，但迄今为止，妇女团体与G8和G20的互动还非常有限。Dobson（2008）指出，性别平等及妇女问题并不是G8议程中的主要议题，但，Kulik和Kirton（2012）却就此问题描绘了一幅更加鼓舞人心的景象。从民意调查公司TrustLaw在2012年针对G20各成员国内部女性状况的调查中，可以发现一个更为真实的状况：排名前五的国家依次是加拿大、德国、英国、澳大利亚和法国，印度则最差（TrustLaw，2012）。多年来，妇女团体在平行峰会①中都有会面，后文将对此予以讨论。

原住民团体与G8和G20的联系较少且多为暂时性的，一次是2008年的原住民团体平行峰会，另一次则体现在2012年洛斯卡沃斯峰会上的有限交流。后文相关章节（平行峰会和对话部分）将对此予以详细介绍。

自2005年G8格伦伊格尔斯峰会首届J8（Junior 8）论坛以来，青年团体开始活跃。不过，由于该论坛是由联合国儿童基金会（国际政府组织）与墨西哥政府联合筹办的，故其“民间社会组织”性质存在争议。此后的青年峰会（与G8及G20同步）也是由东道国政府以合办或主办的方式负责。后文“平行峰会”部分将对此予以详细介绍。

即使G8和G20的分工仍不清晰，一些民间社会组织对二者都给予了一定的关注。此外，随着G20议程的变动，民间社会的关注点也随之演变。民间社会团体倾向于将相关活动集中在峰会东道国，而且离实际会议场所越近越好。然而，来自世界各国的民间社会组织，特别是来自欠发达国家的民间社会组织常常没有充足的资源前往举办国。更为复杂的是，一些非政府组织的活动家无法获得签证

① 本书将“alternative summits”和“parallel summits”统一译作“平行峰会”。后文对此类会议有详细介绍。

或通行许可。例如在首尔峰会时，韩国政府拒绝了6位G20民间社会会议的潜在参会者入境。虽然一些来自非洲的民间团体近年活跃于G8和G20，但实际出席峰会的民间社会代表仍主要来自于东道国，其中包括大型国际民间社会组织在当地的分支机构。而来自欠发达国家的民间社会组织则通常由这些国家居住在峰会举办国的移民群体担任代表。

民间社会组织参与G20的动机是什么呢？不同的民间社会组织会给出不同的答案。简而言之，他们希望由此推动社会正义与经济公平，包括减缓贫困，促进欠发达地区的发展（以及贫困地区和其他被边缘化人口的收入），缩小南北差距，降低气候变化带来的负面影响。他们还希望领导人能够应对传染病、儿童与孕产妇死亡等领域的挑战，并呼吁提高教育质量，公平地解决贸易问题，改善包括妇女权利在内的人权状况。认识到国际外交政策之间的关联性，民间社会组织并不把活动局限于G8和G20峰会，而且把同样的关注及诉求带到其他主要的国际谈判中，如联合国、WTO、布雷顿森林机构等。

关于社会正义和经济公平的内涵，不同的民间社会团体基于不同的宗旨和判断标准有着截然不同的看法。鉴于民间社会组织还看重其自身对官方政策及治理的影响，因此，寻求媒体曝光也十分重要。此外，更多的激进团体希望改变政治及经济制度，比如，用其他制度取代资本主义制度。

民间社会与G8/G20关系演变的若干阶段

尽管一些地方性的民间社会组织早在1976年就与G7（G8前身）

有所接触，但在会议的初始阶段双方几乎没有互动。民间社会与G8/G20关系的演变历程可以分为5个阶段：

- 第一阶段（1975～1980年），即关系建立早期阶段。这一阶段也可被视为“互相忽视或互不承认阶段”。在这一阶段，G7领导人并没有把民间社会组织当作潜在的对话方，民间社会对G7的影响力及重要性也没有多少认可。
- 第二阶段（1981～1994年），即单方面承认阶段。在这一阶段，民间社会承认了G7的重要性，但民间社会组织仍未引起G7的注意。随着G7的议程从最初的宏观经济焦点扩展到其他领域，非政府组织开始将这个大国集团视为游说及反对相关议题的合理对象。民间社会的倡议、平行峰会与游行逐渐变得司空见惯。
- 第三阶段（1995～1997年），即相互承认阶段。以1995年哈利法克斯G7峰会为起点，G7也开始关注并认可民间社会。
- 第四阶段（1998～2001年），即确立系统性关系的阶段。自真正意义上的首次G8峰会于1998年在伯明翰召开，民间社会逐渐变得强大起来，并且在处理与G8的关系方面经验更加丰富。
- 第五阶段（2002年至今），关系常规化阶段。自2002年卡纳纳斯基斯峰会以来，无论是非政府组织还是东道国政府都希望彼此加强交流（偶有例外）。

由于民间社会已经在与G7/G8的互动中积累了许多经验，随着G20首脑级会议的确立，民间社会与G20之间的关系很快步入正轨，甚至从未经历前文提到的“互相忽视阶段”。自2008年首届G20峰会开始，民间社会团体对G20的重要性就有了充分的认识。

二者间的相互认可始于G20伦敦峰会，此时的民间社会已经相当成熟。在多伦多峰会时，双方的常规关系正式确立，并于同年的首尔峰会上得到夯实。到了戛纳峰会时，这种关系依然保持紧密。

作为洛斯卡沃斯峰会的主办方，墨西哥政府对各利益相关方尤为友好。墨西哥政府指派了一名G20轮值主席国特别代表，负责与不直接出席会议的团体（如非成员国家、国际组织、重点关注青年的民间社会、学术界及商界）交换意见。墨西哥政府希望这一举措能使G20的工作更有效、更包容、更透明（G20，2012b）。

墨西哥政府概括出了以下几项原则作为与民间社会互动的基础：永久对话与开放、透明、包容、无性别歧视以及将民间社会的关切纳入到G20的讨论中（G20，2012g）。在与民间社会的互动中，墨西哥政府尤其重视来自拉美国家以及“三驾马车”国家（在2012年分别是法国、墨西哥、俄罗斯）的非政府组织，其中，俄罗斯的民间社会组织全程参与了该互动过程①。

与之相对应的是，负责民间社会与G8/G20对接工作的G8/G20全球工作组于2012年就与G20对话的优先议题提出了一系列指导性原则，这些优先议题包括发展、增长与不平等、粮食安全、透明度与反腐败（G8/G20 Global Working Group，2012）。墨西哥政府甚至在其G20官方网站附上链接以展示民间社会组织的建议，具体包括以下民间社会组织：圣公会联盟（Anglican Alli-ance）、澳大利亚国际发展委员会、Bond、南方协调（Coordination SUD）、伯尔基金会、共同行动（InterAction）、红十字与红新月国际联合会、Joint Religious Coordination for the G8 and G20 Summits、拉美债务与发展网络（Latin-DADD）、Observatorio Mexicano de la Crisis、ONE、乐施会（美国）、儿童救助基金会、金融一体化与经济发展工作组（Task Force on Financial Integrity and Economic Development）、世界

① 见Alexander于2012年7月30日写给作者的邮件。

宣明会（G20，2012d）。事实上，民间社会组织拥有其自己的媒体宣传渠道，但该届峰会的国际媒体中心也为其敞开了大门，约30个国际民间社会组织和30个墨西哥民间社会组织分别派驻了代表。

围绕G20峰会的民间社会活动类型

对合法性问题，G8和G20都有所认识，与国际社会建立并保持联系有利于其合法性的提升。而民间社会作为国际社会的一部分，在此过程中发挥了重要作用。成功的互动能够提升民间社会组织和G8/G20的合法性，增加民间社会对峰会的潜在影响力，并且实现互利共赢。

纵观G7/G8/G20的历史，民间社会与这些集团的互动是多层次的。以下部分将重点分析几种类型的民间社会活动，包括对话、评估与监督、政策研究、平行峰会、请愿、游行等。Cooper（2013）指出，G20与民间社会的互动模式同G8与民间社会的互动模式相比，既有共性又有特性。

对话

民间社会对首届G20峰会即华盛顿峰会所关注的议题有一定的共识。就在峰会举办前夕，一些G20国家的首脑、官员和国际货币基金组织及世界银行的负责人（包括时任巴西总统卢拉，时任日本首相麻生太郎，时任澳大利亚总理陆克文）一同与来自G20国家的工会领袖进行了会面。在此对话前，英国前首相戈登·布朗与工会代表在英国举行会议，西班牙及法国国内也举办了类似的对话。他们讨论了国际工会运动的《华盛顿宣言》，该《宣言》呼吁出台经济复苏计划，改革国际金融市场监管，建立新的国际经济治理体系，采取措施以应对世界范围内日益严重的不平等问题。在这些对话中，国际工会联盟（ITUC）充当工会组织的领导者（ITUC，2008）。

在第二届G20峰会（2009年4月）举办前夕，来自世界各国的非政府组织代表于2月23～25日在伦敦参加了主题为“从危机走向公平且可持续的世界经济”的会议，该会议由Rights and Humanity[①]组织。虽然该会议并不属于磋商会，但峰会的主办方英国政府在峰会官网上却提及了该会议（该官方网站已无法访问）。另一个体现政府鼓励公众参与的信号是，英国政府于当年1月30日宣布将会开放G20官网，以便公众了解信息、发布评论和参与讨论。随后，此网站也的确在这些方面发挥了积极作用（G20，2009b）。两个月后，时任英国首相在圣保罗大教堂向宗教领袖及非政府组织代表发表讲话，表示世界必须采用以共同价值观为基础的全球经济规则，并且G20领导人在做出有关全球经济的决策时需要考虑所有人的利益（G20，2009e）。3月14日，英国驻伊斯坦布尔领事馆和全球与政治趋势研究中心联合举办了有关G20伦敦峰会的圆桌讨论，该活动也得到了《土耳其参考报》及《自由报每日新闻》的支持。会议参与方包括商界人士、学者、媒体以及多个民间社会组织，他们就全球经济危机的解决思路进行了讨论，并就国际金融体系、危机的影响、国际金融架构和G20成员国之间的系统性协调等问题提出了相应的政策建议。

到了G20匹兹堡峰会，民间社会与G20官员的互动更加深入，这些活动包括对话、人民峰会、政策研究以及游行等。其中一个对话的例子是“共同行动”——一个美国民间社会伞形集团——组织了与G20官员的会议。

---

① Rightsand Humanity是一个聚焦发展、人权及环境议题的NGO。

在2012年6月接连举行的G8马斯科卡峰会和G20多伦多峰会前夕，民间社会团体与G8/G20官员开展了一系列对话会，其中包括G8民间社会会议、一个与加拿大政府协调人团队进行的视频会议、与加拿大的G20协调人团队进行的磋商会、有关母婴及儿童健康的讨论会等等。尽管民间社会的贡献并未得到公开认可，但有关母婴及儿童健康的讨论会为加拿大时任总理哈珀在G8峰会担任中心角色加分不少。

首尔峰会前后也有不少民间社会活动，包括非政府组织专家咨询会，首届G20民间社会会议，包括工会在内的非政府组织与韩国协调人及其他官员举行的讨论会。值得注意的是，韩国政府还指派了负责处理与民间社会关系的高级官员。

在戛纳峰会上，有一百多个非政府组织及民间社会团体进驻了位于节日剧院的媒体中心①。2011年11月2日，时任法国总统萨科齐在爱丽舍宫设午宴招待了前来参加二十国集团工会会议②的代表们。二十国集团工会会议于当年11月3～4日举办，它还同G20工商峰会发表了一份联合声明，这成为民间社会内部私营部门与工会合作的实例（B20–L20，2011）。

在洛斯卡沃斯峰会前后，民间社会组织同与会官员进行了数场对话。其中一场对话是由墨西哥政府主办的，其外交部长、经济部长、农业部长均出席了该对话活动。会议主办国政府收到了民间社会递交给G20首脑的建议，对民间社会的作用予以认可，“民间社会组织帮助丰富了G20的议程，该议程今年优先关注粮食安全、基础设施项目融资、包容性绿色增长、高危弱势群体的营养安全等议题”（G20，2012o）。在同一天，一些非政府组织参与了由卡尔德龙总统主持的“反思G20:设计未来”论坛（G20，2012i）。此后，在6月

---

① 其中主要的组织包括乐施会、世界自然基金会、ONE、世界宣明会，以及法国民间社会组织CCFD–Terre Solidaire、南方协调、美国伞形集团——共同行动等。

② 二十国集团工会会议，即L20，此处不同于本书第七章所述的L20提议。

17～19日还分别举行了三个会议，墨西哥国家发展工作组组长出席了其中两个会议。从民间社会与官方交流的角度看，墨西哥峰会也许超过了前几届G20峰会，但这些磋商会的质量和内容总体没有达到预期的效果。比如，墨西哥政府提前为G20各工作组准备了许多背景材料，但并未向民间社会组织提供这些材料。此外，墨西哥政府也没有公布哪些政策选项属于可考虑范围。总的来说，G20的透明度还远远不够，即便事先与民间社会组织分享详细的背景资料都未能实现。

在洛斯卡沃斯峰会首日，全球金融新规则协会举办了有关G20透明度和参与度的研讨会。关于参与度问题，该研讨会探讨了民间社会组织在G20进程中到底能发挥多少作用？这些组织是否"能够充分获取有关政策议程的信息，从而在参加峰会时具有一定的知情权并提出具有建设性的建议？在最后决策前，这些组织又是否有机会被征求意见？（New Rules，2012b）"

2012年，原住民与G20建立了首次联系，当时墨西哥政府邀请联合国原住民问题常设论坛的代表参加了洛斯卡沃斯峰会有关粮食安全问题的讨论，这些代表表达了他们在粮食权利问题上的立场。在峰会开始前，墨西哥的农民、农场主及原住民组织同来自墨西哥政府、联合国粮农组织以及OECD的代表共同出席了一场以粮食安全为中心议题的会议（G20，2012g）。这虽然值得赞许，但是，在一些G20国家对其原住民态度依然冷淡甚至敌对的背景下，这些努力能在多大程度上促进原住民有效参与全球治理，尚未可知。

民间G8会议

2006年，在俄罗斯担任G8轮值主席国期间，一个被称为"G8民间社会会议"的对话机制出现。它的诞生经过了长期认真的准备，而且时机选择恰到好处。此次活动获得了主办方俄罗斯政府所给予的众多资源和实质性的支持。此后，该会议每年都召开，但其影响力逐年下降，可用资源也越来越少。

作为加拿大G8及G20峰会的前奏，G8民间社会会议于2010年4月15～16日在温哥华举行，吸引了来自17个国家约60个非政府组织的代表参会[①]。会议的主办方为加拿大国际合作委员会[②]和Make Poverty History campaign。这两天的活动包括全体会议以及针对主要议题的工作组会议，这些议题涵盖健康（包括母婴健康、儿童健康、艾滋病、其他传染疾病以及强化健康系统）、气候变化（主要关于适应及缓减气候变化的融资）、粮食安全、水与教育、治理、人权、和平与安全、G8问责、格伦伊格尔斯承诺及创新性开发融资等。而性别问题则在数个工作组会议中均有讨论。一场与G8协调人面对面的圆桌对话会使当年的G8民间社会会议达到高潮，该会议以一场新闻发布会闭幕。

与加拿大G20协调人团队的磋商会

总部设在蒙特利尔的民间社会——智库全球民主治理论坛，倡议与加拿大G20协调人及其团队在G20多伦多峰会召开前进行磋商。G8卡纳纳斯基斯峰会期间，全球民主治理论坛曾牵头举办过一个类似的对话会，参会的一方是作为主办方的加拿大政府和另外三个G8成员国政府；另一方则是来自发达国家与发展中国家的民间社会代表。Nigel Martin（2008）对全球民主治理论坛所积累的G8经验进行了考察。在2010年的会议中，官方代表包括加拿大G20协调人、财政

① 有关此磋商会的简要评估，参见Make Poverty History（2010）。

② Canadian Council on International Cooperation，它是一个来自加拿大的民间社会组织伞形集团。

副协调人等，而民间社会方则由20个来自世界各地民间社会组织的代表参与会议。会议的焦点是“G20对全世界公民的责任”。除2009年在伊斯坦布尔举行的圆桌讨论会外，渥太华对话会是G20进程中首次举办的此类活动，它给予来自发达国家与发展中国家的民间社会代表一个发声的机会，以呼吁G20“加深全球治理制度、程序及决策民主化”（Tandon and Martin，2010）。

该会议涉及的宏观经济政策议题包括刺激措施（国家及全球经济向消除贫困的绿色经济转型）、粮食安全、就业、“对全球资本流动进行清晰且透明的监管”、国际金融机构的治理改革（包括在选拔这些机构领导人的过程中，体现公开性、透明性、全球性、专业性及竞争性）。以上这些理念能在G20官员中引发一定的共鸣。

G8-G20利益相关方与加拿大协调人团队的视频会议

2010年6月19日，加拿大政府指派的G8马斯科卡峰会及G20多伦多峰会协调人团队与包括民间社会代表在内的利益相关方进行了一场视频会议。其中，与民间社会组织代表的面对面会议在位于渥太华的外交事务和国际贸易部举行，与此同时，其他团体则分别在蒙特利尔麦基尔大学、英属哥伦比亚大学全球事务研究所（Liu Institute for Global Issue）以及多伦多大学蒙克全球事务学院等地参与了同步视频会。

与会者首先向协调人提出关于G8议程的问题（特别是有关发展、和平及安全等议题），紧接着，作有关G20议程的提问（主要围绕金融与经济危机及恢复问题）。在对问题的回应中，协调人团队强调了与NGO及其他利益相关方进行磋商和对话的重要性，指出责任是马斯科卡峰会的核心所在。但对于民间社会针对G8先前的承诺没有落实或仅仅是部分落实的批评，官方并没有完全回应。此外，官方依然坚持表示，G8与G20之间的分工是明确的。最后，会议在简短的总结中落幕。

民间G20会议

2010年10月15日，一场民间社会—G20对话会在韩国仁川举行，此类会议首次获称Civil G20。该会议由韩国G20峰会总统委员会与呼吁反贫困行动全球联盟（韩国）联合举办。虽然有6位代表被拒绝入境，仍然有超过100位代表（分别来自40个国家34个非政府组织）参与会议。其中，部分来自欠发达国家的代表得到韩国政府的资金支持。磋商会所涵盖的议题包括贸易、金融监管与国际金融机构改革、发展以及G20治理等。作为一个重要的进展，Civil G20 的建议递交给了负责制定G20议程的协调人，该建议呼吁与NGO进行积极合作（Choi，2010）。

2011年9月30日，一场戛纳峰会前期对话会以Civil G20的形式，在法国外交部的主持下召开。由于会议的通知时间非常仓促且没有经过仔细准备，法国及国际NGO参与度有限。而且此次会议与官方的协调人会议选择在同一时间举行，因此一些协调人为了不耽误参加协调人会议，在此次会议上仅作了短暂停留。在洛斯卡沃斯峰会之前，并没有真正意义上的Civil G20与协调人对话会，有的仅是一些研讨会和论坛（具体将在本章其他部分进行讨论）。没能促成一场真正的Civil G20，原因或许可以归结为G20国家的官员在首尔及戛纳峰会前对此类会议的消极体验——会议的构想是好的，但对于会议结果，协调人与NGO均认为效果不佳。因此，墨西哥政府希望能在2012年促成更好、更有效的交流[①]。

① J. Ruthrauff于2012年7月23日在给作者的邮件中提及。

2012年2月23日，51个来自墨西哥以及国际民间社会组织的59名代表，在墨西哥城进行了为时一个半小时的对话会。对话的另一方是负责G20相关事务的墨西哥政府官员，包括外交部长、G20协调人、外交部中主要负责民间社会事务的官员、财政部代表以及15个来自墨西哥国内其他部门的官员。民间社会组织代表就以下议题进行陈述，具体包括G20民间社会对话的指导原则、粮食安全、发展、增长与不平等以及透明度和反腐败。官方对民间社会提出的建议表示欢迎，并且承诺将会把部分建议分享给其他G20国家代表。同时，墨西哥政府指出，G20是一个整体，但一些NGO所提出的建议更多是针对某一国家的政策，由此，官方鼓励民间社会组织尝试向各自国家的立法机构和管理者发挥影响力[①]。然而令人沮丧的是，由于权力政治在发挥作用，因此这次磋商会的结果喜忧参半。

其他形式的磋商

一个关注母婴及儿童健康[②]的团体在2010年初与政府官员进行了一系列相互独立的讨论会。由于对话有来自NGO的专家参与（他们在相关领域颇有建树），从而促进了政府官员与NGO间的有效交流。虽然该讨论会的细节没有公布，但马斯科卡峰会对有关议题给予了高度关注，并许下相对谨慎但意义深远的承诺。由此可见，NGO的专家对G8具有一定的影响力，虽然这种影响并没有在峰会文件上得到明确承认。政府自身无法轻易提供此类专家，因此他们需要民间社会的支持。

在G20伦敦峰会召开前，一些智库代表[③]与时任英国首相布朗及

① G8/G20全球工作组于2012年3月2日在给作者的邮件中提及。

② 该议题也是G8马斯科卡峰会的关注点之一。

③ 如全球研究中心、彼得森国际经济研究所等。

一些官员（主要包括协调人团队和财政部及其他部门的官员）进行会面，他们围绕向IMF注资（尤其是通过特别提款权配额）的议题发表观点。除此以外，会议还对金融监管等议题进行了讨论。布朗首相参加了一个小时的会议，体现出对智库观点的兴趣和接受度。G20向IMF提供总额为1万亿美元的资金支持，其中或许也有智库专家的功劳，从而体现出民间社会对G20的影响①。

首尔峰会前，除了Civil G20外还有一些咨询会召开。如在11月，韩国本土及国际的民间社会代表（包括呼吁反贫困行动全球联盟的韩国代表）围绕G20与发展这一主题举行研讨会，这也是首尔峰会筹备活动中的一部分。此研讨会不仅有民间社会的讨论，韩国政府协调人也在会上针对此次峰会几个主要议题发表了政府方的观点，这成为该研讨会的亮点。除此之外，在峰会召开前，工会领袖争取到了一个直接与领导人进行接触的宝贵机会，即与G20成员国首脑的高层对话。但这些会议的内容及成果往往不对外公开。而除了韩国以外，首尔峰会举办前，世界各国也进行了NGO与G20官方代表间的磋商。如民间社会代表分别与俄罗斯、日本和德国的协调人（或其助手）在各自国家进行了会面，他们围绕即将召开的峰会进行交流与讨论。

2011年9月9日，在戛纳峰会前夕，时任法国总统萨科齐与来自马德里俱乐部的代表在爱丽舍宫举行工作午餐会，讨论法国担任轮值主席国后G20会议的重点。11月2日，萨科齐总统还举办了一场与NGO代表的工作会。此外，法国还举行了NGO与协调人之间的会议。

作为G20洛斯卡沃斯峰会的筹备活动之一，来自世界各地19个智库的22名专家于2012年2月27～28日在墨西哥城参加二十国集团智库

---

① 作者于2012年6月5日与E.M.Truman进行访谈，Truman在2012年8月15日也写邮件给作者。2012年8月7～8日，G.Smith、B.Carin和P.Heap也与作者进行了访谈，此后三人于同年8月15～16日与作者进行邮件交流。

会议（Think，20）。虽然参会者不能代表所有G20国家，但这是G20首次举办此类会议。作为该会议的倡议方，墨西哥政府希望“使G20对话尽可能地开放、透明、创新、包容”，使对话能够“汇集兼具实用性与创新性的观点从而推进G20进程并完善其政策”。墨西哥对外关系委员会与部分智库负责组织此次会议，而墨西哥方协调人劳德斯·阿兰达[①]与加拿大前总理马丁也出席了该会议。与会者讨论了洛斯卡沃斯峰会的优先议题，即经济稳定与为了增长及就业而进行的结构改革、强化金融体系及培育普惠金融以促进经济增长、改善国际金融架构、增进粮食安全与稳定大宗商品价格波动、推动可持续发展、绿色增长以及应对气候变化。Think-20还向G20轮值主席国墨西哥递交了报告和建议（G20，2012z）。

Think-20磋商会秉持了合作精神，各团体间的配合良好，且搁置了各自不同的意识形态倾向及关注重点。墨西哥协调人及其团队也对会议表示尊重。然而，如果墨西哥政府能够事先提供背景材料与政策选项，该对话将会更加富有成果。事后，Think-20给大部分的与会者都留下了正面印象。但部分协调人却并不支持保留Think-20使之成为峰会的常规机制（Alexander，2012）。

支撑民间社会与G20进行定期磋商的最强有力因素并不是对话的特殊性[②]，而是这种常规化的关系本身以及来自民间社会组织的思想流动和观点交流（无论是在峰会召开期间还是其前后）。只要能把相关议题专家汇集起来，参与会议的具体民间社会组织构成并不十分重要。2009年伦敦峰会、2010年首尔峰会、2011年戛纳峰会以及2012年洛斯卡沃斯峰会在这一点上都做得很好。民间社会对峰会实际成果的影响难以估量，因为这些影响是多方努力的成果，包括G20

① 其前任安德烈斯·罗森塔尔在Think-20的倡议阶段扮演了重要角色。

② 如Civil G20、Think-20，等等。

本身的内部共识[①]。

监督与评估

民间社会组织的一个重要角色是使G8和G20能够负责任地履行承诺。对多个议题或单一议题（如仅集中在发展问题上）的责任履行情况，包括学术机构与智库在内的一些NGO提议进行系统评估。例如多伦多大学G8/G20研究组、全球金融新规则、ONE[②]和透明国际都曾经做过相关的工作。本书第八章将详细讨论来自其他部门的监督与评估、G8及G20的自我评估和民间社会在这一方面所起的作用。

政策研究报告

针对有紧迫性的全球议题发表政策研究报告是民间社会组织影响G8/G20的另一种方式。举例而言，2009年12月艾伯特基金会发表了一份研究报告，该报告指出，G20领导人、各国政府、中央银行以及国际金融机构在推进全球金融体系紧急援助的同时并没有给予全球金融治理改革同等的关注及努力。该报告呼吁全球经济体系应具备充分的透明与责任，强调国内与国际金融机构需要根本性的改革，要求全球经济体系体现社会责任与民主（Rude、Burke，2009）。另一篇政策性文章发布于2010年1月，题目是《应对全球金融危机，我们缺少了什么？》。文章以G20匹兹堡峰会后的一场会议[③]为基础，围绕有关国际金融体系和国际金融机构议题，向即将于2010年6月举办

---

① 作者分别于2012年6月5日及7月30日与C.I.Bradford进行了访谈。

② 前身是DATA，即Debt、AIDS、Trade、Africa。

③ 该会议在2009年10月19～20日举行，由哈利法克斯倡议、南北研究所和渥太华大学国际发展与全球事务学院联合组织。

的G8和G20峰会提出建议（Halifax Initiative，2012b）。

一个总部设在菲律宾的名为IBON International的非政府组织在2010年10月发表了一篇题目相近的文章——《G20议程缺少了什么？为公平、正义与稳定而调整结构失衡》。文章详细阐述了全球经济的不平衡，即“资本所有者与劳动者之间的不平等、巨额融资与实体经济之间的不平等、发达国家与发展中国家之间的不平等，还有全球经济治理制度上的民主赤字”。Quintos（2010）认为这些不平衡代表了新自由主义发展模式的系统性失灵。此外，文章指出G20的应对不够充分，并围绕G20议程提出了政策选项。

2010年，乐施会发表了一份政策简报——《首尔发展共识：G20发展议程的必要性》，呼吁增长应该降低不平等性，应对气候危机G20应该采取更加雄心勃勃的行动，解决粮食安全等。文章还就实现发展共识的方法提出建议（Oxfam，2010）。有趣的是，首尔峰会的主要文件之一正是《共享增长的首尔发展共识》。然而，并不能确定乐施会对这一概念的使用[①]影响了G20的关注和概念选取，也不清楚乐施会是否事先知道这将会成为峰会成果（G20，2010e）。乐施会在2011年又针对粮食安全问题发表了政策简报，而在洛斯卡沃斯峰会前还发表了一份有关不平等与环境退化的报告（Oxfam，2011、2012b）。2013年，乐施会发布《税收断层：行动计划——给G20和OECD解决基础侵蚀与利润转移的联合建议》（Oxfam，2013a），这是一份由34个民间社会组织合作完成的政策简报。

自2005年起，美国主要的民间社会伞形集团“共同行动”几乎每年都围绕G8/G20议题准备政策简报及文章。这个例子充分展现了民间社会向G8/G20官员递交文件的最佳渠道，“共同行动”常把报告递交给美国政府[②]。在2010年，“共同行动”发表了题为《G20与

① 即乐施会政策简报标题中的“首尔发展共识”。

② 美国政府官员曾对之表达过兴趣，参见www.interaction.org/resources。

发展：一个全新的时代》的政策研究报告，其中包含对责任、教育、普惠金融、粮食安全、全球经济危机、治理、透明度以及贸易问题的建议（InterAction，2010）。在洛斯卡沃斯峰会前，“共同行动”发布的另一份政策研究报告对粮食安全、农业、营养、反腐败、气候变化、责任以及普惠金融等问题提出了建议（InterAction，2012h）。而针对同样的问题，“共同行动”还发表了背景报告（InterAction，2012a、2012b、2012c、2012d、2012e）。

伯尔基金会也发表过不少政策研究报告，其中Nancy Alexander和Peter Giggs在2012年发表《G20 ：帐篷外的游戏——给“Rio＋20”的启示》。他们将洛斯卡沃斯G20峰会与联合国可持续发展大会的发展议程进行了对比，并针对G20责任、透明度、开发融资和G20发展行动计划提出了建议。伯尔基金会的主要信息载体是一个定期发布时事通讯网站[①]。

平行峰会

平行峰会是由民间社会团体召集举办的会议。在民间社会组织与G7/G8以及G20的关系中，平行峰会有着悠久的历史，首次会议大约是在1981年G7渥太华峰会期间召开的，名为“大众峰会”（Popular Summit）。作为民主活动，这是民间社会组织向G8和G20施加影响的另一种方式。一些平行峰会与G8及G20官员合作并向他们递交建议，因此也可以被视作是一种磋商会。而另一些峰会拒绝与G8和G20进行对话，但仍可以就G8与G20的作为（或不作为）所造成的负面影响，提出整改要求。

---

① www.boell.org/web/group_of_20-G20-Update-newsletter.html，通过该网站还能找到两个相关的链接，即Böll’s G20 Dossier series（ www. boell. org / web/group_of_20.html）和G20 Fundamentals（www.boell.org/web/group_ of_20-G20_Fundamentals.html）。

人民峰会

在G20背景下，一场由教育工作者与关注和平及社会正义的倡议团体所共同发起的“人民峰会”（People’s Summit）于2009年9月在匹兹堡举行，超过700人参加了此次活动。匹兹堡地方议会也发布了支持人民峰会的公告，体现了当地政府对该活动的认可。此次会议讨论了世界范围内的经济、社会以及政治问题。沿袭了反全球化的传统，此次峰会发布了题为《另一种世界是可能的》愿景声明，从而表达了以下理念：消除饥饿与贫困，终结种族主义，维护劳工权利与尊严，提高妇女权益，开展全民教育，提供充足的医疗保健，建立安全且包容的社会，结束战争，保障难民、移民、残障人士以及其他弱势群体的人权，以及保护地球生态系统等。同年，工会组织连同关心发展与气候变化问题的团体及宗教团体组成“人民优先”联盟，于11月7日同时在伦敦和圣安德鲁（2009年G20财长和央行行长会议的举办地）举行“反G20会议”（G20 Counter Conference）。该会议围绕的议题是就业、公正以及更加安全的气候（Put People First，2009）。

2010年G8及G20峰会召开前夕，“人民峰会：建立公正世界的运动”于6月18～20日在多伦多举行，会议讨论了全球正义（组织者将其定义为“反对企业和国家帝国主义的全球扩张，从而在平等、尊重与尊严的基础上建设更美好的世界”），环境与气候变化（包括土地、水、气候变化、资源利用、污染以及粮食安全问题），人权和公民自由，经济公平（取代新自由主义——“社区掌控资源、反对自由贸易、反贫困运动、对富人征税以帮助穷人”），“增援运动”，以及“敦促加拿大对其国内外政策与实践负责”。此次人民峰会并不希望与G8及G20的官方代表进行交流。多伦多社区动员网络（The Toronto Community Mobilization Network）是会议的参与方之一，它专注于街头抗议及其他活动，从和平示威到对抗当局。

G20首尔峰会前，韩国主要的民间社会组织在11月8～10日①举行了人民峰会系列活动，G20民间应对筹备委员会担任主办方。此次会议的议程包括金融监管与投机资本征税、体面的工作与劳工基本权利、环境与气候变化、新自由主义政策下的贸易协定选择、粮食安全与农业、民主与人权、贫穷与发展、被迫迁移、和平与安全、性别与G20、文化多样性、知识产权以及公共服务等领域。

戛纳峰会前夕，一个名为“改变论坛”②的平行峰会于2011年11月1～4日在尼斯举办，包括工会及社会运动在内的超过40个民间社会组织参加了此次会议。此次反全球化活动以一场大型游行示威作为开端，其口号是“人民优先，而非金融”。紧接着是围绕6大主题（或称口号）的研讨会，具体包括“不平等与紧缩已经足够”（enough of inequality and austerity）；“要生活，而不是股票市场”（life，not the stock market）；“改变制度，而不是改变地球”（change the system，not the planet）；“别拿我们的粮食作博弈”（do not play games with our food）；“愤怒、革命与团结”（the indignant，the revolutionaries and solidarity）；“他们是20，我们是数十亿”（they are 20，we are billions）等。论坛的主要组织方是法国伞形集团——“南方协调”。该活动最后以一场新闻发布会作为结束（Coordination SUD，2011）。

2012年洛斯卡沃斯峰会召开前后，人民峰会（Cumbre de los Pueblos frente al G20）分别于6月12～15日在墨西哥城，6月16～19日在拉巴斯③举行。以6月14～15日墨西哥城“有关G20替代的国际研讨会”作为先导，该人民峰会聚集了来自墨西哥本土及30个其他

---

① 正值2010年11月6～12日“联合行动周”（Joint Action Week）期间。

② “alter-forum”，它又被称作“人民论坛”（Forum des Peuples）。

③ 墨西哥南加利福尼亚州城市。

国家的民间社会组织。值得一提的是，活动期间举办了一场有关非法资金流动、金融交易税以及避税地的座谈会。而此次人民峰会的具体议程还包括新合法性的民主选择，治理、腐败与金融监管，改变关于银行及投机者的金融政策、金融交易税与非法资金流动，新自由主义政治下的工人与结构性调整，自由贸易的替代选择。此次人民峰会发布了反资本家及反G20宣言（Coalición Mexicana frente al G20，2012a）。

宗教领袖峰会

宗教团体是民间社会不可或缺的一部分吗？Karen Hamilton（2010）对此给予了肯定答案："宗教团体不仅是民间社会的一部分，而且站在全人类、全世界的立场上，就其神圣性而言，宗教团体也应该是民间社会的重要组成部分"。由此来看，围绕G8／G20峰会开展的各种民间社会活动应该把这些宗教团体纳入进来。

2005年，G8格伦伊格尔斯峰会举办前夕，首届宗教领袖峰会于伦敦兰贝斯宫举行。此后的宗教领袖峰会举办状况为：2006年在莫斯科，2007年在科隆，2008年在札幌、京都以及大阪，2009年在罗马，2010年在加拿大温尼伯，2011年在法国波尔多，2012年在华盛顿。

例如，2010年，来自世界各地区超过20个国家的80位宗教或信仰组织领袖参加了当年的宗教领袖峰会，这些宗教团体分别代表了土著、巴哈伊教、佛教、基督教、印度教、犹太教、伊斯兰教、神道教以及锡克教等。此外，出席此次宗教领袖峰会的还有13位青年代表和一些观察员。此次会议的准备时间长达一年半，期间，加拿大教会联合会（Interfaith Partnership）为之提供了支持。此次峰会在其题为《激发领导力与执行力》（Word Religions Summit，2010）的公报中，敦促G8和G20的政治领导人要致力于减少贫困与不平等、加强环境保护、关注最弱势群体特别是儿童的需求、停止军备竞赛、减少核武器、支持和平文化与法治。公报还呼吁国际组织与信仰团体之间进行透明、有效的对话。这份公报呈交给了当时加拿大政府（当年G8及G20峰会的东道主）的一位部长，后者承诺会将公报转交给时任加拿大总理哈珀[①]。

2011年，波尔多宗教领袖峰会的公报强调了全球宏观经济形势、全球治理、气候变化、发展以及和平等问题。2012年，华盛顿宗教领袖峰会的公报则呼吁各国应促进经济公平，关注粮食、健康与人类安全，减少贫困。这两份公报也分别呈递给了当年的G8和G20峰会（Bordeaux Religious Summit，2012；Joint Religious Coordination，2012）。2013年4月5日，80位宗教领袖联合致函G8成员国领导人，“敦促他们遵守对外援助承诺”以及“为包容、公平且可持续的经济增长创造环境”（ENS Staff，2013）。

国际可持续委员会（International Continuance Committee）承诺，每次会议都会从先前会议中学习、积累经验，并将这些经验传递给下届会议承办方。长期而言，这种延续模式有助于提高民间社会组织的效率。所有的宗教领袖峰会都有一个共同的目标，即敦促G8和G20负起有关减少贫困、保护地球、增进和平以及应对其他全球性挑战等方面的责任。

其他类型的平行峰会

G8峰会历史上曾经有过这样一次（而且是迄今唯一一次）平行峰会。2008年G8峰会前夕，来自全球五大洲及太平洋地区的代表在

① 参见Peter I. Hajnal（2010b）。

日本札幌举办了一场为期四天的“原住民峰会”。此次峰会发布了《二风谷宣言》（Nibutani Declaration），其中阐述了原住民关切的各种问题并向G8峰会提出了22条建议（Lewallen，2008）。尽管此后再也没有举行过原住民峰会，但在其他多种民间社会组织活动中都能看到原住民的身影。2012年，原住民代表还与洛斯卡沃斯峰会的主办方墨西哥政府进行了一场小范围的对话（上文也有提及）。

2008年，首届G8/G20大学峰会（各大学校长的会议）在日本札幌举行；此后，该峰会每年都有举行：2009年分别在意大利的都灵和巴勒莫，2010年5月20～22日在加拿大温哥华。其中，2010年峰会的三个主题分别是可持续能源、可持续健康和可持续高等教育。会议发布了一份宣言和一份行动声明。此外，一个与此相关的G8大学生峰会也于当年5月1～3日在加拿大亚伯达省班夫举办，该会议也发布了一份行动声明（会议网站已经无法访问）。2011年2月15日，法国勃艮第大学和弗朗士孔泰大学在第戎联合举办当年的G20大学峰会，此次峰会也发布了一份公报并呈递给G20领导人。

G8和G20青年领袖峰会通常是由主办国政府赞助举办的，因此正如前文所说，它并不完全属于民间社会活动。在2005年格伦伊格尔斯J8论坛的基础上，青年领袖峰会从2006年开始每年都举行，历届峰会的举办地分别为：圣彼得堡（2006，G8）、柏林（2007，G8）、横滨（2008，G8）、米兰（2009，G8）、巴黎（2009，G20）、温哥华（2010，G20和G8）以及巴黎（2011，G20和G8）[①]。2010年，加拿大政府与非政府组织Global Vision联合举办了一场名为“我的峰会2010” 的活动[②]。其中有关G8峰会的活动于6月23-25日在加拿大马斯科卡地区亨兹维尔举行，其主题与G8峰会

① 以上举办地所对应的年份为译者添加。

② 参见www.globalvision.ca/programs/my-summit-2010。

相同，而有关G20峰会的部分则于G20多伦多峰会期间（6月26～27日）举行。除欧盟以外的19个成员国都派有一个大学生代表团参加该活动，并与加拿大政府共同承担其费用，筛选学生代表的标准是其对经济与政治事务的兴趣。在两天的活动期间，每个代表团都有一位学生代表有机会与G20领导人会面，这是大部分民间社会组织难以启及的。

在2011年G8和G20峰会的轮值主席国法国政府的赞助下，Youth Diplomacy于当年5月29日至6月3日组织举办了G8和G20青年领袖峰会。G8青年领袖峰会重点关注的是外交与安全问题，而G20青年领袖峰会则把重点放在了金融与经济、治理、环境与发展等问题上。会议期间，来自G20国家的青年代表与参会的高级官员进行了会面，并向法国政府递交了一份公报（G8&G20 Youth Summits，2011）。

2012年G20峰会前夕，墨西哥政府邀请了128位大学生作为世界青年代表出席了于5月9–11日在普埃布拉举行的“Y20墨西哥”青年领袖峰会。此次峰会达成了《Y20普埃布拉协定》，并于5月11日将该协定呈递给了时任墨西哥总统卡尔德龙，后者把这份协定带到了G20峰会上。该协定表达了青年人对经济稳定与普惠金融，青年就业，国际贸易，可持续发展、绿色增长与气候变化，粮食安全与大宗商品价格波动，全球治理与多边组织强化，以及G20的未来等问题的看法，并向G20领导人提出了一系列建议（G20，2012af、2012ag）。此外，早在2012年年初，一个名为Young Americans for Diplomatic Leadership的组织已经在乔治·华盛顿大学举办了一场青年峰会（G8&G20 Youth Summits，2011）。

2010年，在乐施会（加拿大）的支持下，一场有关性别平等的峰会顺利举行；2012年，在连续举办两届之后，来自G20国家和非盟的、年龄在18–20岁之间的年轻女性于墨西哥（2012年G20峰会主办国）举办了第三届G（irls）20，其议程与G20议程相似。G（irls）20的宗旨是“与个人、基金会、非营利部门、政府以及私营部门合作，从而在经济上帮助青年女性及妇女成为经济发展、政治稳定和社会变革的代言人”（G（irls）20 Summit，2012b）。此次峰会的公报强调了农业/粮食安全以及针对妇女的暴力行为等问题（G（irls）20 Summit，2012a）。此外，一场题为“女性主义视角下的G20”的论坛于同年6月13日在墨西哥城举行。

远在G8和G20峰会举办地千里之外的马里共和国，一场名为“贫困人口峰会”的论坛[①]已经举办了超过10年，其中心议题是最贫困国家的生活与需求。该论坛偶尔也会向G8或G20领导人发表声明。例如，2011年10月底，为抗议G20戛纳峰会的召开，来自贝宁、布基纳法索、尼日尔、多哥、科特迪瓦、纳米比亚、刚果民主共和国、海地、法国，以及比利时等国的代表于马里纽诺举行了一场为期四天的“人民论坛”。该论坛的主旨是反全球化，即站在发展中国家的立场上反新自由主义。该论坛有5大主题，即农业、矿业、农民情况及粮食主权，宏观经济政策，治理，社会经济与公平贸易，以及动员、反抗与革命。（Niono dit non au G20，2011）。

示威游行与其他行动

自G7渥太华/蒙泰贝洛峰会以来，抗议及其他街头游行示威活动已成为与峰会相伴的常态。在G20背景下，华盛顿峰会期间的抗议较少，当时只有数百人参加了和平示威游行。但在伦敦峰会前夕，有35000人参加了伦敦市中心海德公园的游行，其主题是“人民优先”，他们要求更多且更好的工作岗位，并呼吁在气候方面的正义

① 该论坛的英文名称为“Poor People’s Summit”，法语名称为“Sommet des pauvres”。

与行动。在峰会期间，一个名为“G20 Meltdown”的团体联合其他团体组织了抗议游行活动，表达了对伊拉克战争、全球化、人权以及气候变化等问题的关切。这些活动在很大程度上都是和平的，但是警察的过激反应造成了一位名叫Ian Tomlinson的无辜非抗议者受到重伤，并最终死亡（Dobson，2011）。

G20匹兹堡峰会期间也有一些街头抗议，其组织者包括“救助公民”运动（‘Bail out the People’ movement）、“tcktcktck”气候正义运动、“抵制匹兹堡G20计划（Pittsburgh G20 Resistance Project）”及其他团体。在峰会会场周边的大部分抗议都是和平的，但是会场以外还是发生了一些小规模的冲突和设置路障的行为（Dobson，2011）。

2010年6月，多伦多街头则涌现了各式各样的示威游行。人民峰会（前文已述）期间，大量的游行示威爆发，尽管大部分都是和平的，但也有一些较为激进。一个激进的草根组织——“社区动员网络”（Community Mobilization Network）策划了一系列活动：6月21–24日为“抵制主题日”，其关注点包括移民正义、收入平等、社区资源控制、性别平等、残障人士权利、环境与气候正义，以及原住民正义等；此后为反对G8和G20的“行动日”，具体包括女权主义者野餐会（6月25日）、以“Free the Streets“为主题的游行与论坛、以“People’s First: We Deserve Better”为主题的游行，以及以“Get off the Fence”为主题的游行（Community Solidarity Network 2010b）。以上这些活动有一部分是经过事先准备的，也有一部分是在峰会期间临时举行的。“社区动员网络”对外宣称的目标是“挑战、破坏、废除G8/G20”。显然，与那些不参与G8/G20的方式相比，这种路线更为激进。Cooper（2013）将“以参与为导向”与“以抵制为导向”视为民间社会对待G20的两种不可调和的路径。

激进行为将不可避免地与警方及其他安全部门发生冲突。这些活动是否带有“非文明社会”的迹象呢？尽管“非文明社会”仍是一个存在争议的概念，但恐怖主义或种族主义团体（如基地组织与三K党）显然符合“非文明社会”的定义，还有跨国犯罪团伙、贩毒集团、洗钱组织、恋童癖网络以及人口贩卖组织也符合这一定义（Scholte，2011a）。一些研究人员还将无政府主义者，特别是暴力的无政府主义者，归为“非文明社会”。联合国前秘书长安南曾经在讨论全球化的弊端，尤其是非法贩运毒品以及有组织的跨国犯罪时使用过“非文明社会”一词（UN GA，1999）。2008年，全球化研究网络[①]围绕这一主题举办过一场会议，会议的一部分成果随后出版发行（GSN，2008；Heine and Thakur，2011）。

这些激进的抗议活动取得了哪些结果呢？他们确实挑战了G20，但并没能破坏它，当然也没能将之废除。然而，这些组织却对外声称取得了成功：组织“多伦多民众与那些每天企图摧残我们的殖民主义及资本主义政策相抗衡”；“近4万人民走上街头、聚集讨论、观看电影、建立帐篷之城、跳舞以及抗争”；“数千人的游行以反对殖民化并争取原住民主权”；支持那些“为了环境正义、收入平等、社区资源控制、男女平等、残障人士权利、移民正义，以及结束战争与占领的行动”；举办数个“行动日”活动；确保那些“冲突性的活动得以分开进行”；“面对跟踪、恐吓、逮捕、渗透”将游行示威进行到底（Community Solidarity Network，2010a）。

这些声称胜利的言论并不具备说服力，相反“社区动员网络”的激进言行令不少人产生了反感。在这些活动中，确实有部分强调了社会正义及经济公平问题，但不幸的是，这些活动往往具有破坏性质——肆意破坏财物等“非文明”行为，很难被视为一种胜利。

① 一家智库——译者注。

也许会有人认为，如果“社区动员网络”的目的是获得最大化的媒体关注，那么他们确实达到目的了——但这是以伤害民间社会中那些和平的大多数为代价的。正如人们预料的一样，在示威者与安保人员之间发生了冲突，即便官方允许的示威活动区域也不例外。在这些冲突中，虽然没有死亡但有人员受伤，大约1100人被逮捕或拘留（他们中的大部分很快即被释放）。在多伦多峰会结束后的三年时间里，针对这些事件的调查超过六次之多（包括警方调查）。2010年G20首尔峰会前夕，韩国颁布了一项特别法案，11月8～12日禁止在峰会会场2千米半径范围内举行任何游行示威，而这一区域已经被2米高的防护栏包围（Lee See Peer，2010；Nam，2010）。然而，首尔的其他地方依然有集会：11月7日，韩国的活动家（包括工人运动领袖）在市政厅外高唱歌曲、高呼口号，结果被数千名防暴警察包围。根据警方估算，该活动有两万人参与，但活动组织者却表示，参与人数达到了四万。在过去的许多游行示威事件中，这种统计数字“打架”的现象常有出现——警方的低估与组织方的高估相差甚远，使得人们更愿意相信真实的数目应该介乎二者之间。除了一些由于防暴警察使用胡椒喷雾引发的局部骚乱之外，集会大部分是和平的。此外，有6名计划参与抗议的菲律宾籍活动家（其中有一位准备参加首尔Civil G20）被韩国政府拒绝入境（J.M.Lee，2010）。11月11日，也就是首尔峰会的第一天，韩国劳工与市民团体连同国际活动分子以穿行首尔市中心的方式抗议G20，这个由83个民间社会组织策划的游行以“人民优先！韩国人民的G20行动”为主题。与之前一样，组织方估算的人数是1万人，然而警方提供的数字是3500人。抗议者要求就业稳定、财富公平分配、废除自由贸易协定以及要求韩国从阿富汗撤军。这是一次和平示威的“峰会”，游行期间只有少数人被逮捕。（Whittington，2010）

2011年G20戛纳峰会前后也有一些游行示威，参与人数约为几千人。他们呼吁对金融交易征税（“罗宾汉税”[①]）、对环境进行更好的保护并出台公正的劳动法，等等。最大规模的一次游行示威于11月1日（即人民论坛首日）在尼斯举行。几天之后，数百名活动家在法国与摩纳哥边界附近集会，抗议富人避税场所。在G20峰会的举办地戛纳所在的里维埃拉地区，法国政府部署了约12000名安保人员。无独有偶，在2012年G20洛斯卡沃斯峰会前后，一些人在人民峰会的举办地拉巴斯举行了抗议活动。

请愿

请愿也是一种民间社会组织常用的和平策略。2010年3月，Make Poverty History 联盟与其他加拿大民间社会组织以及全球性民间社会组织共同启动了AT THE TABLE运动[②]。他们呼吁G8和G20峰会就贫困问题、气候变化问题以及经济复苏问题采取大胆且具有实质性的行动。该运动旨在说服尽可能多的人签署一份有关上述三个目标的宣言。同时，还发起了一项名为“向首脑照片请愿”的活动——他们将G8领导人的照片剪下以作为民间社会组织的对话方。

首尔峰会召开前夕，也有一场类似的活动举行，其具体形式是向韩国总统致函，请他按照二十国集团工商峰会（B20）的模式举办一场民间社会磋商会。这封信的起草方是“气候行动全球运动”（Global Campaign for Climate Action），它是一个由环境、发展、劳工以及信仰等领域的团体组成的联盟。一旦该倡议在G20框架下得以

---

① 20世纪70年代，诺贝尔经济学奖得主詹姆斯·托宾提出针对金融交易征税的构想，然而尽管该构想在早期拥有一些支持者，但是直到2012年，这一构想才吸引了一批拥有高知名度的支持者，如德斯蒙德·图图、比尔·盖茨、时任法国总统奥朗德、阿尔·戈尔以及教皇（Murray，2012）。然而金融交易税并没能在G20内部获得一致同意，相反许多成员国政府反对——译者注。

② 详见活动网站 www.atthetable2010.org。

实现，民间社会的形象与影响力将会有巨大提升。然而时至今日，民间社会与G20之间关系的紧密程度远不如B20与G20之间的关系。

另一个有关请愿的例子是，在洛斯卡沃斯峰会前夕，墨西哥民间社会伞形集团——墨西哥G20联盟向该国政府递交了一封请愿信：建议在洛斯卡沃斯峰会期间，为民间社会团体与G20成员国政府组织一场公开辩论（Coalici ó n Mexicana frente al G-20，2012b）。然而据了解，这场辩论会并没能够举办。

G20的官方认可及民间社会潜在影响的其他指标

在对民间社会的官方认可方面，正如G7在最初几年迟迟没有表态一样，G20也是如此。事实上，在G7与民间社会的互动中，最初是由民间社会主动开始的，后来的G20与民间社会的关系也是以类似的方式建立起来的。

G20对民间社会的认可方式包括：在官方文件中提及民间社会组织或非政府组织，以及公开表达对民间社会作用的感谢。在首届G20峰会时，无论是峰会公报——《金融市场与世界经济华盛顿峰会宣言》，还是时任美国总统布什在闭幕新闻发布会上的讲话，都压根没有提及民间社会。在伦敦举行的第二届G20峰会依然没有对民间社会有所认可——峰会公报《复苏与改革的全球计划》及其附件《通过国际金融机构传递资源宣言》与《强化金融系统宣言》都只字未提民间社会。

到了匹兹堡峰会时，G20成员国领导人才开始认可民间社会。《领导人声明》提到了非政府组织作为多边利益相关方中的一员对解决粮食安全问题的支持。在提及就业对经济复苏的作用时，各国领导人则呼吁国际劳工组织“召集其成员与非政府组织一起开发培训课程”（G20，2009c）。不过，在峰会闭幕新闻发布会上，时任美国总统奥巴马除了回答记者提出的有关抗议者的问题外，并没有专门提及民间社会。

《G20多伦多峰会公报》（2010a）也没有提及非政府组织或民间社会。只有另一份较为简短的文件《创新性普惠金融原则》用“其他利益相关方”间接提到了民间社会：“打造政府内部协调与责任明确的制度环境，鼓励政府、工商业及其他利益相关方之间的合作与交流”（G20，2010c）。

《G20首尔峰会领导人宣言》也没有提及民间社会，但更为详细的《首尔峰会文件集》（2010d）提到：

鉴于我们的决定影响之广泛，我们认为，与广大国际社会的沟通是必要的。我们将会更加努力举办系统性的沟通交流活动，并与国际组织特别是联合国、区域机构、民间社会、工商协会以及学术界，建立建设性的伙伴关系。

《首尔峰会文件集》的附件一《共享增长的首尔发展共识》（G20，2010e）呼吁，私营机构与民间社会应共同努力促进增长、减少贫困、改善人权以及创造体面工作岗位。《首尔峰会文件集》的附件三《G20反腐败行动计划》（G20，2010f）写道，领导人将致力于“与工商业部门及民间社会合作，以识别商业交易中的漏洞，打击腐败。其目标是针对正当性、公平性及透明度向多边利益相关方发出倡议”。

《G20戛纳峰会宣言》就粮食安全问题提到：“我们同意调动G20的力量，加强与所有相关国际组织的合作，并增进与生产厂家、民间社会及私人部门的沟通交流，以解决这些关键性的挑战”。围绕打击腐败与治理问题，各国领导人都承诺将为民间社会提供参与机会（G20，2011b）。然而，与之相反的是，峰会的公报（G20，2011c）以及《增长与就业的戛纳行动计划》（G20，2011a）则均未提及民间社会（除了公报里提到了比尔·盖茨的报告，具体内容已在前文讨论）。2011年3月24日，时任法国总统萨科齐与学术界代表举行会议，同年5月19日，萨科齐总统致函法国科学院院长Alain Carpentier，指出该院提出的建议具有重大意义。这些事例说明，民间社会的努力可能影响到高层。

G20洛斯卡沃斯峰会的主办方墨西哥政府与以往各届的G20主办方则有很大不同，无论是在峰会举办前还是峰会举办期间，墨西哥政府都表示出其对非政府行为体的欢迎。正如前文所述，墨西哥任命了一名G20轮值主席国特别代表，专门负责“与未能直接参与G20的团体交换意见，包括非成员国、国际组织、重点关注年轻人的民间社会组织、学术界以及工商界”（G20，2012b）。

针对民间社会，墨西哥政府明确表示：

> 作为有组织的、全球化的民间社会之典型代表，非政府组织为G20议程中的广泛议题提供了补充观点。基于多样性、代表性、透明度以及信息公开原则，墨西哥政府认为，在墨西哥担任G20轮值主席国期间以及洛斯卡沃斯峰会前夕，本国以及国际性的非政府组织的广泛参与都是至关重要的（G20，2012d）。

由此可见，G20与非政府行为体之间组织有序的沟通交流取得长足发展。

《洛斯卡沃斯G20领导人宣言》对民间社会及工商团体在粮食安全与大宗商品价格波动方面取得的新进展、提出的新建议表示欢迎，并对他们的贡献表示感谢。在反腐败方面，领导人欢迎民间社会与工商团体参与《联合国反腐败公约》的履约审议进程。更为广泛和重要的是，领导人“感谢国际组织和民间社会对G20进程的支持”，同时指出，“他们的报告与建议涵盖了从可持续发展到金融监管各个领域，为G20就这些问题的讨论作出了有价值的贡献”（G20，2012j）。然而《洛斯卡沃斯增长与就业行动计划》却没有提到民间社会。此外，除了峰会本身，G20体系对民间社会也有所认可：如G20发展工作组指出“由墨西哥政府所推动的，与相关政府组织与非政府组织及私营部门举办的活跃的、开放的政策讨论，既充实了工作组的目标，也拓展了我们的思考空间”，并对“墨西哥提出的在G20发展议程中，增设一场与民间社会对话的国际研讨会这一倡议”表示欢迎（G20 DWG，2012）。这场为期一天的研讨会于5月7日由墨西哥外交部主办，尽管总部设在欧美的民间社会组织掌握了研讨会的话语权，大部分墨西哥本土的非政府组织都有出席。此外，由于该研讨会是在发展工作组会议结束后举办的，发展工作组成员在该研讨会上分享了发展工作组的会议精神，但与会民间社会组织没有能向发展工作组提出建议的机会（Alexander，2012）。

在峰会闭幕新闻发布会上，时任墨西哥总统卡尔德龙向与会的青年团体、智库、工会组织、民间社会组织、工商界人士和学者表示了谢意，并宣称“洛斯卡沃斯峰会是迄今为止最具开放性与包容性的G20峰会”（G20，2012t）。不过，一些参加研讨会和论坛的非政府组织代表和观察家则认为：这些活动对峰会的成果虽有影响，但影响很小。

类似的，Naylor（2012）指出：“实际上，民间社会（在洛斯卡沃斯峰会上的）参与仍然有限。峰会期间，民间社会组织的角色仍然是相对边缘化的，尤其与二十国集团工商峰会（B20）相比，更为明显。当B20、Think20、Rethinking20、L20、Y20、G（irls）20、Trade20全都举办了正式且具实质性的活动时，CS20却没有。CS20不过是一个

（墨西哥）主办方与民间社会接洽的缩写词，这与B20对比鲜明——B20则于洛斯卡沃斯希尔顿酒店举办了一场由工商界领袖出席的、为期两天的平行峰会。”

2013年G8与G20中的民间社会

2013年6月17～18日，英国在位于北爱尔兰地区的厄恩湖举办了G8峰会，其主题包括：贸易自由化与反保护主义，税法执行、强化国际税收标准与避税天堂的问题，以及包括透明度在内的问责制（UK PM，2012）。所有这些议题（与G20的主题有部分重叠）都是民间社会感兴趣并支持的。

2013年9月5～6日，俄罗斯在圣彼得堡举办了G20峰会。峰会期间，俄罗斯G8/G20非政府组织工作组在Civil G20进程中担任了领导角色。该倡议的明确目标是：

> 为国家及地区性的民间社会组织提供有关G20框架下合作途径的信息；让所有对G20议题感兴趣的组织参与进来；在2013年Civil G20期间，为民间社会与俄罗斯及其他G20成员国的决策者搭建一个对话平台（Russian G8/G20，2012）。

俄罗斯G8/G20非政府组织工作组的成员包括：位于莫斯科的俄罗斯国立高等经济大学、乐施会、世界自然基金会、绿色和平、俄罗斯社会及食品工业研究所、俄罗斯艾滋病信息共享组织、俄罗斯反贫运动协会（the Russian Movement against poverty，GCAP

Russia）、国际治疗倡导联盟[1]、俄罗斯环境及可持续发展非政府组织中心“ECO-Accord”、赤心基金会[2]以及俄罗斯人口与发展联合会。更多相关信息可在该工作组网站上（www.g20civil.com）查询。

主办方俄罗斯政府为圣彼得堡峰会设计的外延项目与洛斯卡沃斯峰会同样丰富，具体包括Think-20、Civil 20、Youth20、Labour20以及B20（第五章已对B20有所讨论）。2012年12月11日，Think-20会议在莫斯科举办（这是第二届会议，第一届于同年2月27～28日在墨西哥城举办，具体内容可参考前文），会议讨论了经济增长问题、宏观经济以及财政的可持续性问题、贸易与对外直接投资问题以及可持续发展问题（G20，2012aa）。

2012年12月11～13日，Civil 20在莫斯科举行了一场研讨会，出席会议的有来自20多个国家的非政府组织、智库及学术界代表，共140人。该会议的主题是“从民间社会视角看俄罗斯轮值期”，重点讨论了：民间社会在全球政治对话中的角色，民间社会组织对俄罗斯作为轮值主席国的期望，问责及其他议题。此后，首届二十国集团民间社会峰会（Civil 20 summit，即民间社会组织与G20直接互动）于2013年6月13～14日在莫斯科举行，该会议向G20成员国领导人提交了一系列政策建议（Civil 20，2012；Civil 20，2013）。

其他类型的民间社会活动包括于2013年6月18–21日[3]在圣彼得堡举办的Y20（Youth summit）俄罗斯峰会以及于同年7月17日在莫斯科召开的L20（Labor 20）。这两项活动都延续了之前会议的倡议（具体内容已在前文讨论）。

2013年9月3～4日，即俄罗斯G20峰会前夕，有一个“反峰会”

---

① 国际治疗倡导联盟是一个由艾滋病患者组成的国际联盟。

② 赤心基金会的英文是The Naked Heart Foundation，是一个专注于俄罗斯城市儿童成长环境安全的公益组织。

③ B20于同年6月20～21日在莫斯科举行。如第五章所述，B20属于工商界的活动，而不属于民间社会活动——译者注。

（counter-summit）在圣彼得堡举行。会议声称，“G20是不合法、不民主、不透明的”，“它持续推行失败的新自由主义政策”（Post Globalization Initiative，2013；Trew，2013）。

2013年，俄罗斯的民间社会进程给人留下了深刻的印象，俄罗斯政府为这一进程提供了相当可观的支持。但需要提醒的是，近年来俄罗斯通过的相关法律引起了人们对俄罗斯民间社会组织自由结盟的担忧。据报道：

> “俄罗斯上议院于7月18日通过了一项针对接受海外资金援助的民间社会团体的法案，要求接受海外资金的民间社会团体必须以外国机构的身份在司法部进行登记。目前，该法案只需获得总统批准即可以成为法律。”（CIVICUS，2012）

此类限制仍在继续，并且这些限制在二十国集团民间社会峰会期间的效果是很明显的。不过，一个比较积极的迹象是，俄罗斯正鼓励来自金砖国家（BRICS）的非政府组织组建网络。

小　结

基于本章的分析，我们可以得出以下几个结论。首先，G8和G20均注意到了其自身的合法性问题。与国际社会建立并维持一种友好的关系有利于增加其合法性，而民间社会作为国际社会的一部分，在这一过程中扮演着重要角色。与此同时，这也是一个互利的——民间社会组织与G8/G20的合法性都能得到提升。

G8/G20与民间社会的成功互动取决于多种因素。首先，无论是民间社会还是G8/G20都必须有相互接触的意愿；其次，二者之间的接触需要通过有意义的、认真的且具备实质性的方式进行，而非例行公事般地举行会议或仅仅在形式上承认民间社会的作用；再次，双方都需要对这种互动持续投入关注；最后，双方还应该以公开的方式进行信息共享。

作为最重要的互动机制之一，磋商可以发生在多个层面：有时在民间社会组织代表与G8/G20协调人或官员之间；也可能是民间社会组织代表与部长和工作组，或偶尔与G8/G20领导人、成员国议员进行磋商，虽然这几种情况不常发生。对话可以帮助各国政府了解民间社会的关切，而且通过对话，来自非政府组织的专业意见也可以补充政府的知识储备库。在交流中，官方能够更多、更好地听到非政府组织的声音，尤其是欠发达国家的非政府组织，其诉求往往不能被听到。此外，磋商为民间社会组织提供了近距离了解政府的机会，比如政府的优先考虑事项、解决问题的方案以及在政治上哪些是可行的而哪些是不可能实现的。

事实上，每一届峰会都是经过长期细致准备的。成熟的民间社会组织明白时机的重要性，他们会提前开始准备工作，在协调人会议以及部长级会议阶段即开始建立知识储备。这种互动能够使民间社会组织与政府都获益，并且时效性能够使双方获益更多。对民间社会组织而言，全面掌握官方峰会准备阶段的有关知识，包括协调人会议和部长级会议等，也是同样重要的。需要指出的是，即便民间社会对这一阶段已了如指掌，但某些情况下两次相邻峰会的时间间隔较短（如戛纳峰会与洛斯卡沃斯峰会），这给民间社会的准备工作带来了更多挑战。

当民间社会组织关注的议题契合G8/G20议程时，接近官员们的可能性较高，同时这也会提升民间社会的潜在影响力。然而，非政府组织对其他未出现在官方议程上的议题的关注也十分重要。

针对G8/G20的承诺及其兑现状况进行系统且透明的监督与评估是问责制的一个关键环节（第八章将具体讨论这一主题）。民间社会组织不断地呼吁对G20的承诺问责并要求其兑现承诺。民间社会在监督与评估G8/G20绩效方面的经验能够帮助G8/G20有效且持续地改善管理，国际社会也能从中获益。事实上，在这方面已经有了可观的进展——G20最初不愿接受监督，后来愿意以透明的方式接受监督，最近，G20已接受了针对其承诺及承诺履行状况的严格且系统的监督。G8和G20的成员国政府在自我评价上也扮演了重要角色，这方面取得的进展也可圈可点。如果监督能够以透明且有效的方式进行，那么国际社会及各国政府本身都将受益。

在向全社会传递民间社会的关切及其优先顺序方面，政策报告是非常有用的，而当对象为G8和G20官员时，其效果最佳。当民间社会选择参与到G8和G20的活动时，平行峰会也可以起到问责的作用。但是这种类型的集会能否与相对有效的磋商对话模式相辅相成？答案尚未可知。

磋商、平行峰会、政策报告、请愿以及和平的游行示威活动均能为民间社会自身带来积极影响。G20同意与民间社会组织进行定期的、系统的磋商是一个极为显著的进步。这种对话可以提升（而且在有些情况下已经提升了）民间社会在G20进程与谈判中的影响力。不仅如此，以上的这些活动还有助于民间社会内部达成共识、形成凝聚力。

民间社会对G8和G20有怎样的影响呢？这是一个很难回答的问题，但目前我们至少可以给出部分答案。尽管民间社会组织还未能将一些各国领导人不愿考虑的议题纳入到G8或G20议程中，但他们确实提高了某些已经在议程上的议题的重要性。例如，G8马斯科卡峰会倡导关注的母婴与儿童健康问题，其之所以能够成为峰会议程的中心议题，很大程度上得益于民间社会的推动。在G20框架下，民间社会组织还帮助提高了发展问题的地位。另一个有关民间社会作用的例子是，G20伦敦峰会前夕，主办国领导人与智库专家代表就向IMF注资以及金融监管问题等进行了咨询，这意味着，主办国政府事先认定了这样的咨询是有必要的。这些例子说明，当民间社会组织与政府的利益契合时，民间社会的积极影响就会出现。在洛斯卡沃斯峰会前夕，政府代表向智库寻求专业意见，并对这种交流的积极意义表示认可[①]。

要想完全发挥民间社会对全球性问题的潜在影响力，民间社会组织与G20各成员国政府任重而道远。理想地讲，如果G20能够给予民间社会组织像工商团体一样的身份待遇，那么民间社会的影响力将会得到显著提升。与此同时，如果G20能够提高主动性，与各国政府、国际组织、私营部门以及民间社会建立多边伙伴关系，那将鼓舞人心并大有裨益。

① 尽管有些时候专业知识的来源没有被公开承认，但该积极影响确实存在。

G20
二十国集团
演变、互动、记录

第七章

有关G7/G8和G20的改革

本章梳理分析了有关G7/G8与G20的改革方案，并讨论了相关方面已经取得的改革成就。这些改革方案涉及成员国资格、议程制定、机构重组以及决策程序完善等各个方面。本章还解读了G7/G8与G20之间的关系、IMF和G20的关系，同时着眼于那些同G7/G8及G20关系密切的组织和机构，勾勒出了G7/G8和G20可能的发展轨迹，并讨论了其在未来可能面临的挑战。

概　述

正如第一章所述，G7/G8和G20都是危机的产物。尽管G7/G8具有相当的灵活性并在过去42年里取得了显著的成就，但是它依然根植于早期时代。面对不断变化的政治经济环境，尤其是面对G7/G8框架之外关键新兴国家的崛起及其在国际治理中日益重要的角色，G7/G8并未做出充分的反应。如果没有那些具有系统重要性的主要新兴经济体的充分参与，有关解决全球性问题的倡议与行动都难以付诸实践。有些人认为，为了应对包括环境气候问题、发展问题、贫困问题、粮食安全问题、健康问题、金融架构与监管问题以及安全问题在内的全球性挑战，即便是G20也显得力不从心。

自G7/G8成立以来的几十年间，人们提出了众多改革方案，这些改革方案涉及废除G7/G8、增加或减少成员国、完善决策程序；扩展或压缩议程；提升代表性与正当性；以一个新组织取而代之；增加新的内设部门；以及设立常设秘书处等方面。多年以来，G7的领导人均有意搭建一个规模更小、关系更密切、议题更集中以及官员与媒体参与更少的峰会。

很多改革方案都有可取之处。例如，加拿大前总理马丁提出成立“二十国领导人会议”①，这个想法有点类似于G20财长和央行行长会议。再如，还有人提出将中国、印度、巴西、墨西哥和南非（这五个国家通常被定义为“五国集团“或“泛五国集团”）与G8合并成一个G13，该方案一度也引起热议。然而，要对G8进行如此重大的改革，不仅需要改革倡导者的推动，还需要G7/G8领导人的一致认同与支持。2008年11月首届G20峰会的召开，G20财长和央行行长会议和其他下设机构团体会议的召开，都说明了这一点。

Kharas和Lombardi（2012）在对有关G20改革的文献进行梳理时，将其划分为两类，一类是有关G20层面改革的文献，另一类则是关于G20内设部门层面改革的文献。在前一类文献中，Suominen和Dadush（2012）认为，“为保护各国在日益深化的全球化中的共同利益，G20的主要角色应当是协调人（而不是决策者）”。Vestergaard和Wade（2011）则建议成立一个首脑层面的、兼具“有效性与合法性的全球经济委员会”，以此来“监督布雷顿森林机构的工作”;Oscampo和Stiglitz（2012年）沿着上述思路进一步提出将联合国、布雷顿森林机构置于上述全球经济理事会的监督之下。在有关G20内设部门层面改革的文献中，Kharas和Lombardi引用了Eric

① 此“二十国”非G20中的二十国成员——译者注。

Helleiner（2012）针对金融监管提出了一些列改革方案，Lombardi（2011）和Mistral（2012）就国际货币体系和IMF的改革提出了相关建议。

有关G7/G8的改革方案

早期有关G7/G8的改革方案主要涉及成员国资格、议程变化以及制度与程序等方面。Hajnal（2007b、2007c）和Hajnal与Panova（2012）对这些改革方案进行了更详细的梳理。值得注意的是，1998年G8伯明翰峰会在多个方面都有所创新，包括参与范围，峰会形式和峰会议程，俄罗斯也于此次峰会上正式加入该俱乐部，自此G7变成了G8。伯明翰峰会只是各国领导人的聚会，各国外长、财长已经于峰会前一周在伦敦分别单独会晤，除了为峰会做些准备，还讨论了峰会议程之外的问题[①]。与以往峰会相比，伯明翰峰会的非正式性，使得与会首脑能够有更多时间集中讨论他们共同关注的问题。此外，此次峰会还制定了更聚焦的议程，这样也减少了文件数量。不过在伯明翰峰会之后，这些效果都不再理想（Bayne，2005b）。

这种内部改革成为惯例，但并没有消除来自外界的批评。伯明翰峰会后不久，Jeffrey Sachs（1998）提出了一个将G8转变为G16的设想，即在原有G8的框架下再吸纳八个发展中国家。Sachs将“民主制度”作为G16成员国的筛选标准。据此，他提出了5个核心候选国，分别为：巴西、印度、韩国、南非以及即将成为民主国家的尼

① 在以往的G7峰会中，各国外长财长都是与其首脑一起参加峰会。

日利亚。他认为，这个新机构的议程应以发展为宗旨，包括：全球金融市场与国际金融体系改革、对外援助及其条件、有关国际援助体系的改革，以及结束债务危机。

2001年G8热那亚峰会之后，《金融时报》（2001）对“G8峰会是否应该存在，以及如果存在应以何种形式存在”提出质疑，并指出“当与会首脑与其随行人员分开时，或需要解决危机时，他们的工作效率最高”。文章认为，只有当重大紧急问题需要讨论时，才有必要召开下一届G8峰会。热那亚峰会后不久爆发的“9·11”恐怖袭击事件使国际社会更加注重安全问题，该议题得以固定在了G8峰会议程上。“9·11”事件后，对于峰会主办国而言，保证与会领导人的安全成了首要问题。自那以后，G8峰会都选择在偏远地区举办。这样做固然有利于保证领导人的安全，但不利于领导人亲近媒体、公众和民间社会。不过，即便会议地点再偏远，也无法阻挡抗议者的脚步。

彼得森国际经济研究所的C. Fred Bergsten于2000年发起成立一家新的智库①，名为“Shadow G-8”，该智库由富有峰会参会经验的人员组成。这个智库成立的初衷是“G8峰会还尚有潜力，并且有必要进行改革和设定新的议程来处理新世纪以来全球经济与安全方面出现的新问题”（Bergsten和Montbrial，2003）。鉴于G8领导人很难进行自我改革，自然而然的问题就是：是否可以建立一个新的组织使得系统重要性国家的领导人可以会面并彼此了解？②

① Shaow G-8智库持续运营到2006年，2007年以后，在诺贝尔奖经济学奖得主Joseph E. Stiglitz的带领下，另一个名为“Shadow G8”的智库成立。

② 本书作者于2004年12月1日同shadow G8成员的访谈。

L20倡议

扩大G8峰会最重要的改革思路之一是将G20财长和央行行长会议（自1999年以来就存在）升级为二十国领导人层面的会议，即L20。Shadow G-8成员Wendy Dobson（2001）在一篇更早的文章中指出，自G7于冷战时期成立以来，各国领导人面临的挑战已经发生了很大变化，这个世界已经不再接受由“G-3或G-7”来领导，当前需要更广泛的共识。她设想了两种基于G20财长和央行行长会议进行拓展的方案，一个方案是设立二十国部长级工作组，以专门解决诸如气候变化、南北问题、贸易与扶贫等系统性问题；另一个方案是扩大（G7/G8）领导人会议以涵盖G20所有国家，并设立一个指导委员会以便更好地管理，该领导人会议不会取代G7/G8，但会在G8峰会前后定期会晤。

马丁[①]接受并发展了扩大G8峰会的这一思路。他于2005年论证了扩大领导人层面论坛的必要性和可行性，并提出了“L20”这一概念。具体而言，他回顾并分析了G20财长和央行行长会议的诞生及运作情况，讨论了为政治领导人建立一个类似平台的必要性，勾勒了L20可能的成员构成、初步议程、潜在角色，以及与现有多边组织的关系（Martin，2005）。据马丁（2013）后来回忆，除了日本和美国，其他国家的领导人对这个设想都非常有兴趣。

在这一框架下，加拿大国际治理创新中心（CIGI）和全球研究中心（CFGS）[②]研究了G20财长和央行行长会议向L20的潜在转变

---

① 在担任加拿大财政部长期间（在担任加拿大总理之前），保罗·马丁曾主持了首届G20财长和央行行长会议。

② CIGI是一家位于加拿大滑铁卢的智库，全球研究中心是一家位于加拿大维多利亚大学的智库。

可能会带来的影响，并试图通过回答以下几个问题对其予以评估：这种转变会涉及哪些问题？应该如何设计一个可以让各国领导人都能接受的L20架构？成功召开L20的最佳路径是什么？如果成功了，这个全新的L20将比G8具有更广泛的代表性，因其将包括具有系统重要性的发展中国家（特别是中国、印度和巴西）及其他新兴经济体；这一机构将超越各国的官僚体系，将议程聚焦于最高级别的优先事项上，并在推进财政、社会和环境保护政策等方面享有合法性；它还将努力缩小效率差距，并将致力于推动和指导更广泛的全球治理改革。CIGI/CFGS项目的目标之一是，通过招募来自各个国家的学者和专业人士，以在G8及L20的潜在成员国之间宣传这一倡议。在此背景下出版的《自上而下的改革：二十国领导人会议》一书是对该设想及其内容和背景的全面研究，本书考察了欠发达国家对这一设想的接受程度，讨论了实现L20的三个路径：第一个路径是以“大跃进的形式”直接替代G7/G8；第二个路径是渐进地增加成员国的数量，由G8到G9再到G10，最终达到L20；第三个路径是创设一个将与G8并行的L20（English、Thakur和Cooper，2005）。在另一本题为《全球化与峰会改革：一个有关国际治理的设想》的书中，Peter Heap（2008）对这些方案做了更简明扼要的说明。

其他改革方案

Peter B. Kenen、Jeffrey Shafer、Nigel Wicks和Charles Wyplosz（2004）回顾了国际经济金融合作的演变历程，并得出结论，尽管G7促进了国家间的共同协商，以及对布雷顿森林机构施加了影响，但这一机制已经过时。在此基础上，他们建议：为新兴国家让出一些空间（例如，缩减欧洲在G7和IMF理事会中的代表权）；建立一个包括美国、欧元区、日本和中国在内的全新的G4来处理汇率问题；召开“独立智囊评估小组”以审议包括G7在内的现有机构和组织；在15国或更少的成员范围内组建新的国际金融与经济合作理事会，以此作为国际金融体系制定议程、提供战略方向、监督国际经济合作的多边机构。这个理事会由系统重要性国家组成，并在财长级别召开会议。联合国、IMF、世界银行和WTO的负责人也将会被邀请参加理事会会议。

彼得森国际经济研究所的Edwin Truman（2005）建议解散G7或者G8，并将其许多政策协调职能转移到G20。他认为，强化G20的职能将促进国际经济合作机构合理化，并将美国和欧元区视为这一加强版的G20的领导人。同时，他也设想了美国和欧元区作为“非正式的G2”这一政策合作方案。然而，7年后，Truman（2012）警告说：G20的成就面临着溃败的风险，因为其成员国未能落实首尔协定中有关IMF改革①的承诺。

由于G20领导人缺乏相应的政治意愿，IMF的改革依旧踟蹰不前——尽管各方就IMF配额改革已经达成一致意见，但更深层次的改革依然有很长的路要走，这与IMF理事会的组织架构有关，尤其是一些G20成员国反对理事会改革，比如，欧洲在IMF中的代表性过高和美国国会有意阻挠。为了消除这些障碍，Kharas和Lombardi（2012）提出了“一个同时适用于G20和IMF改革的路径”。他们建议设立一个IMF部长理事会以完成以下若干目标：

IMF部长理事会能够强化对IMF命令的政治支持。作为一个正式的决策机构，该理事会可以寻求最高政治级别的支持。如果G20

① 首尔协定中有关IMF改革的目的是：为了提高新兴市场和发展中国家在全球体系中的地位。

的财长和央行行长以该部长理事会成员的身份举行会议，这将增加G20的代表性与合法性。拥有IMF的188个成员国的完全授权，该部长理事会能够就与国际货币体系和国际宏观经济政策有关的问题进行讨论并做出决定。

Shadow G-8的主席C. Fred Bergsten探讨了“金融G2”的概念，他认为欧元区和美国需要一个新的G2机制，不仅要监测和解读美元兑欧元汇率的变化，更雄心勃勃的是，还要建立一个新的G2货币体系。这个G2不会成为G7的替代品，而是以非正式的形式运行，甚至没有任何关于其存在和活动的公开报道（Bergsten，2005; Bergsten和Koch-Weser，2004）。Weinrichter（2000）提出了一个类似的方案，主张由美国、日本和欧元区组成的“G3”代替G7。

2004年，摩根士丹利的史蒂芬·罗奇就经济政策协调提出了一个新的框架，并指出，全球经济的再平衡需要几个重要步骤，其中一个步骤就是以由美国、欧元区、日本、英国和中国组成的新G5取代G7。这将是一个根据章程设立的、具有常设机构的组织，其主要工作涵盖全球经济失衡的各个方面。就像Kenen及其同事所提的方案一样，罗奇的观点并没有指责G7/G8的非经济议程——诸如环境、安全、全球卫生及其他跨国问题。

布鲁金斯学会的Colin I. Bradford（2005b）认为，现有的“处理当代全球性挑战的制度框架（例如G8）与这些挑战本身的范围、规模及性质并不相符”。鉴于G8成员国并不愿意对G8进行实质性改革以便将其扩大成为一个真正的L20，Bradford建议，在G8框架内增加一些常规核心成员（中国、印度、巴西和南非为首要候选国）——把它变成G12，并为其他国家增设六个位子——这六个位子是根据议程上的具体议题供其他国家轮流参与。在更早的一篇文章中，Bradford 和 Linn（2004）曾论述过将G20财长和央行行长会议升级为领导人层面会议的三个理由：人口和经济平衡正在向新兴经济体转移，需要更有代表性的全球治理体系，以及新兴经济体在全球经济危机中的角色及其应对。

加拿大前外交官George Haynal（2005）提出了一个“G-XX”方案——一个更全面、更有代表性的峰会议程，其中的“XX”不一定是指“20”，这意味着成员数量是开放的。他认为，通过这样一个更加包容的首脑会议将体现出权力的不断变化与平衡，并通过提供适当的政治方向以协助我们共有的机构更好地发挥作用。Haynal建议，新的全球性问题以及国际机构之间缺乏沟通的问题可以通过“G-XX”来解决。同时，他确定了G-XX的核心成员，包括现有的G8；中国、印度、南非、巴西和墨西哥以及非洲、中东、东南亚、美洲和前苏联的代表国。他设想G-XX与G8一起运作，而非取而代之。

彼得森国际经济研究所的Anders Åslund（2006）提出，中国、印度、巴西和南非应该以正式成员国的身份加入G8，从而将G8变为一个更具代表性的G12。据报道，就在2006年G8圣彼得堡峰会前两天，时任英国首相布莱尔呼吁，在2005年G8格伦伊格尔斯峰会确立的“G8＋5”模式的基础上，让中国、印度、巴西、南非和墨西哥成为正式成员，把G8转变成G13（Elliott和Wintour，2006）。Zbigniew Brzezinski（2009）则呼吁设立两个非正式集团——扩大的G8以及由美国和中国组成的G2，该G2是处理世界问题最有力的机制。

另一项改革方案是由2008年10月成立的联合国大会国际货币金融体系改革专家委员会提出的。该委员会由 Joseph Stiglitz领导，其宗旨是研究有关国际金融机构的改革，并为需要大幅度改革的全球金融机构制定协调一致的方案。该委员会于2009年3月底发布了一份报告，报告建议设立一个全新的全球经济协调理事会。作为联合国的一部分，该理事会经由联合国大会选举产生的20至25名成员组成，并将独立于安理会在国家元首层面举行年度会议，这就意味着该理事会将成为一个“具有民主代表性的G20替代品”（UN News Service，2009；Harvey，2009）。根据这一倡议，联合国大会于2009年6月24～26日在纽约举行了一场关于“世界金融与经济危机及其对世界发展的影响”的研讨会，会议制定了一系列协商一致并得到联合国大会认可的方案（UN GA，2009）。

2008年11月首届G20峰会不久，英国《卫报》写道，G20峰会的召开敲响了富国俱乐部G8的丧钟（Elliott，2008）。2009年，加拿大前总理马丁指出：“G20伦敦峰会宣告了G8作为世界指导委员会的时代已经结束，然而世界对此尚未做好准备，只有成功的G20才可以填补空白”。G20伦敦峰会的主持人、时任英国首相布朗一直是G20框架的主要倡导者之一。他指出，“世界已不再接受过时的富国俱乐部G8继续主导世界事务”（Parker，2009）。因此，布朗再次呼吁G8首脑们建立更具代表性的全球治理论坛。

一些G8成员国对改革G8和G20并无热情。例如，俄罗斯（当时仍是G8的成员）仍然将联合国体系视为全球治理中最重要的行为体，而G8和G20只是扮演次要的、辅助的角色（Hajnal 和 Panova，2012）。不过，随着它于2014年的出局，俄罗斯应该也不太可能关心G7了。还有人揣测，在寻求其本国利益方面，中国、印度和巴西是否把G20视为一个比联合国更有效的场所？然而，这些国家在G20中的话语权是不可或缺的（Hampson 和 Heinbecker，2011）。事实上，范和（2015）指出，“接下来的两年（2015～2016）会是G20发展的重要时期”，而且：

> 与其他类似于G8的论坛不同，在G20中，中国能够更加轻松。而且中国一直非常支持G20的工作，也更愿意在国际社会承担更多的责任。中国需要G20，G20也需要中国。在2015年下半年到2016年

担任轮值主席国期间，中国应当在发达国家和发展中国家之间寻求平衡，这将大大提高G20的信誉。

随着L20方案的成熟，很多人都设想过这个新的领导人论坛的议程将会讨论的议题。比如，L20智库以及其他有关G20的提案都指出全球卫生和全球安全等问题将是潜在的议题。然而事实上，促成首届G20峰会召开的事件是2008年的全球金融危机（另一个例子是，埃博拉疫情进入了2014年G20布里斯班峰会的议程和2015年G7埃尔毛峰会的议程）。

由于金融与经济问题（首届G20峰会核心议题）与贸易、发展和其他事项存在一定的联系，G20伦敦峰会的议程出现了扩展的迹象。但是，直到2010年首尔峰会，发展议题才固定出现在G20峰会的议程上。

2012年洛斯卡沃斯峰会上，粮食安全与大宗商品价格波动问题在峰会议程上占了主要地位；其他议题（以前的峰会均会涉及但重点不同）包括：经济稳定和有关增长、就业的结构性改革；加强金融体系改革，鼓励普惠金融；改革国际金融架构；促进可持续发展，绿色增长及应对气候变化。

2013年G20圣彼得堡峰会事先制定好的经济议题包括增长、就业、普惠金融、金融监管和投资。但叙利亚危机的爆发，将安全议题带进了峰会议程，峰会的领导人晚宴以及紧急召开的G20外长会议（只有十人参加）对安全问题，尤其是化学武器的使用，进行了重点讨论。

2014年布里斯班峰会的重点是刺激增长和创造就业机会，建立有韧性的全球经济，加强全球经济机构（包括IMF和金融稳定理事会）的改革。围绕这些重点，与会首脑讨论了以下主题：投资、基础设施、贸易与竞争、失业与就业机会创造、贫困、发展、金融监管、税收、反腐败、能源及气候变化等，其中几个议题在以往的峰会中已被讨论过，另一些议题是从以往的峰会议程中沿袭而来的，这为日后这些领域能有更多的倡议留下了空间，2015年G20土耳其峰会议程上的优先事项安排就足以说明这一点——此届峰会主要围绕“三个I”——包容性（Inclusiveness）、落实（Implementation）和投资性增长（Investment for growth）（Turkey PM，2014）。

事实上，峰会议程的扩展是比较困难的，正如Heinbecker（2011a）指出，有关原因包括：经济复苏持续缓慢，领导层就如何促进可持续复苏和增长缺乏共识，在扩展峰会议程上充满了分歧。在圣彼得堡峰会的讨论中，这种共识的缺乏是显而易见的——只有11个国家（澳大利亚、加拿大、法国、意大利、日本、韩国、沙特阿拉伯、西班牙、土耳其、英国和美国）就叙利亚问题签署了特别声明（White House，2013）。Edwards（2013）评论称，关于叙利亚的讨论结果是“不幸的，这也可以作为未来峰会的一个警示性例子，这样极有可能会将G20议程扩展到政治领域”。同样是在叙利亚问题上，Risto Penttilä（2013）在《纽约时报》的一篇评论中提出，圣彼得堡峰会“将被历史铭记，因为G20行使了联合国安理会的职能”。

Linn（2012）指出，“尽管峰会议程需要保持与过去的连续性，并进一步展现对以前承诺的跟进，但现在来看，峰会的议程略显冗余。”因此，他认为，G20的峰会议程需要聚焦于各国领导人感兴趣的、富有挑战性的问题，那些他们可以有所建树的问题以及那些有助于他们了解彼此立场的问题。

Edwin Truman也认为议程的扩展是有问题的，并指出任何扩展都应该是明确的[①]。于2012年6月16日（在洛斯卡沃斯峰会前夕）举

① 2016年6月5日，本书作者对Edwin Truman的访谈。

办的以“反思G20：设计未来”为主题的论坛对一些有关G20峰会议程扩展的问题进行了讨论，时任墨西哥总统卡尔德龙参加了论坛的一些环节。但加拿大前总理马丁（2013）指出，“虽然G20必须设定其优先事项，但对议题的范围并没有任何预先的限制……随着G8的作用越来越有限，全球的任何问题都在G20的讨论之列”。同样，范和（2015）认为，“有关全球治理和多边组织的长期性问题都应纳入G20议程”。

相比之下，Gnath和Schmucker（2015）认为，“G20不应继续关注有关未来投资和结构性改革的增长议题，而应专注于那些只能在国际层面才能解决的问题以及那些可以直接通过G20解决的问题”。他们还补充道，在制定峰会议程时需要保持更好的连续性。为此，他们呼吁强化“三驾马车”规则，使前任、现任和后任的轮值主席国能够连续三年参与议程的制定。

这里，还有另一个问题：G7/G20议程上缺少什么？长期以来，在G7/G8的议程上，都没有看到对妇女议题的关注，不过，这已经有所转变。如 Julia Kulik（2012）指出，G8戴维营峰会的领导人在他们的公报中强调了妇女与女童的权利。2012年G20洛斯卡沃斯峰会上女性代表人数已经是2008年华盛顿峰会上女性代表人数的两倍之多，但这是否说明了妇女、女童及性别问题与全球经济稳定或其他峰会的优先议题同样重要，尚未可知。

截至2015年11月，Kulik指出，“从2008年首届G20峰会到2014年最近的一次峰会期间，G20已经作出了10项有关性别平等的承诺”，并呼吁G20对这些承诺担负起更大的责任。2016年，G20杭州峰会公报在“包容性”主题下承诺：“我们将确保经济增长的成果普惠共享，满足各国和全体人民尤其是妇女、青年和弱势群体的需要，创造更多高质量就业，消除贫困，解决经济发展中的不平等现象，不让任何国家、任何人掉队”。

被成员国认为涉及国家主权问题的土著问题在G7/G8和G20的峰会上都没有引起关注。许多成员国都认为，讨论其国内的人权问题（包括妇女权利和土著居民权利）通常意味着“Gs”集团的越权。此外，尽管G7/G20议程上涉及安全问题的内容有很多，但峰会对不同国家却不是一视同仁的。例如，由于俄罗斯在乌克兰的所作所为，G7以正当的理由将俄罗斯踢出局外；但是当美国和英国对伊拉克进行无理袭击，并且造成了比乌克兰冲突更惨重的伤亡时，却没有任何一个G8成员国谴责他们。

“将G20视为唯一一个可供其成员国群策群力、共谋未来并努力付诸行动的平台”，Jennifer Hillman（2010）对此表示了认可，她主张将G20变成IMF、世界银行和WTO的“理事会”，并为这三个组织制定战略方向，促进布雷顿森林机构的配额改革，“这些机构负责执行G20的指令，并为其自身搭建一个平台以保证G20领导人对其所做承诺负责”。

Vadim Lukov（2010）在一篇专门讨论俄罗斯问题的文章中指出，在后危机时代，G20正处于一个困境：

> G20所面临的主要问题是如何保持该论坛在后危机时代的团结一致。一年半以前全球经济摇摇欲坠，这为G20成员国紧密团结提供了契机。但是，目前各国经济发展速度的不同也预示着各国对落实“强劲、可持续与平衡增长框架”中有关事项有不同看法以及退出反危机措施的不同进程。在这种情况下，即全球危机爆发后的一段时间内，G20的长期合作基础亟须巩固。

由此可见，Lukov的立场与将G20从一个“危机委员会”转变为一个“指导委员会”的主张是一脉相承的（见后文讨论）。

在G20首尔峰会之前，Barry Carin（2010）建议，G20应尽快解决有关其成员国资格、主席国轮值及筹备工作流程等事项的制度化问题。他进一步建议：为了监督G20所做承诺的落实，需设立一个秘书处；针对与工商团体及民间社会的联络与磋商，应建立更为固定的流程；以及针对非G20成员的发展中国家所关心的问题，G20应当予以关注。在另一篇文章中，Barry Carin和他的几位同事（Carin、Heinbecker、Smith和Thakur，2010）还建议，上述这一目标可以通过一个非官僚主义的“非常设秘书处”来实现。其基本想法是，该“非常设秘书处”由基于“三驾马车”规则确定的轮值主席国（前任、现任和后任）的协调人共同领导，其办公地可以设在现任G20轮值主席国，以便为峰会筹备、后续政策实施与监督以及维护同非G20国家与组织的关系等方面提供技术与其他支持，这些工作由这三个轮值主席国的高级工作人员协助完成。一方面，这一方案可以满足峰会筹备与跟进的工作需求；另一方面，还可以降低G20对官僚主义的反感。Carin（2011a）的这一想法源自于时任法国总统萨科齐在卢浮宫地下室借助时间机器，与老子、孙子、克利俄（希腊缪斯之一）举行的一次富有想象力的虚构的对话。

为弥补G20常设秘书处的缺位，Payne（2014）提出了一个设想。他呼吁“设立一个中立的常设秘书处，并由一位经验丰富的国际公务人员或前政治家担任秘书长”。他还设想成立一个更高效的G20行政机构，该机构由基于“三驾马车”规则确立的前任、现任和后任的峰会主办国的领导人组成。

这些有关常设秘书处或“非常设秘书处”的设想是有关G20制度改革的一个典型例子。另一个制度创新的例子是，在G20洛斯卡沃斯峰会上，主办国墨西哥首次公开宣布了G20工作的分工[①]，即金融领域的工作（其重点是金融和经济问题）和协调人的工作（其重点

① 事实上，自华盛顿峰会以来，G20的工作一直是有分工的，只是从未公开宣布过。

是政治性的、非金融性的问题，如就业、农业、能源、打击腐败和发展等问题）。有些人士表达了对这种分工的疑虑。例如，Carin指出，这种人为的划分带来一些麻烦：大多数协调人工作的内容都会涉及金融领域的工作，这就意味着，协调人领域的顺利开展必须获得另一方的批准[①]。不过，2013年俄罗斯政府、2014年澳大利亚政府和2015年土耳其政府均沿用了这种分工方法，显然这种分工方法已经成为G20的惯例。

与G7/G8和G20相关的团体和倡议

随着G7/G8和G20的诞生，许多相关团体也纷纷成立，尤为值得注意的包括发展中国家G5[②]、金砖五国（BRICS）和全球治理集团。下文将对这些团体以及由美国倡议发起的“主要经济体能源与气候论坛”进行详细介绍[③]。

发展中国家五国集团（新G5）

在2003年G8埃维昂峰会上，五个主要发展中国家（巴西、中国、印度、墨西哥和南非）受邀参加峰会系列的特定部分。在G8格伦伊格尔斯峰会上，这些国家首次被称为“G8+5”。在2007年G8海利根达姆峰会前夕，东道国德国将其改称为“外展五国集团”

① 信息来源：Carin 于2012年11月19日写给本书作者的电子邮件。

② 这里的G5是指巴西、中国、印度、墨西哥及南非这五个主要的发展中国家组成的团体，又称为发展中国家G5。

③ G8创立的“海利根达/拉奎拉进程”（HAP）并不是响应G8而形成的外部机构，因此，对HAP的讨论放在了本书第三章。

（Outreach 5，O5）。这五个国家于2008年G8北海道峰会期间成立了自己的“五国集团”。可见，海利根达姆峰会的东道国德国与北海道峰会的东道国日本都接受了“新G5”这一概念。在筹备G8海利根达姆峰会期间，时任德国总理默克尔于2007年1月在达沃斯举行的世界经济论坛上宣布，希望将“O5”纳入G8峰会进程，但G8成员国对新G5的接受程度并不一致——2004年并无新G5成员国受邀参加美国主办的海岛峰会；2006年时任俄罗斯总统普京只邀请新G5成员国参加了G8圣彼得堡峰会的尾声，而作为曾大力提倡新G5概念的北海道峰会的东道主日本后来则表示不太欢迎新G5（Bayne，2011a）。

如上所述，G8成员国在将新G5接受为合作伙伴这一问题上存在不同意见，而新G5对与G8之间的这种关系也不温不火。新G5成员国在G8活动中的参与度大幅下降表明，新G5成员国更偏爱G20这个能够容纳多种不同政府体制的平台（这五个发展中国家均为G20成员国）。但同时，新G5也面临一个两难境地——一方面是G8作为富国俱乐部强大的吸引力；另一方面是G8由西方发达国家主导带来的一系列问题——其核心问题是新G5作为发展中国家的身份。由此来看，随着G20和金砖五国在国际金融治理中的优势日益明显，新G5国家与G8的联系就显得无关紧要了（Hajnal和Panova，2012；Kirton，2015）。

金砖五国（BRICS）

BRIC（金砖四国）这一首字母缩写单词是由高盛的James O’Neill于2001年提出的，它代表的是巴西、俄罗斯、印度和中国这四个最具活力和系统重要性的发展中国家。2009年，金砖四国成为现实；2011年2月18日，南非正式成为这个新兴经济体联盟的组成部分，BRIC也由此变成了BRICS，至此，除墨西哥以外的前“G5”国家都被纳入进来。事实上，BRIC/BRICS的成立源自于G20的启发，所以一定意义上，金砖国家与G20是有关系的。

O’Neill（2012）回忆了他是如何用BRIC这一古怪的首字母缩写单词来形容具有日益增长的经济重要性的巴西、俄罗斯、印度和中国，没想到竟有幸被采纳（Keating，2012）。尽管金砖五国在如贸易等几个问题上存在利益分歧，但他们在诸如外国投资自主权等其他问题上有着更多的利益共同点。在通过确立地区影响力以获取全球发言权这一问题上，金砖五国拥有共同的立场（Desai，2012）。

到目前为止，已经举行的金砖国家领导人级别会议有：

2009年6月16日，于俄罗斯叶卡捷琳堡市；

2010年4月15日，于巴西巴西利亚；

2011年4月14日，（中国与南非加入金砖国家）于中国三亚；

2011年11月3日，于戛纳；

2012年3月29日，于印度新德里；

2013年3月27日，于南非德班；

2014年7月15日，于巴西福塔雷萨；

2015年7月8～9日，于俄罗斯乌法；

2016年10月15～16日于印度果阿。

根据有关统计（BRICS Research Group，2015a），金砖国家领导人还于以下G20峰会期间单独进行了会晤：2011年戛纳峰会、2012年洛斯卡沃斯峰会、2013年圣彼得堡峰会、2014年布里斯班峰会（非正式会晤）和2016年杭州峰会（非正式会晤）。

2012年，在G20洛斯卡沃斯峰会前夕，金砖五国发表了一份有关G20峰会大部分关键议题的声明，包括欧元危机、全球经济增长、IMF注资与改革以及发展等议题，尤其是推进基础设施和社会领域的投资，就向IMF注资做出承诺以缓解欧元危机（Kirton和Bracht，2012）。在圣彼得堡峰会之前，金砖五国发布了一份新闻通稿，表明了对全球经济面临的挑战与脆弱性、发达经济体的货币政策、IMF改革及其他议题的关注（India PIB，2013）。

在金砖五国福塔雷萨首脑会议上，与会领导人签署了成立金砖国家新开发银行（The New Development Bank）的协议，该银行总部设在上海，初始资本为1000亿美元，他们还签署了一份有关建立“金砖国家应急储备安排”的条约，其初始金额也为1000亿美元[①]。从某种意义上讲，这两个新的金融机构将成为分别与世界银行和IMF平行的金砖国家组织。2014年，金砖五国领导人在布里斯班（G20峰会期间）宣布，“设立金砖国家新开发银行（NDB）和应急储备安排（CRA）旨在为国际金融稳定提供新的工具，这将有助于把金砖五国之间的合作提升到一个新的水平”（BRICS Reseavch Group，2015b）。在金砖五国乌法峰会上，与会领导人发布了若干文件，包括会议公报、行动计划和基于同金砖五国开发银行合作的谅解备忘录。

金砖国家还举行了一系列部长级会议，如表7.1所示。

表7.1　　　　历年来金砖国家部长级会议概况

部长级会议类别	举办地点	举办时间
农业部长会议	俄罗斯，莫斯科	2010年3月26日
	中国，北京	2011年8月
	中国，成都	2011年10月29~30日
	南非，比勒陀利亚	2013年10月29日
	巴西，福塔雷萨	2014年7月15日
	印度，新德里	2016年9月23日
财政部长会议	巴西，圣保罗	2008年11月
	英国，霍舍姆	2009年3月14日
	美国，华盛顿特区	2011年9月22日
	巴西，福塔雷萨	2014年7月15日
外交部长会议	美国，纽约	自2008年始

① “第六届金砖国家峰会：福塔雷萨公报”，2014年7月15日。www.brics.utoronto.ca/docs/140715-leaders.html

续表

部长级会议类别	举办地点	举办时间
卫生部长会议	中国，北京	2011年7月11日
	瑞士，日内瓦	2012年5月22日
	印度，新德里	2013年1月11日
	南非，开普敦	2013年11月7日
	巴西，巴西利亚	2014年12月5日
	日内瓦和新德里	2016年5月24日
贸易部长会议	巴西，里约热内卢	2010年4月
	中国，三亚	2011年4月13日
	瑞士，日内瓦	2011年12月14日
	印度，新德里	2012年3月28日
	南非，德班	2013年3月26日
	巴西，福塔雷萨	2014年7月14日
	印度，新德里	2016年10月13日
教育部长会议	法国，巴黎	2013年11月5日
	印度，新德里	2016年9月30日
科学部长会议	南非，开普敦	2014年2月10日
环境部长会议	俄罗斯，莫斯科	2016年4月22日
劳动与就业部长会议	俄罗斯，乌法	2016年1月25—26日
	印度，新德里	2016年9月28日

注：此表为译者根据更新版的第七章原文内容整理而成。

Kulik（2015）梳理了有关金砖国家定位的三个观点。第一种观点“将G20视为一个加强金砖国家国际地位和影响力的论坛”；第二种观点认为，G20成员国以特定的非传统的方式进行结盟（Luckhurst，2013），而G20内部缺乏“金砖式”的结盟是由于各国在具体问题上存在分歧（Schirm，2012；Stuenkel，2012）；而第三种观点将金砖国家视为多边框架下新兴力量的联盟，但这种联盟具有一定的局限性（Keukleire和Hooijmaaijers，2014）。

与上述第一种观点类似，Cooper（2014）指出，自金砖国家先后担任G20财长和央行行长会议轮值主席国①以后，其不断提升的国际地位得到确认。Cooper还补充道，“金砖五国这一平台，为这些日益崛起的国家提供了一个能够与G7/G8在一些活动中平等合作的外交空间。

与此相对，Sainsbury（2015）对金砖五国的评价则较为负面。他指出，“一定意义上，金砖五国同改革后的G7和MITKA集团（包括墨西哥、印度尼西亚、土耳其、韩国和澳大利亚）都与全球性的经济合作背道而驰，不利于达成必要的妥协以推进国际问题的解决，使未来G20的工作变得更加困难”。

在讨论G7/G8与新兴国家的关系时，Kirton（2015）认为，G7/G8已经适应了由发展中国家G5、主要经济体能源与气候论坛、海利根达姆进程以及金砖国家带来的挑战。通过同主要多边组织和较小发展中国家开展工作，G7/G8已经实现了全球外联。他进一步指出，无论是经济脆弱的金砖国家还是受议程限制的G20，都不能取代G7在全球治理中所做的贡献。Alissa Wang（2016）在《中国在G20和金砖国家峰会中的协调作用》一书中也发表了相关评论。

全球治理集团（3G）

在G20伦敦峰会上，一些非成员国以观察国的身份受邀出席，全球治理集团（The Global Governance Group，3G）首次亮相。在时任新加坡常驻联合国代表梅农的倡议下，数次会议得以召开，以建立一个为讨论和向G20传达联合国成员国中的非G20成员国对全球治理的看法的渠道，其目的是强化联合国并使G20更具包容性。全球治理集团是一个设立在纽约联合国总部的非正式联盟。截至2014

① 印度、中国、南非和巴西先后于2002年、2005年、2007年、2008年担任了G20财长和央行行长会议轮值主席国。

年，其成员有：巴哈马、巴林、巴巴多斯、博茨瓦纳、文莱达鲁萨兰国、智利、哥斯达黎加、芬兰、危地马拉、牙买加、科威特、列支敦士登、卢森堡、马来西亚、摩纳哥、黑山、新西兰、巴拿马、秘鲁、菲律宾、卡塔尔、卢旺达、圣马力诺、塞内加尔、新加坡、斯洛维尼亚、瑞士、阿拉伯联合酋长国、乌拉圭和越南（Singapore MFA，2013）。这些国家代表着全世界各个地区。

每年，全球治理集团于联合国大会期间举行年度部长级会议。最近的一次（第九次）年度部长级会议于2016年9月22日在纽约召开（Singapore MFA，2013）。

Cooper（2014）还强调了G20的公平代表性问题："G20不仅代表了世界其他国家，还对不属于该集团的国家强加其意愿，这样做真的合适吗？"全球治理集团已经在试图解决这个问题。通过引用Iftekhar Ahmed Chowdhury（2010）的话，Cooper还指出，全球治理集团"试图在G20与非G20之间建立一种更平等的关系"。而且自诞生以来，全球治理集团持续使用各种技巧策略，"以实现其对G20和联合国的价值，甚至达到不可或缺的地步"。基于对G20进程的合法性问题和全球治理集团重要贡献的持续关注，Cooper 和Momani（2014）进一步发展了这一主张，认为"通过充当G20和联合国之间的重要纽带，全球治理集团在实际中有效地弥合了G20的效率问题与联合国成员的合法性问题"。

主要经济体能源与气候论坛（MEF）

在美国政府的倡议下，主要经济体能源与气候论坛（首次被称为"主要排放国会议"，后被称为"主要经济体会议"）于2009年3月启动。其最初的使命是"促进主要发达经济体和发展中经济体之间的坦诚对话，并促进具体措施的探索，以及联合出资以增加清洁能源供给同时减少温室气体的排放”（MEF，2009）。除了欧盟以外，主要经济体能源与气候论坛的成员国还包括：澳大利亚、巴西、加拿大、中国、法国、德国、印度、印度尼西亚、意大利、日本、韩国、墨西哥、俄罗斯、南非、英国与美国。该论坛在美国国务院设有秘书处。为筹备2009年12月举行的联合国哥本哈根气候大会，丹麦和联合国也参加了该启动会议。2009年，在G8拉奎拉峰会举办期间，主要经济体能源与气候论坛成员国领导人于7月9日进行了会晤。截至2016年9月，主要经济体能源与气候论坛的领导人代表已经召开了24次会议。

通过主要经济体能源与气候论坛，各国之间已经建立起了一种“全球伙伴关系”，以促进低碳技术的开发并建立一个部长级论坛，该部长级论坛首次会议于2010年召开，重点关注能源效率、清洁能源、一体化和人类应对相关问题的能力。在这个部长级会议上，几项行动计划得以启动，例如，清洁能源、太阳能以及碳捕捉、使用与封存。

G7/G8与G20的未来

有关G7/G8与G20在全球治理中的相互作用的发展轨迹有多种可能，各种改革方案对此做了不同的情景分析，下文将对此予以简要梳理。

扩大或缩减G7/G8的规模

在有关扩大G7/G8规模的方案中，一个有代表性的方案是Sachs的“G16”方案，他建议在G8的基础上吸收八个有民主政体的发展中国家。2009年，Brzezinski也提出了一个扩大G8的方案，他的主要想法是呼吁中、美这两个与地缘政治最相关的国家成立“G2”，并与G8共存。还有人呼吁G8将发展中国家五国集团吸收为正式成员国。G8拉奎拉峰会东道主贝卢斯科尼[①]还邀请了埃及参加了峰会G8 + G5部分，甚至将此次会议的结果描述为“G14”。

与此相反，有关缩减G7/G8的呼声也从未间断过。其中一个饱受争议的问题是欧盟代表性过高——欧盟的四个成员国加上欧盟本身都是G7/G8的永久参与者。但由于没有任何一国领导人出面主导改革，这一局面至今尚未被打破。另一个问题是，随着俄罗斯在2014年因为在乌克兰的军事行动而被踢出，G8再次回到G7。虽然G7还是对俄罗斯敞开大门的，但目前来看，由于其政策的转向，俄罗斯重回G7的可能性很小。2014年举办了两次G7峰会：一次是3月24日在海牙举行的特别首脑会议，另一次是6月4～6日在布鲁塞尔举行的常规G7峰会（欧盟首次主办但不主持）[②]。2014年6月29日德国担任G7主席国[③]，并于2015年6月7至8日在帕滕基兴举行了G7峰会，此次峰会决定恢复G7峰会“轮值主席国”制度，随后2016年5月26～27日，G7峰会在日本伊势举行；下一届G7峰会将于2017年5月26～27日在意大利陶尔米纳举行。

G7/G8与G20共存

有关G7/G8与G20共存的问题一直是观察家们关注的热点，其中的几个例子包括上文的Dobson于2001年提出的设想，以及时任英国首相

---

① 时任意大利总理——译者注。

② www.european-Council .europa.eu / g7brussels。

③ 2014年3月，由美国牵头，七国集团在荷兰海牙召开特别会议，决定联合抵制原定6月在俄罗斯索契举行的八国集团峰会，改在布鲁塞尔举行七国集团峰会——译者注。

布朗和时任意大利总理贝卢斯科尼于G20伦敦峰会之前在其联合署名的文章中提出的设想（Brown和Berlusconi，2009）。一些曾经对G8持怀疑态度而偏爱G20的领导人，如时任美国总统奥巴马和时任法国总统萨科齐，也已经接受维持这两个论坛共存的优势。随着2008年全球金融和经济危机的爆发，“任何旨在应对危机的国际机制都必须包括新兴力量，并将其视为平等伙伴”（Bayne，2011）。还有其他学者从三个方面对G8与G20的关系进行了总结——竞争、共存、合作，其中竞争意味着G8要么继续存在，要么最终被G20取代（Stanley Foundation，2011；Schmucker和Gnath，2011a；Kirton，2013a）。

Cooper 和 Schrumm（2011）强调了G8的自我封闭、民主匮乏和有效履行承诺的能力不足等问题。相反，G20能与更具代表性的国家集团合作，并以全球和区域间的方式进行活动，这些优势较G8更为明显。但是，他们也强调了G20所面临的制约因素，比如，G20领导人之间很难达成一致意见。再如，尽管G20具有较高的代表性，但G20仍存在成员国资格问题。此外，在议题上，G20能否由经济领域向其他领域扩展也是一个问题。最后，他们认为，G8与G20之间的最优模式应是合作，而非竞争。

有关G7/G8与G20共存问题的另一个问题是G7的财长和央行行长会议与G20财长和央行行长会议之间的关系[①]。关于这种关系，Gordon Smith（2011c）指出了其根本性的问题：

当G7而非G20财长和央行行长会议召开时，甚至与G20财长和央行行长会议同期召开，那些被排除在外的国家该怎么想呢？ G20的成立本身就意味着需要将“前厅”[②]废除，但G7却毫无理由地保留前

① 尽管G8是由G7演变而来的，但是至今在G8框架下，都没有财长和央行行长会议的，只有G7财长和央行行长会议与G20财长和央行行长会议——译者注。

② 此处“前厅”喻指以G7为主的小俱乐部。某种意义上它的存在是对G20中非G7

厅（并暗示“G13”）。那么，对未来全球治理的最大挑战在于：机构、领导人以及如何做好主权与国际依赖之间的平衡的关系。

G7/G8和G20之所以能够共存的一个重要原因是，各国领导人[①]认为，在一个范围更小、差异更少的圈子内讨论问题，更容易达成一致意见，在这一点上，G20远不如G7。Bayne（2014）指出，“对与会领导人而言，相比G7，G20的私人工具色彩更弱一些”，而且G20永远也无法复制G7的那种紧密性和灵活性。在谈及G7/G8时，Reynolds（2014）写道：“G7/G8的演变过程应被视为有关高层交流的两种形式之间的持续挣扎——一种是高度个人化的私人交流，另一种是制度化的官方交流”。关于重叠的议程事项，“G8的原则是不触及为G20预设的任何议题”，这样做有助于避免G20议程上的议题看起来已经被事先讨论过，甚至被事先解决了（Smith，2011）。

然而，从2012年G8戴维营峰会、2013年G8厄恩湖峰会、2014年G7布鲁塞尔峰会、2015年G7埃尔毛峰会以及2016年G7伊势峰会召开的情况来看，领导人会讨论任何他们认为较为紧迫的问题。例如，戴维营峰会的议程除了安全议题之外，还纳入了经济议题（如欧元区危机）以及粮食安全议题（这两个议题也列入了当年G20洛斯卡沃斯峰会的议程）；时任英国首相卡梅伦（2012）表示，他希望“看到G8采取更广泛的发展方式”，并希望能在2013年的厄恩湖峰会上讨论安全、繁荣与增长等议题——事实上，G8厄恩湖峰会的议程确实包括了安全、经济问题（增长、就业等）以及与税收相关的事项，这些议题同样也都被纳入了2013年G20圣彼得堡峰会的议程；俄罗斯原本是2014年G8索契峰会的主办国，其原定议程的重点

成员国的蔑视。

① 尤其是G7领导人——译者注。

是打击毒品、打击恐怖主义、解决冲突、灾害管理和全球卫生安全（G20，2014）。但由于当年俄罗斯的G8成员国资格被暂停，索契峰会没有按原计划召开，其他七国则在布鲁塞尔召开了G7峰会，其议程重点为全球经济、能源、气候变化与发展以及安全（乌克兰、叙利亚、利比亚、马里、中非共和国、伊朗、朝鲜、中东、阿富汗和中国南海）等议题。G7领导人还谴责了俄罗斯对乌克兰主权的侵犯（G7，2014）；2015年G7埃尔毛峰会的议程重点是联合国2015年后可持续发展目标与气候保护，这为当年的巴黎气候大会进行了预热。同时，该峰会的议程还包括卫生、就业质量和妇女地位等议题——事实上，2014年的G20布里斯班峰会对埃博拉疫情问题已有所讨论；2016年G7伊势峰会所讨论的各种经济、税收等问题也是G20所关心的重点。

基于对G7/G8与G20之间关键差异的关注，何帆（2015）认为，“‘冷战思维’和‘零和博弈思维’将成为危及G20合作的‘毒瘤’。在这个问题上，人们只需要看看地缘政治冲突是如何损害G8即可，但对于G20的成员国而言，类似的失败将是不可接受的”。这也进一步论证了加强G20多样性的必要性。

G20不断扩展的议程是一个饱受争议的话题。2011年，有一个研讨会专门讨论了G8和G20的未来这一问题，并就G20的新增议题提出了一系列条件：集体行动的必要性、危机的紧迫性，领导者的缺位、其他国际机构无法解决的问题以及具有取得积极成果的前景。会议还就G20是应该将其议程重点保持在较窄的经济与金融议题上还是将其议程范围予以扩大这一问题进行了讨论。另外，就实际操作而言，G20领导人面临的一个挑战是在峰会期间需要在相对较短的时间内处理众多复杂的问题（Heap，2011）。

由G20代替G7/G8

由G20代替G7/G8是L20方案的首选路径[①]。Edwin Truman在其2005年提出的方案中也设想了这一结果。最近，Heinbecker（2011b）指出，“G20很可能会最终将G8吸收掉”。Kirton（2013c）梳理了各种各样的“替代说”，其共同论点就是，随着G20 的崛起，G7/G8作为核心论坛的地位终将淡出。

G7/G8与G20的最新发展与G7的早期历史是否有相似之处呢？在一系列G5[②]财长和央行行长会议基础上，G5演变成了领导人层面的会议；而后，1975年成立了G6；随即，加拿大于1976年加入，G6演变成为G7，一直持续到1997年；1998年开始，俄罗斯的加入使G7变成了G8；而到2014年，伴随俄罗斯的出局，G8再次回到G7。在这一过程中，最初的G5领导人只在1976年G7波多黎各峰会的间隙会晤过一次，之后再无会晤（译者注），但G5财长论坛与G7峰会同时进行的局面一直持续到了1987年，之后，G5财长论坛逐渐淡出，并让位于G7财长和央行行长会议。同时，在G8成立早期，G7领导人在G8峰会期间也继续进行会晤，这种传统一直持续到2002年G8加拿大卡纳纳斯基斯峰会。G20论坛是在财长层面和领导人层面同时进行的，并已经逐步建立起了一个下设机构体系。我们可以想象，G5–G7–G8演变的某一版本可能会再次出现。然而，2014年G8向G7的回归却指向了相反方向：领导人在布鲁塞尔重申了他们的共同价值观（这与更为多样化的G20的价值观非常不同），并希望将这种志趣相投的、更加民主、更加亲密的论坛保持下去，并与G20共存。此外，针对某些安全议题或

① 尽管L20方案对另外两种可能的发展路径也是认可的，一种路径是：增加G8的成员国数量，另一种路径是G8与G20共存。

② 法国、德国、日本、英国和美国，切勿与上文讨论的发展中国家新G5混淆——译者注。

其他事项，在G7内部是比在G20内部更容易达成共识的。

G7/G8被其他集团取代或与此类团体共存

持这种观点的主要代表是Kenen、Shafer、Wicks和Wyplosz（2004），他们呼吁通过建立由美国、欧元区、中国和日本组成G4，以精简G7内欧洲的代表权。这样一来，G4将包括G7的核心部分国家，但不包括加拿大、俄罗斯和英国。2004年，罗奇提出了一个类似的方案，即由美国、欧元区、中国、日本与英国组建新的G5，不过这将冷落加拿大与俄罗斯。其他相似方案还包括Colin Bradford提出的"G12或G18"方案，以及Åslund提出的"G13（G8 + G5）或排除墨西哥在外的G12"（Bradford，2005；Åslund，2006）。George Haynal提出的"G-XX"方案纳入了G8，加上新G5（可能没有墨西哥），以及一组不确定数目的其他国家，这些国家来自非洲、中东、东南亚及其他地区。这个"G-XX"论坛将与G8共存（Haynal，2005）。此外，Stiglitz 的研究团队于2009年提出了另一个有意思的方案，建议在联合国的框架下成立一个由20至25个成员国组成的理事会（UN GA，2009）。

对G2的设想

多年来，已经有很多方案提及G2概念。例如，Edwin Truman（2005）设想了由美国和欧元区组成的G2，并与G20共存。Bergsten（2005）也提出类似方案。最近一个有关G2概念的新版本是由美国和中国组成（Brzezinski，2009）。世界经济论坛（2012a）在讨论货币再平衡时就援引了"美中G2"这一概念。这些方案意味着，长期以来在G7/G8以及G20峰会之外，甚至超越峰会界别的双边和多边谈判已成为公认的惯例。

多种峰会变形

这部分将要讨论的情景依然是围绕G8（现在的G7）[①]的，只是这种情景为更广泛的参与留足了空间：G7/G8成员国的其他多种组合形式、早先的G5、主要经济论坛、过去的拉奎拉进程、金砖国家及其他集团。2009年4月2日，时任意大利外长Franco Frattini致信罗马报纸《消息报》（Il Messaggero），阐述了这一理念，他认为："多亏了它的组织形式和运作方式，G8峰会的架构至今仍然非常有效，其灵活性将使其能够产生支持世界治理的先进的战略模式"。他还指出，G8拉奎拉峰会将是对这种峰会变形结构的清晰阐释。他据此做出预测，拉奎拉峰会将以传统的核心国集团之间的会议为开端，然后是由G8和发展中国家新G5以及埃及等国领导人对峰会议程事项的联合讨论，最后还将举行一次会议，这个会议将向非洲各国的代表团开放。他补充说："这是一个政策目标，超越其他任何有关会议形式的建议。"正如Franco Frattini对这种结构的描述，这种"进化"的G8，就像他所说的这种峰会变形结构一样，"能够在快速变化的世界中对真正的政治经济需求作出反应"（Frattini，2009）。

Cooper 和 Schrumm（2011）回忆称，针对具体议题，拉奎拉峰会确实组织了不同领导人的组合进行讨论，比如贸易、气候、粮食以及援助等议题。但他们认为，"峰会变形这种做法不具有长期可持续性"。他们援引了Davis和Schrumm（2009）有关峰会变形的理论来说明：议题的划分和有些国家跨类别的参与有可能引发"包容性问题"。但是无论如何，某种形式的峰会变形结构还是很有可能

① G8作为我们一直以来讨论的核心，其根据自身的议程来为其他国家的加入提供充足的空间。

被务实地使用。

Cooper（2014）指出，相对于G20而言，全球治理集团（见上文）就是一种峰会变形。它的逻辑基础是，“从功能性角度来看，小型（非成员国）国家应该与G20有所互动”。一个例子是，一些全球治理集团国家已经成为金融稳定理事会的成员国。

IMF与G20的关系

长期以来，有关布雷顿森林机构的改革，一直都是G7/G8和G20的关切重点之一，因为，对G20而言，这些机构，尤其是IMF，扮演的是重要对话者、顾问和监督机构的角色，所以G20与IMF之间的关系对二者而言，是一个显著的风向标。这种关系面临着一系列挑战以及尚未解决的困难（Truman，2012）。Kharas和Lombardi（2012）提出了一个解决这两个机构的合法性、代表性和效率问题的方案。Payne（2014）也呼吁，在主要的全球性经济机构（IMF、世界银行、WTO以及新诞生的全球环境组织）之间建立“一些明确的影响力划分标准”。

一个“G-0”世界

Ian Bremmer和Nouriel Roubini（2011）认为，G20正在逐渐成为其成员国之间分歧与混乱的根源，而非全球经济和政治治理的核心。他们指出，随着全球金融与经济危机的缓解，G20变成了成员国之间不同的、相互竞争的国家价值观进行博弈的场所。他们进一步指出，无论是G2、G3还是其他“G”型集团，都无法解决或避免这类问题。于是，他们声称，“我们现在生活在一个‘G-0’的世界——任何一个国家或国家集团都没有政治与经济能力或意愿来推动一项真正的国际议程。” Bremmer在2012年出版的一本题为《人人为我：G-0世界的赢家与输家》[①]的书中详细阐述了这一观点。

G7面临的挑战

G7面临的最大挑战也许是在与更具代表性的G20共存的背景下如何保持其存在的必要性与合法性。另外一个挑战是如何实现与G20更好地协调以及如何避免重复工作。例如，当G8和G20的议程出现重叠时（比如针对埃博拉和其他传染病的议题），如何协调以使每个“G”都能专注于其擅长的方面就显得尤为重要。

G7必须认识到，在一些重大全球性问题上，G20更具话语权、更具公平性、更具合法性。例如，没有中国、印度和其他主要新兴国家的平等参与，就不会有实质性的行动解决诸如气候变化和环境等问题；再如，在能源方面，没有俄罗斯的参与，很难想象合作将如何推进；同样，在其他领域，G7也必须避免将手伸得过长。

此外，无论是对G7还是G20而言，问责机制依然是一个持续的挑战。虽然两者在问责方面已经取得一些进展，但仍然需要更广泛、更深入的行动；在对其行动和履行承诺方面的作为与不作为同样如此。

G20面临的挑战

在有关改革的讨论中，有效性与代表性/合法性的辩证关系一直是难以回避的：集团越小，效率就有可能越高，但较小的群体却又缺乏足够的代表性。一些观察家认为，尽管从地缘政治的角度来看，G20比G7/G8更具代表性，但我们很难说G20峰会是有效率的。

---

① 这本书的英文书名为：《*Every Nation for Itself: Winners and Losers in a G-zero World*》。

不过，即便G20不具有完全的代表性[①]，Callaghan（2014）认为，G20的强大优势在于它汇聚了主要发达国家和新兴经济体的领导人，并为他们在一些棘手的全球性问题上达成一致意见提供了平台。Payne（2014）指出，由于G20中并没有“边缘多数”国家的位子，所以G20将“永远只是一个精英俱乐部或指导委员会”。

为了弥补这一不足，不少人提出了具有创造性的方案，其中一个方案是将联合国秘书长以及非盟在G20中的参与制度化。其中，将非盟的参与制度化是非常重要的，因为南非——唯一来自非洲大陆的G20成员国——是不足以代表非洲的。事实上，在1999年，G20财长和央行行长会议设立之初，如果尼日利亚的治理水平早已有所提高，该国很可能就是该论坛的创始成员国之一。有些人认为南非足以代表整个非洲，马丁（2013）指出了这一观点的问题，并写道，如果说有什么理由让G20成员国资格这一潘多拉魔盒打开的话，那就是补救非洲代表性不足的问题。

另一个问题是与效率相关的：通常情况下，坐在G20峰会会议室中的人远超20人，甚至有些时候达50人之多，这些人包括各国领导人、财政部长、受邀国国家元首或政府首脑、国际政府组织代表、高级官员和其他工作人员（许多G20国家会带一个规模庞大的代表团），与G7/G8峰会相比，如此大的规模降低了会议的效率[②]。Payne也认为，我们不能寄希望于来自不同背景的20个（或更多）成员国之间能够实现像G7/G8那样的共同性。

那么，这些参会人员的数量可以减少吗？一个解决方法（一些

---

① 完全的代表性意味着将其成员国数量尽最大可能扩大到联合国的水平（联合国现有193个成员）——以前，联合国的成员国数量为192个的时候，其就被称为作为名义上的“G192”，但这必定伴随着效率的进一步削弱。

② 在G7/G8峰会上，与会领导人或多或少都有些共同话题，加之会议的非正式性，例如有时候发言顺序是根据领导人名字首字母来决定的，他们往往能够进行一些有意义的讨论。

G20领导人支持，但另一些反对）是参照G7/G8的做法，即各国财长和外交部长无须陪同他们的元首出席峰会——从伯明翰峰会开始，G7/G8峰会已经开始这一做法。

G20面临的另一个问题是在峰会之前召开衍生会议。正如Callaghan（2014）指出的，在布里斯班峰会之前，竟然有69个独立活动[①]。他断言称，“G20俨然已成为一场规模庞大且成本高昂的活动”。

Gilman（2015）认为，更合理的做法应该是：只有在绝对需要的时候领导人才进行会晤，并且“回到早期G20部长级会议的模式来完成工作”。他指出，2010年G20首尔峰会以来，各届峰会所取得的“那些仅有的成就”完全可以在部长级会议上实现，甚至效果更好。

与“代表性”密切相关但又不尽相同的是G20的合法性问题。自G20论坛在领导人层面确立以来，对G20合法性的争论就从未间断过，在这一问题上，G20与G7/G8并无二致。Paola Subacchi和Stephen Pickford（2011）考察了合法性与有效性的动态变化关系，并就G20成员国的扩大是否能增加其合法性提出了质疑。他们认为，无论成员国怎么扩充，都无法避免政治上的争议，但还有其他途径来增加其合法性，比如，通过增加成员国对非成员国的代表性，以改善G20的代表性；在一些特定议题上，将非成员国纳入进来，设立一个常设秘书处以及改善透明度和问责——这是最重要的。

G20能否从一个“危机委员会”或“危机应对者”转变为一个“指导委员会”？成功实现这一转变也被视为一个理想的结果，比如Lukov（2010）、Subacchi和Pickford（2011）、Woods（2011）、Bradford和Lim（2011c）以及马丁（2011b，2013）都持类似的观点。

---

① 信息来源：澳大利亚政府网站。

问题远不止这些。危机总是周期性地爆发。从2010年到2012年（译者注），G20首尔峰会、戛纳峰会和洛斯卡沃斯峰会都在重点关注欧元区持续恶化的主权债务危机，并且这一危机对全球经济的影响将持续很久；2013年，叙利亚危机又成了当年G20圣彼得堡峰会上领导人关注的焦点；2014年，埃博拉疫情在非洲的爆发进入了当年G20布里斯班峰会的议程。正如Nicholas Bayne所指出的[①]，G20面临的考验是能否将议题转向其他方面，而不是专注于每一场危机；当然，要实现这种转变，需要G20首脑们的灵活性、能力和意愿。如果G20一直纠缠于各种危机，那么它很可能将成为另一个不那么有用、也不那么有效率的全球性集团。

不过，一些观察家认为，G20在某种意义上已经是一个指导委员会了——它已经将不断增加的任务分配给其他行为体。例如，G20戛纳峰会要求包括IMF、OECD、世界银行、国际清算银行以及其他机构在内的国际组织出谋划策，并在某些情况下向G20报告（Carin，2011b）。类似地，Grenville（2014）认为，“随着时间的推移，G20可以发展成为一些更专业的国际机构的核心小组和指导委员会，尽管这类建议总会面临来自这些国际机构本身以及那些没有被直接代表的小国的阻力，但这都是可以理解的”。

无独有偶，马丁（2013）也指出，G20能否成功变成一个指导委员会取决于它应对这两个挑战的能力：首先，它是否可以改善全球化对每个国家带来的影响，而无论这个国家是否是G20成员国？其次，当有危机爆发时（译者注），它是否能够将各国间的相互依赖所导致的“传导效应”限制到最小范围内？

在G20戛纳峰会之后，Giovanni Grevi（2011）撰文指出，“2009年匹兹堡峰会已经开启了G20由一个危机管理委员会向全球指导委员

① 2011年10月25日，Nicholas Bayne接受了本书作者的研究助理G. Clinton的采访。

会的逐渐转型，以期通过处理全球经济失衡来消除危机的根源”。然而，他认为，G20的全球指导委员会角色在戛纳峰会上出现了“萎缩”，现在它既不是指导委员会，也不是危机管理委员会，这看起来像是陷入了一场“身份危机”。而要摆脱这种困境，“G20应该致力于第三个关键职能，即为制度创新和规范融合探路”。与Bayne得出的结论一致，Grevi认为，问题的关键在于G20成员国在领导力上能够发挥多少作用。Edwin Truman补充说①，G20在危机管理方面做得并不是很好，而在预防危机方面则表现得更好。Andrew Cooper（2012）进一步发展了这一理论，他将G20置于危机委员会和指导委员会框架之外，认为G20已经成为个别成员国或内部小团体（如金砖国家）的一个全球性焦点小组。另一方面，Callaghan（2014）认为，虽然“头两届G20峰会成功地遏制了2008年金融危机，并阻止了危机进一步恶化，但是，就最近几届G20峰会而言，人们普遍认为G20的最好时期已经过去，这一时期恰恰就是其充当危机应对者的时候。在一份再评估报告中，Cooper（2014）指出，“G20并不是一成不变的，但其已经失去了转型的动力，而深陷危机委员会与（推定的）指导委员会这两个角色之间。从这个意义上来看，G20的现状也是全球治理现状的一个缩影。

然而，需要说明的是，我们完全没有必要将危机委员会与指导委员会对立起来看。实际上，G7/G8以及G20都已经具备两方面的职能：一个职能是当危机爆发时应对危机并进行危机管理，另一个职能是在许多问题上扮演指导委员会的角色。2015年G7埃尔毛峰会的东道主、时任德国总理默克尔也表达过类似的看法，“这次G7峰会的意义已远远超过危机外交。而且与历届峰会一样，该次峰会也是一个讨论全球经济形势的机会”（Merkel，2015）。

---

① 2012年6月5日，Edwin Truman接受了本书作者的采访。

G20面临的另一个挑战来自于其成员国国内的限制。Gordon Smith（2012）对这些问题进行过简要的分析：

在美国总统大选年，美国人不太可能支持重大机构改革；与此同时，欧盟至今仍然挣扎于自己的金融与经济问题，事实上，在重要国际组织的决策机制中，欧洲领导人不太愿意面对其过高的代表性；最后，中国正处于经济增长放缓阶段，并且由于它正面临着十年一次的权力交接，从政治上来讲，目前也是一个非常敏感的时期。

在为戛纳峰会准备的报告中，时任英国首相卡梅伦提到了几个有关G20治理的关键方面，包括：需要政治共识，加强经济政策协调，加强金融部门治理，填补全球贸易治理的空白，制定更有效的全球标准，并在全球治理方面取得更大的一致性。为此，卡梅伦就领导人的作用、其他行为体的参与、改进工作机制与问责等方面为G20提出了一系列具体建议。该报告指出，“提高G20的能力有多种选择，最终都指向设立一个具有政策职能的常设秘书处”。但是，针对设立常设秘书处这一建议，G20领导人并不买账。

小　结

通过上文可以看出，在G7/G8以及后来的G20发展的这么多年里，许多人都预测或预设过这两个平台可以或应该遵循的发展轨迹。这些可能的发展路径包括：根据不断变化的地缘政治扩大G7/G8的范围；G7/G8与G20继续共存，G20替代G7/G8，G7/G8被另一些国家集团所取代或与之共存；由中、美两国组成的“G2”在全球治理中占主导地位; 根据不同议题将不同国家纳入进来的峰会变形；任何一个国家或国家集团都无法制定一项国际议程的“G–0”世界。

首先，无论未来如何发展，G7/G8与G20都必须正视并处理它们与诸如联合国、IMF、世界银行这些在全球治理中具有重要作用的、正式的国际政府组织之间的复杂关系。与此同时，G7/G8与G20彼此之间的关系也需要重新界定并向前发展。

其次，有关G7/G8和G20的改革建议和方案涉及的面很广。一些人的侧重点在于通过增加、减少或改变成员国以促成实现对G7/G8和G20的改革；另一些人则侧重于组织架构和制度的变革，包括是否以及如何设立一个秘书处（这将提供更好的连续性和更合理的决策过程，但会带来官僚化风险）。

再次，代表性与效率之间的辩证关系是另一个受到持续关注的焦点。一方面，作为全球治理的主要行为体，G20必须涵盖所有系统重要性国家；但另一方面，如果国家数量（或代表团的数量）超过某一临界值，那么风险将是效率的降低。 G20必须走出这个两难境地。这一点上，G7/G8的代表性就显得更为不够，因为它们将一些系统重要性国家拒之门外。

扩大或压缩G20的议程是另一个富有争议的焦点——面对所有重大全球性问题，而不仅仅是金融与经济问题，是要继续保持做一些力所能及的事情还是要挑起大梁，这是G20必须面对的一个挑战。一个相关的、更大的问题是将G20从一个“危机委员会”转变为一个更加稳定的“指导委员会”的必要性问题，尽管（或因为）G20可能还要处理周期性爆发的危机。

总而言之，这些“G”面临着多重挑战，包括G7/G8与G20之间复杂而多变的关系，扩大或减少成员国的方案，议程的扩大或缩减，与非成员国及国际政府组织之间的关系，制度改革与机制创新，以及来自各成员国国内的约束。一系列悬而未决的问题也有待解决：G7/G8与G20将会长期共存下去还是最终剩下其中之一？成员国资格以及机构宗旨将如何调整？会议议程将会更广泛还是更聚焦？G20能否终将由一个“危机委员会”转变成一个“指导委员会”？这些问题的解决最终取决于各方的施压与影响力、事态的发展与不断变化的国际形势以及G7/G8与G20各成员国的领导人。

第八章
对G20绩效的监督与评估

本章回顾并分析了对G20绩效的监督和评估，这也是问责机制的一个重要方面。本章首先介绍了有关问责的基本概念，并将其应用于G20。随后，考察了民间社会（包括智库）、国际政府组织及G20自身在对G20绩效及承诺履行状况的监督与评估中的作用。第四章、第五章及第六章已经阐述了问责机制的另一个关键方面——磋商与对话。第九章和第十章将讨论问责机制的第三个方面——透明度。不过，由于G20不是基于条约成立的正式组织，即便G20没有履行其承诺，也很难对其采取强制性的补救措施，而这恰恰是问责机制的第四个方面。

概　述

对G20（G8也是如此）绩效的监督和评估是问责机制的一个基本要素。有关问责的概念是复杂且具有争议性的。本章使用Jan Aart Scholte（2011a）提出的定义：问责，特别是民主问责，是指行为体对其所有的作为或不作为所产生的影响负责；即，行为体要对其行为所产生影响负责的条件及程序。如果A的行为对B产生了影响，那么基于问责的原则，A必须为该行为及其产生的影响对B负责。一般而言，问责机制包括四个主要方面：监督与评估、磋商与对话、透明度、矫正或补救。由于G20是一个非正式组织，无法对其不作为或错误行为而进行补救，但这并没有阻止民间社会和其他利益相关方对G20的不公正或不公平行为（或不作为）提出补救的意见或建议。有关问责机制的更深层次问题包括：就什么问责？对谁负责？通过什么手段、什么机制问责？民主问责的要义是什么？等等。

与G8一样[①]，对G20的问责可以涵盖其职权范围内所有问题上的作为和不作为，包括金融与经济上的合作与协调、可持续发展、绿色增长、反腐败、气候融资等各个领域。问责的主体包括G20成员国政府和公民（包括欧盟的所有公民）、更广泛的社会（包括边缘人群）、G20成员国的领导人、部长及下设机构团体（内部问责机制）以及国际金融机构和金融市场。G20也希望和要求对其他利益相关方问责，特别是对布雷顿森林机构（相互问责）。

对G8和G20的问责长期受到包括智库在内的民间社会组织、工商团体、新闻媒体以及一些G8和G20成员国政府的关注。近年来，G8和G20也先后意识到其合法性有赖于其承诺的履行情况。但不得不承认，承诺与实际行动之间通常存在一定的差距。由于G20成员国的多样性，对这一平台的问责（尤其是民主的、透明的问责）要比对G8的问责更难。虽然在这方面已经取得了一定进展，但仍有许多工作尚待完善。

Dirk Willem Te Velde （2012）认为，G20应该运用其在“强劲、可持续与平衡增长”方面的比较优势，一方面，需要将其核心工作内容从发展领域扩展到包括财政、金融、贸易、汇率及环保政策在内的所有经济领域；另一方面，需要将关注范围从G20成员国扩展到非G20成员国。他还进一步建议：“为提升非G20成员国对G20工作范畴更好的理解，对G20在发展方面的问责与尽职评估不应局限

① 有关G8的问责可参考Peter I. Hajnal（2011a）。

于‘首尔发展领域多年行动计划’”。这回答了“向谁问责”的问题，Te Velde指出：“当前G20在发展领域的做法既没有对其目标援助国充分负责，也没有充分聚焦于那些具有明确的比较优势的领域”。这间接表明了对G20的民主问责所面临的挑战。

民间社会的作用

回顾G7与G8的发展历史，人们可以发现，在G8开始进行自我评估之前，就已经有几个民间社会组织（包括智库）对G8的绩效进行过评估。例如，自1996年以来，多伦多大学的G8研究中心就一直发布对峰会承诺履行情况的评估报告。这些研究都是在公开资料基础之上展开的，主要是每次峰会的核心文件。这些由G8研究中心与莫斯科国立研究大学高等经济学院国际组织研究所合作编写的年度评估报告评估了G8峰会承诺的履行情况。例如，课题组评估了2011年G8多维尔峰会的承诺在2011年5月27日至2012年5月4日期间的履行情况。该报告汇总了196项承诺，并从中选出了18项优先事项。这些承诺涵盖的议题包括：绿色增长、宏观经济政策、气候变化、母婴健康、粮食与农业、问责机制、防止大规模杀伤性武器的扩散、阿富汗问题、犯罪与腐败、可持续与包容性增长、贸易、互联网经济、区域安全（索马里）、恐怖主义、发展及政府开发援助[①]。2013年发布的报告是对2012年G8戴维营峰会在2012年5月19日至2013年5月20日期间的评估报告（G8 Research Group，2013）。

自2008年首届G20峰会召开以来，G20研究中心也同上述国际组织研究所合作完成了类似的评估报告，不过，对G20的第一份全面

① 其中，一些议题可以分解出子类别，因此总计18项优先承诺。

评估报告针对的是2010年G20多伦多峰会的承诺在2010年6月28日至10月31日期间的履行状况。《2011年G20戛纳峰会评估报告》共汇总了282项承诺，并从中选出了16个优先事项。这些承诺涉及汇率、财政稳定与经济刺激以及包括新兴市场在内的复苏、巴塞尔协议III、金融衍生品和系统重要性金融机构、IMF改革、全球性失业问题、贸易、社会保障与汇款、粮食价格波动以及粮食出口限制、化石燃料补贴与清洁技术、国际合作（与其他行为体的合作）等议题（G20 Research Group，2012a）。时任英国首相卡梅伦在2012年洛斯卡沃斯峰会上评论道："多伦多大学详细分析了G20各国的承诺履行状况。我认为这是具有重大意义的——我们召开峰会、做出承诺，我们说我们将做这些事情。最重要的是有一个组织能够检查谁做了什么"（G20 Information Center，2015）。G20研究中心与国际组织研究所联合发布的最新一份G20评估报告是对2015年安塔利亚峰会的承诺在2015年11月16日至2016年9月5日期间的履行情况进行的评估（G20 Research Group，2016）。G20研究中心阐明了履行承诺对G20各国政府的重要性，并对各个G20成员国在17个优先事项上的承诺履行情况进行打分，各国的得分情况及平均分见表8.1与表8.2。

对各项承诺的识别及评分方法是多伦多大学G8研究中心[1]开发的，并由Ella Kokotsis（2006）进一步细化。

> 对每个成员国在各项承诺履行的评分有-1、0、+1三个数值，其中+1表示完全符合所述承诺，-1表示不履行承诺或采取的行动与承诺的目标正好相反，0表示部分履行或正在进行中，例如已经启动但尚未完成，导致无法评估。表中的分数已转换为百分比，其中-1等于0%，+1等于100%（G20 Research Group，2012a）。

① 详情请参见www.g8.utoronto.ca/evaluations/methodology/g7c2.htm。

表8.1　2015年G20安塔利亚峰会承诺履行评分表

	承诺事项	阿根廷	澳大利亚	巴西	加拿大	中国	法国	德国	印度	印度尼西亚	意大利	日本	韩国	墨西哥	俄罗斯	沙特阿拉伯	南非	土耳其	英国	美国	欧盟	平均得分	
1	能源：化石燃料补贴	+1	−1	−1	0	0	0	0	+1	−1	0	−1	0	−1	−1	0	−1	−1	−1	+1	−1	−0.35	33%
2	难民	+1	+1	+1	+1	0	+1	+1	−1	0	+1	0	0	+1	+1	+1	−1	+1	+1	+1	+1	+0.60	80%
3	宏观经济：财政政策	+1	+1	+1	+1	0	0	+1	+1	0	+1	0	0	+1	0	0	+1	+1	+1	0	+1	+0.60	80%
4	国际金融机构改革：IMF改革	0	+1	+1	+1	+1	+1	+1	+1	0	+1	+1	+1	+1	+1	+1	+1	0	+1	+1	+1	+0.85	93%
5	贸易:反贸易保护主义	0	+1	0	0	0	0	0	0	0	0	+1	+1	0	0	+1	0	0	+1	+1	0	+0.30	65%
6	恐怖主义：FATF建议	+1	+1	+1	+1	+1	+1	+1	+1	+1	+1	−1	+1	+1	+1	0	0	+1	+1	+1	+1	+0.80	90%
7	发展：援助与贸易	+1	+1	+1	+1	+1	+1	+1	+1	+1	+1	+1	+1	0	+1	+1	0	+1	+1	+1	+1	+0.90	95%
8	发展:汇款	−1	0	0	−1	0	+1	0	+1	0	+1	0	0	0	−1	−1	+1	−1	0	0	+1	0.00	50%
9	发展：税收管理	0	+1	+1	+1	+1	+1	+1	+1	+1	+1	+1	+1	0	+1	0	+1	+1	+1	+1	+1	+0.85	93%
10	劳动与就业:性别	+1	+1	+1	+1	+1	+1	+1	+1	+1	+1	+1	+1	+1	+1	0	+1	+1	+1	+1	+1	+0.95	98%
11	恐怖主义：信息共享	+1	0	0	0	+1	+1	+1	+1	0	+1	0	+1	+1	+1	+1	0	0	+1	+1	+1	+0.65	83%

续表

承诺事项		阿根廷	澳大利亚	巴西	加拿大	中国	法国	德国	印度	印度尼西亚	意大利	日本	韩国	墨西哥	俄罗斯	沙特阿拉伯	南非	土耳其	英国	美国	欧盟	平均得分	
12	金融监管：信息共享	+1	+1	+1	+1	+1	+1	+1	+1	0	+1	+1	+1	+1	+1	0	+1	0	+1	0	n/a	+0.79	89%
13	通信技术：信息差异	0	0	0	+1	0	0	0	0	0	−1	−1	+1	0	0	+1	0	0	+1	−1	+1	+0.10	55%
14	劳动与就业：青年人	+1	+1	+1	+1	+1	+1	+1	0	−1	+1	+1	0	+1	+1	+1	0	+1	+1	+1	+1	+0.75	88%
15	宏观经济：中小企业	+1	+1	+1	+1	+1	+1	+1	+1	+1	+1	+1	+1	+1	+1	+1	−1	+1	−1	+1	+1	+0.80	90%
16	贸易：多边贸易体系	0	+1	0	+1	+1	+1	+1	+1	0	+1	+1	−1	+1	0	−1	+1	+1	+1	+1	+1	+0.60	80%
17	犯罪/反腐败：资产追回	0	0	0	0	0	0	0	0	0	0	0	0	0	0	0	0	0	+1	+1	+1	+0.15	58%
		+0.53	+0.65	+0.53	+0.65	+0.59	+0.71	+0.71	+0.65	+0.18	+0.71	+0.35	+0.53	+0.53	+0.47	+0.35	+0.24	+0.41	+0.71	+0.71	+0.81	+0.55	77%
		76%	82%	76%	82%	79%	85%	85%	82%	59%	85%	68%	76%	76%	74%	68%	62%	71%	85%	85%	91%	+0.77	

资料来源：G20 Research Group 2016。

表8.2　2015年G20安塔利亚峰会承诺履行评分表（按国别排名）

排名	成员国	平均得分	
1	欧盟	+0.81	91%
2	法国	+0.71	85%
	德国		
	意大利		
	英国		
	美国		
7	澳大利亚	+0.65	82%
	加拿大		
	印度		
10	中国	+0.59	79%
11	阿根廷	+0.53	76%
	巴西		
	韩国		
	墨西哥		
15	俄罗斯	+0.47	74%
16	土耳其	+0.41	71%
17	日本	+0.35	68%
	沙特阿拉伯		
19	南非	+0.24	62%
20	印度尼西亚	+0.18	59%

资料来源：G20 Research Group 2016。

最近，G20研究中心的联席主任John Kirton（2015）开发了一个与Bayne的评分方法类似的字母评分表，以对峰会的整体绩效进行评估。该评分表如下所示：

A+	划时代的，具有历史意义的	
A	具有非常强大的影响力	
A−	具有强大的影响力	2009伦敦，2013圣彼得堡
B+	具有显著的影响力	2008华盛顿，2009匹兹堡， 2010多伦多，2012洛斯卡沃斯
B	具有实质性影响力	
B−	具有一定的影响力	2010首尔，2011戛纳， 2014布里斯班，2015安塔利亚

续表

C	影响力比较小	
D	影响力非常小	
F	失败	

正如Kirton（2016）评价的，2016年G20杭州峰会的成功召开具有显著的影响力，对应上表，此次峰会的评级应为B+。

2012年，G20研究中心和国际组织研究所共同发布了题为《G20承诺履行图谱》的报告。该报告分析了G20成员国在以往峰会上所做承诺的履行情况，这些承诺涉及结构改革和克服失衡、国际金融机构改革、金融市场监管及发展等议题。具体内容包括：基础设施、私人投资、创造就业机会、人力资源开发、贸易、普惠金融、经济复苏、粮食安全、国内资源流动和知识共享（IORI，2012）。Nancy Alexander和Aldo Caliari（2013）对此报告给予了重要评论。

G8和G20研究中心的评估报告是有价值的（特别是连续性议题可以在较长时间内对其进行评估），并且该报告经常被媒体和其他机构引用，有时也会对G20成员国产生影响。然而，像其他评估方法一样，该评估方法也存在一定的局限性。虽然一些承诺可以被量化，但是一些观察家也指出了那些用文字表述的承诺很难用数字来量化。同时，这一方法暂时还无法将做出承诺时的决心考虑进来。此外，报告中有关“财政稳健”承诺的指标也存在一定的局限性，“该指标只适用于G20成员国中的发达经济体。因此，该指标的平均值是基于这10个成员国——而不是基于G20整体——计算得到的”（G20 Research Group，2012a）。

其他民间社会组织也评估了G20峰会承诺的履行情况及其绩效。例如，2010年1月，“全球金融新规则联盟”起草了一份报告，梳理了G20的金融议程、G20对IMF和多边开发银行的金融承诺、G20对国际金融机构的指示以及金融稳定理事会的设立。该报告还追踪了G20在稳定与重建国际金融体系方面的进展（Hersh，2010）。随后，在2012年G20洛斯卡沃斯峰会的第一天，“全球金融新规则联盟”举行了一场关于G20透明度和参与度的研讨会。在透明度方面（作为问责的一部分），该研讨会提出了“G20履行承诺的记录是什么？”的问题（New Rules，2012b）。2013年，“全球金融新规则联盟”发布了《全球金融治理与影响报告》，该报告评估并对比了G20、金融稳定理事会、IMF、 OECD、联合国和世界银行在全球金融治理方面的绩效，评估的指标主要包括问责/透明度与包容性，以及这些机构的治理对经济发展、全球人口特别是最贫困人群的影响力等（New Rules，2013）。

另一个例子是，美国民间社会伞形组织InterAction从G20洛斯卡沃斯峰会领导人宣言中筛选了几项关键承诺，包括就业与社会保障、金融部门改革与普惠金融、粮食安全与大宗商品价格波动，以及发展等议题（InterAction，2012f）。在此之前，InterAction在2010年G8马斯科卡峰会和G20多伦多峰会前夕发布的一份报告中提出了关于加强G20问责的若干建议，包括建立一个永久性的G20问责框架，要求所有G20工作组持续定期向国际组织、政府部门和民间社会征求意见，公布所有专家组成员的职权范围、姓名与职务，并根据一致和具体的指标进行定期评估。

自2005年G8格伦伊格尔斯峰会以来，ONE（一个关注发展问题和非洲问题的民间社会组织）每年发布DATA（债务、艾滋病，贸易，非洲）报告，以监督G8对发展中国家援助承诺的履行情况。早期的报告评估了：

一个国家是否履行其做出的发展援助承诺。可以基于以下三个指标对援助国在格伦伊格尔斯峰会上所做承诺的履行状况进行评估：一是承诺内容，根据承诺的援助数量及其与该国经济规模的对比，该指标能够评估援助国在做出援助承诺时的决心；二是兑现情况，该指标不仅取决于格伦伊格尔承诺已兑现的比例，也取决于该国于2004～2010年间提供的实际援助（包括绝对额和占国民总收入比例的增长）；三是每个援助国针对与非洲未来伙伴关系的行动计划，以及格伦伊格尔斯峰会后的目标是否到位。

ONE在2010年的报告中指出，“最近来看，相比G20其他成员国，G8的作用正在遭受质疑”（ONE，2010）。该期报告从多个方面分析了G8和G20的表现，包括治理与问责、平等且可持续的经济增长、对已经产生了“真实且可测量的成果”的项目进行“智能援助”（Smart Aid）投资等。该报告要求，“G20和其他领导人还必须考虑如何制定一个超越单纯贸易和投资政策进行援助的、积极的、主动的减贫和发展议程，以加强问责并确保最贫困人群的声音能够被听到”。报告指出，“G20可以成为一个发展中国家、新兴援助国和传统发达援助国之间相互协调的重要平台”。

ONE在2012年的报告中写道：

历年的报告促进了世界上最富有国家履行对最贫穷国家的援助承诺。在过去六年中，这些报告追踪了2005年G7格伦伊格尔斯峰会所做承诺的履行情况。然而，随着这些承诺于2010年到期，如美国、加拿大和日本等主要援助国已不再设定整体的政府开发援助目标（ONE，2012）。

该报告还指出：“尽管G20在世界舞台上发挥着日益重要的作用，但尚未提出一个清晰可衡量的开发融资目标以便向成员国分配任务并问责”。因此，该报告重点分析了欧盟增加对非洲援助的承诺，同时也汇总了包括G20成员中的非发展援助委员会[①]国家对外援

① 发展援助委员会的全称是OECD 发展援助委员会（OECD Development Assistance Committee）。

助的数据。

DATA（债务、艾滋病、贸易、非洲）报告中的数据主要来源于OECD发展援助委员会的数据库（www.oecd.org/dac）、OECD债权人报告系统数据库以及由布鲁金斯学会和全球发展中心共同开发的官方政府开发援助质量数据库①（ONE，2012）。这些数据虽然高度可靠，但往往有一年滞后期，因此报告反映的情况必然滞后。DATA（债务、艾滋病，贸易，非洲）报告详细说明了使用这些数据库的理由，同时也指出了使用这些统计数据存在的问题和挑战。

汤森路透（2013）发布了一份报告，重点分析了G20在研究与创新领域的影响。因为“研究与创新活动是经济增长和繁荣的现行指标，因此报告立足于评估G20在这些领域的影响”。基于汤森路透自己的两个数据库——科学网和德温特专利指数，以及各国论文的发表数量和引用量，该报告使用统计方法分析了G20各成员国的学术研究与创新能力，以了解这些方面在G20决策中的作用。

还有一种不同的评估方法是由研究峰会的两位知名学者Robert Putnam和Nicholas Bayne开发的（Putnam and Bayne，1987；Bayne 1997，2005b）。他们使用按字母顺序排列的评分系统，根据领导人的合作成就，尤其是在以下四种类型政策协调方面的成就，对G7/G8峰会进行了评估：

相互启迪——有关国家政策方向的信息共享；相互促进——面对国内阻力互帮互助；相互协调——寻求共同利益，减少政策分歧；相互让步——共同磋商旨在提高集体福利的政策篮子（Putnam和Bayne，1987）。

针对1975～1986年的峰会，他们给出了一个字母分数表（最高为

① 参见www.cgdev.org/section/topics/aid_effectiveness/quoda。

“A”，最低为“E”）。1997年，Bayne对Putnam的字母分数表进行了更新，结果显示，1989～1994年间的峰会得分要高于1981～1988年间的峰会，但低于1975～1980年间的峰会。1998年下半年，Bayne通过将年份扩展至1998年，将字母分数表进行了再次更新。随后，Banye（2005b）对1975～2004年间所有峰会的评分方法和得分情况进行了再次修订，并详细描述了评估峰会绩效的方法、评估主题以及所使用的以下六个标准（过去的评价标准只有五个，没有“团结力”）。

- 领导力：G8峰会有多大程度的政治权威。
- 有效性：峰会调和成员国政府之间紧张关系的能力。
- 团结力：所有G8成员国能够履行峰会承诺的能力。
- 持久性：峰会达成的协议能否持久地解决某一问题。
- 可接受性：峰会达成的协议能否得到除了G8成员国以外整个国际社会的支持。
- 一致性：G8在某一领域（如金融领域）的政策是否与G8在其他领域（如贸易或发展领域）的政策相契合。

Judith Cherry和Hugo Dobson（2012）对Putnam/Bayne标准做了一些修改，并将其应用于对2010年G20首尔峰会绩效的评估。他们发现，从“领导力”标准来看，在韩国轮值期内，G20在解决一些遗留问题和一些新问题（特别是发展相关的问题）上喜忧参半；从“有效性”标准来看，韩国政府“在推进当年的议程上有所妥协，以便同其他与会领导人达成一致意见”；从“团结力”标准来看，所有领导人都能够在一些问题上宣称“达成一致”，但区域分歧仍然存在；从“持久性”标准来看，在推动G20从“危机委员会”向“指导委员会”过渡方面，各国领导人做了很好的贡献；从“可接受性”标准来看，G20对非G20行为体的积极外部影响正在增加；从“一致性”标准来看，在一个有限的议程与一个扩展的议程之间还存在着一定的矛盾。最后，从“国内政治强化”标准（这是John Kirton增加到Putnam/Bayne矩阵中的一个标准，见下文）来看，在推动集体领导力的同时，韩国还能够提升本国利益，这为以后峰会主办国在平衡本国利益和集体利益方面提供了一个范例。

在评估G20的绩效方面，Kirton提出了“6D”原则，分别为：

- 国内政治管理（Domestic Political Management）：各国领导人利用出席峰会及在峰会上的表现来管理国内政治和政策；
- 审议（Deliberation）：由“各国领导人一起开会的时间长度及集体发布的文件数量”来衡量；
- 指导方针（Direction-setting）：原则与规范的确认或制定；
- 决策（Decision-Making）：做出对成员国具有明确义务要求的集体承诺；
- 执行（Delivery）：成员国对峰会所做承诺或决定的履行；
- 全球治理的发展（Development of Global Governace）：在G20体系内部和外部，完善全球治理体制或架构。

Kirton应用该矩阵来评估G8和G20峰会。如果有学者或团体能够继续在Cherry/Dobson和Kirton评估方法的基础上进一步完善，并用于评估未来G20峰会的成就，那将是大有裨益的。

工商团体的作用

作为G20的主要利益相关方，工商团体也非常关注对G20的问责。例如，二十国集团工商峰会（详见第五章）不仅向G20提出建议，还扮演着监督G20承诺履行状况的角色。为此，在世界经济论坛、国际商会、麦肯锡全球研究院及其他工商团体的支持下，二十国集团工商峰会推出了一个“绩效仪表盘”（Enter the B20，2012）。国际商会

（2012b）也编制了一份“G20业绩记分卡”用于评估G20在以下方面的表现：贸易与投资、绿色增长、透明度与反腐败，以及经济增长与发展融资。该业绩记分卡将全球工商团体的建议与G20承诺进行比较，旨在根据所提建议和分类反馈进行打分，以便对G20的绩效进行追踪与监督（Te Velde，2012）。

在G20洛斯卡沃斯峰会期间，二十国集团工商峰会设立了一个为期三年的“绿色增长行动联盟”，旨在通过与G20成员国及其他国家政府的合作，引导资金流动，促进并监督G20在实现绿色增长方面的进展（从而有助于加强对G20的问责）。“绿色增长行动联盟”是一个政府与社会资本合作（PPP）项目，汇集了大约40家能源企业、银行和开发性金融机构，其目标是在绿色增长的融资模式上取得突破，并使用公共资金撬动更多私人资金在绿色基础设施项目上投资（WEF，2012b）。该行动联盟的领导机构是世界经济论坛（B20，2012b）。

G20与国际政府组织的作用

在G8的历史上，G8真正意识到其需要承担问责义务的时候已经非常晚——从马斯科卡峰会才开始发布问责报告。而G20在这方面则启动比较早，问责机制的进程也更快。G20推进问责机制的方式之一是委托IMF、世界银行及其他国际政府组织围绕“二十国集团相互评估进程”进行研究，并形成一系列报告（IMF，2010a；World Bank，2010）。“二十国集团相互评估进程”由2009年G20匹兹堡峰会启动，是“强劲、可持续与平衡增长框架”的重要组成部分（G20，2009c）。虽然“二十国集团相互评估进程”是对G20问责的一个重要方面，但它也是G20与IMF之间广泛合作的重要组成部分，因此第四章已对此做过更全面的讨论。

G20各国领导人在《多伦多峰会公报》（2010a）中指出："我们决心对已作出的所有承诺负责，并且已经指派相关部长和高级官员采取一切必要措施，全面、如期加以落实。"他们通过另一个更具体的承诺强调了这一点："我们承诺，将全力支持IMF和世界银行的'金融部门评估计划'和金融稳定理事会的同行评审程序，以对我们的金融体系进行稳健的、透明的、对立的评估和审查。国际评估和同行评审是让金融部门更加安全可靠的基础。

G20首尔峰会在问责上又向前迈了一步，峰会《领导人宣言》写道："我们将持续以透明和客观的方式监督和评估对以往和当前所做承诺的履行状况。我们一定对自己负责。我们将兑现我们的承诺"（G20，2010b）。更详细、更具体的《G20首尔峰会文件》重申了各国领导人针对腐败问题所做的承诺：

> G20将对其承诺负责。除了参与现有的国际反腐败标准同行评审机制外，我们还授权反腐败工作组在《反腐败行动计划》期间向峰会提交有关承诺履行状况的年度报告（G20，2010d）。

关于发展问题，《G20首尔峰会文件》指出："应通过适当的问责框架，对G20有关发展的行动计划的执行情况进行监督"（G20，2010d）。为了便于后续的监督与评估，一份长达49页的附录文件专门以表格的形式汇总了各G20成员国的政策承诺（G20，2010g）。

IMF联合OECD、世界银行、国际劳工组织和联合国贸易和发展会议等机构，围绕"二十国集团相互评估进程"合作编写了几份分析与评估报告，并提交给戛纳峰会作为"G20行动计划"的启动资料，其中一份问责报告针对的是各G20成员国自首尔峰会以来政策承诺的履行进展（IMF，2011a）（这些报告并非全都公开发布，结果就是透明度和民主问责之间总有差距）。《戛纳增长与就业行动计划》吸收了IMF对各种失衡背后根本原因的独立评估以及有关解决这些问题的政策建议（G20，2011a）。

洛斯卡沃斯峰会在这方面又取得了进一步进展。通过《洛斯卡沃斯增长与就业行动计划》（包括一个“问责机制评估框架”），各国领导人同意使用第三方评估——尤其是由IMF完成的——以推进“洛斯卡斯沃斯问责框架”（G20，2012m）。同行评审包括由IMF、OECD、金融稳定理事会、世界银行、国际劳工组织、联合国贸易和发展会议和WTO等完成的报告。该框架“将被用于编写有关以往承诺履行进展的报告，这将有助于制定未来的行动计划和国内政策”。框架还涵盖“为部长会议起草的简短的进展报告和对部长、政府首脑和国家元首定期进行的年度问责评估”，这是内部问责的一个例子。因此，该框架建立了一个定期的、系统的评估程序，以便“为G20行动计划中的具体政策承诺提供信息支持”（G20，2012m）。2013年G20圣彼得堡峰会发布了一份相当全面的《圣彼得堡G20发展承诺问责报告》以及作为《圣彼得堡行动计划》附件之一的《圣彼得堡问责机制评估报告》（G20，2013k、2013d）。

2014年，G20布里斯班峰会发布了《布里斯班问责评估报告》，旨在评估G20在实现可持续与平衡增长方面的进展，以及在财政、货币、汇率和结构改革等方面所做承诺的履行状况。该报告对各个国家都进行了评估，结论指出：“G20各成员国在各个政策领域都取得了一些进展，但是G20尚未实现其强劲、可持续与平衡的全球增长”（G20，2014b）。该报告进一步承诺：“在接下来的一年，G20将继续监督各成员国在推动增长方面的承诺履行，并运用‘问责评估进程’以落实衡量各项承诺措施的实施情况，并将在土耳其举行的2015年峰会上发布另一份问责评估报告”（G20，2014b）。

基于以往的经验，2016年G20杭州峰会发布了一份长达148页的《二十国集团发展领域承诺落实情况全面系统评估杭州峰会报告》。该报告讨论了G20发展议程以及G20发展工作组与G20轮值主席国的作用，分析了G20发展领域承诺的落实情况，并讨论了G20发展工作组与其他G20工作组及非G20利益相关方的联系，并在吸取经验教训的基础上得出结论并提出建议（G20，2016）。

为洛斯卡沃斯峰会编写的“二十国集团相互评估进程”报告——《通往持久稳定的经济增长：二十国集团相互评估进程伞形报告》中有一个附件，对问责机制做了强化评估（IMF，2012c）。就G20的绩效评估而言，这部分强化评估有着特殊的意义。报告认为，尽管各成员国在履行“戛纳行动计划”中所做政策承诺方面（包括财政政策、货币与汇率政策以及结构改革等方面）取得了一定进展，但他们仍需在金融部门改革、健全的公共财政政策、全球供求再平衡、就业与增长等诸多方面采取进一步的行动。这表明，尽管透明度有所提高，但是该报告并没有发挥其应有的作用——因为报告是基于各国官方统计数据的，而这些统计数据的可靠性在G20各国不尽相同。另一个标志性的创新是洛斯卡沃斯发布的《G20成员国的政策承诺》（G20，2012r）。2013年9月，IMF发布了《失衡与增长：二十国集团相互评估进程的可持续性评估更新报告》（IMF，2013）。这份报告是根据2012年洛斯卡沃斯峰会的决定起草的，其目的是识别那些指示性准则无法识别的重大的、长期的失衡。由IMF主导的“二十国集团相互评估进程”依然在推进。2016年，该进程发布了一份事实清单，为全球复苏提供了指引，并描述了“强劲、可持续与平衡增长框架”的主要构成部分。有关IMF对G20绩效评估的更多细节可参考以下网站：www.imf.org/external/np/g20/index.htm。

几个G20的下设机构团体也对问责做出了承诺，即G20领导人对下设机构团体的问责。例如，2012年11月，G20财长和央行行长会议就声明：

通过在一系列有关各国财政、货币与汇率政策的分析方法上达成共识，我们已在加强问责机制评估框架方面取得进展。我们将考虑一系列指标和方法，以对政策的溢出效应、有关结构改革承诺的履行进展，以及在“强劲、可持续与平衡增长”方面取得的集体成就等做出评估（G20 Finance Ministers，2012）。

在工作组和专家组层面，G20发展工作组在向出席戛纳峰会的各国领导人呈递的报告中承诺：“我们将通过世界银行监督包括为实现量化目标而采取的行动在内的，旨在降低全球平均汇款成本的所有行动进展情况”（G20 DWG，2011）。该工作组还表示，愿意同国际政府组织合作，进一步促进区域与全球贸易：“非盟和非洲开发银行邀请我们在其年度会议上共同评估工作进展，对此我们表示欢迎。这种工作包括对我们在不同层面——含国家层面和区域经济共同体层面——上所提供支持的评估，以及如何更好地加强这种支持”（G20 DWG，2011）。

2012年，该工作组向出席G20洛斯卡沃斯峰会的各国领导人呈递了一份报告，并在这份报告中承诺，“将于2012年底以前，向各国领导人汇报包容性绿色增长进展”（G20 DWG，2012）。《洛斯卡沃斯领导人宣言》（G20，2012j）中写道：“将于下一届峰会召开之前邀请发展工作组探讨建立一个程序，以确保对G20发展行动的评估与问责”。不负所托，G20发展工作组如期完成了对发展承诺的问责评估，并提交给了圣彼得堡峰会——该评估报告最终被《二十国集团发展领域承诺落实情况圣彼得堡评估报告》所吸收。在发展工作组的报告中，该工作组对《首尔发展领域多年行动计划》和《2011—2012年领导人宣言》中有关发展议题的67项承诺进行了评审，并评估了“多年行动计划”的九大支柱和包容性绿色增长方面的进展。除了评估各项承诺的履行情况，该工作组还分析总结了相关经验教训，并就G20发展议程的下一步行动提出建议（G20，2013k）。

G20“强劲、可持续与平衡增长框架”工作组（简称“框架工作组”）也将问责列为其2013年工作的优先事项之一，并承诺通过以下方式“进一步推动问责评估进程”：

- 审查对结构改革承诺进展及政策溢出效应的评估流程。
- 邀请外部专家/学者对“强劲、可持续与平衡增长”的总体进展进行评估，从而获得对这一问题的补充观点，在不损害国家主导性质的前提下，对IMF、世界银行、OECD和其他国际金融机构的工作进行补充。
- 基于专家报告和国际金融机构的材料，撰写有关“强劲、可持续与平衡增长”整体进展的报告。
- 工作组还基于同行评审程序对各G20成员国在过去的政策承诺方面所取得的进展进行评估（G20 Framework，2012）。

近年来，G20发展工作组还发布了《发展工作问责框架》（2014）和《二十国集团发展领域承诺落实情况全面系统评估杭州峰会报告》（2016），G20框架工作组发布了《2015年安塔利亚问责评估报告》，G20反腐败工作组也发布了《2015年反腐败工作问责评估报告》。

峰会后的反响与其他评估

在每次峰会结束后，民间社会组织、新闻媒体与学者往往会立即给出评价。虽然这不是系统的评价，但也是有一定参考价值的，因为它传递了社会对热点问题的反响——尤其是民间社会对热点问题的反响，并能够提供一些比较。下面一些例子，既有民间社会组织的一般性批评意见，也有对积极成果的肯定。

InterAction（2012g）这家非政府组织根据洛斯卡沃斯峰会的几份主要文件发布了针对此次峰会的评分卡。该评分卡对比了峰会所做的承诺与该组织于峰会前发布的政策报告中所呼吁的问题。戛纳峰会之后，该组织也发布了类似的评分卡。这些评分卡并没有对G20承诺的兑现状况给出具体评估，而是在相应问题上将非政府组织的倡议与G20的承诺进行比较。

ONE[①]的做法是将峰会前的诉求与峰会结果进行了比较。例如，在G20戛纳峰会之后，ONE准备了一份有关峰会最终文件的详细政策分析报告[②]。该报告评估了农业与粮食安全、基础设施、包容性增长、透明度与问责，以及金融创新等领域的政策效果。在洛斯卡沃斯峰会之后，ONE（2012）在给予肯定的同时也提出了批判性的意见："G20能够继续保持其良好的意愿，但有关发展的承诺没能很好地兑现；由于G20承诺过多而兑现不足，G20的名声越来越不堪重负"（Powell，2012a、2012b）。

世界自然基金会（The World Wide Fund for Nature，简称WWF）对G20戛纳峰会的成果，特别是有关气候变化与发展的创新性融资、化石燃料补贴、绿色增长与治理等方面的成果，给予了一些积极评价，这一点在《峰会宣言》和《峰会公报》[③]中都有所体现。在洛斯卡沃斯峰会之后，世界自然基金会（2012）在博客上发表文章称：最终版本的G20峰会公报中存在着模糊的语言表述，没能够起到联合国可持续发展大会（"Rio+20"会议）所需要的宣传效果。"全球金融新规则联盟"（2012c）指出，金融稳定理事会的章程得以修订与扩充是一种进步的表现，尤其是该理事会呼吁扩大面向公众的

① 第六章已对这家民间社会组织做过介绍——译者注。

② 参见F. Röder于2011年11月给作者的邮件。

③ 见于Global G8G20于2011年11月4日给作者的邮件。

咨询。“全球金融新规则联盟”发布了修订后的金融稳定理事会章程，并在注释中标明了已取得进展及尚待改进的空间。

针对洛斯卡沃斯峰会，乐施会国际（2012a）发表了一篇题为“G20无法拯救全球10亿挨饿人口”的总结，但对领导人在税收问题（包括避税场所）上的承诺给予了积极的评价。世界宣明会（World Vision，2012）对2012年各国领导人就粮食安全与营养问题做出的承诺表示欢迎，但同时强调这些承诺应该实质性改善弱势群体（特别是儿童）的状况。在圣彼得堡峰会后，乐施会国际赞扬了G20就增加对叙利亚人道主义援助的承诺，但是针对税收问题，乐施会表示：“G20已经开始关注企业偷税漏税的问题，但并没有承诺何时、运用何种方式去阻止剥夺最贫困国家的行为”。此外，乐施会还批评领导人“没有直面日益严重的收入不平等问题”（Oxfam，2013b）。

G20圣彼得堡峰会刚一结束，工会联盟（Labour 20）联合国际工会联合会（ITUC）和OECD工会咨询委员会（TUAC）发布了对此次峰会的评估报告。该报告涵盖全球经济、就业与收入、《圣彼得堡行动计划》、税基侵蚀与利润转移、长期投资原则、重塑金融监管、全球贸易与《G20发展展望》，以及将来可能面临的其他问题（Labour 20，2013）。

一些非政府组织活动家和G20观察家认为，在平衡节约开支（尤其是在一些西方国家）与为了创造就业机会而进行的战略投资方面，G20显得力不从心。另外一个批评是，G20基础设施高级工作组针对能源和交通提出的政策建议几乎没有考虑气候和自然环境，这种增长是短视的且会造成对地球的破坏①。

针对G20的绩效，学术界和其他观察家也在峰会之后或其他时间给予了简短评价。例如，Edwin Truman曾指出，“G20没能很好地跟

① 见N. Alexander于2012年11月29日给作者的邮件。

进有关IMF改革的首尔协定”[①]。Hampson 和 Heinbecker（2011）认为，G20成员国在稳定金融市场、协调监管改革以及发起全球经济刺激等方面的合作是有效的，但解决经常账户、贸易和预算失衡等问题的效果不大。

在洛斯卡沃斯峰会结束时，John Kirton 和Julia Kulik（2012b）总结了峰会在以下几个方面取得的成绩，包括控制欧元危机、制定促进经济增长与就业机会的战略、改善金融监管和包容性、解决粮食安全问题、推进对G20问责及其他方面。但在另一篇短文中（Kirton和Kulik，2012a），他们对峰会在化石燃料补贴、健康问题、青年创业精神、妇女的地位以及学术界的地位等方面的不足做了点评。在峰会后，Colin Bradford（2012b）谈到了各种行为体（包括官员、智库、工商团体及其他行为体）广泛参与的重要性，并得出结论，“G20峰会以现实和约束为基础，是一项充满希望的伟大事业，它是真实可及的，是为了创造一个更好的世界（比没有G20峰会的世界更好）而进行的可行且伟大的努力”。在一份有关圣彼得堡峰会的简报中，Kirton（2013）高度赞扬了峰会的成果。

国际治理创新中心（CIGI）的James A. Haley（2012）强调，领导人对修订后的金融稳定理事会权限进行背书极其重要，并认为“这是在建设全球资本治理结构的道路上迈出的重要一步”。Marina Larionova（2012b）在洛斯卡沃斯峰会上，既看到了G20的成就也看到了其不足。积极的一面是，东道国政府在本国利益和G20伙伴国的利益之间取得了平衡，通过额外的部长级会议扩展G20的进程，调动其他行为体参与的积极性，平衡了各种全球治理职能；消极的一面是，峰会没有对绿色增长、灾害管理与普惠金融做出重要决定或承诺，也没有充分利用国际政府组织和民间团体的专业知

① 详见作者于2012年6月5日对E. Truman的采访。

识。在为国际治理创新中心撰写的文章中，Barry Carin（2013）综合对比了悲观主义者与乐观主义者对圣彼得堡峰会的观点，那些分析领导人宣言的悲观主义者本身就带有一种怀疑的偏见，而乐观主义者则认同国际治理创新中心的调查结果——圣彼得堡峰会在宏观经济政策协调以及金融监管、贸易、发展和气候变化等方面的国际合作均取得了进展。基于这些观察，他总结说，G20圣彼得堡峰会对国际经济治理是有益无害的。

在评价《洛斯卡沃斯问责评估框架》时，John Ruthrauff和Rob Lovelace（2012）指出，G20应该利用该框架评估各成员国在履行承诺方面取得的进展。他们强调，如果评估过程是透明且包容的，那么将有助于提高基于该评估框架的结果的可信度和最终价值。此外，G20的绩效需要根据一致且具体的指标体系进行评估。

新闻媒体倾向于在峰会之前和峰会期间，对G20面临的重大挑战、已取得的出色成就、泄露的草案文件、街头示威事件以及在峰会间隙举行的双边会议等进行广泛的报道。而在峰会结束后，由于新闻媒体的注意力会迅速转移到其他事件上，因而其报道力度则会小很多。虽然新闻媒体的评论部分不能构成系统性的评估，但仍然可以带来有趣的见解。下面是在洛斯卡沃斯峰会之后的一些即时评论。

Helene Cooper（2012）在《纽约时报》上撰文，强调了此次峰会对欧元危机事件的处理，指出，“世界各国领导人宣称要团结一心，努力提高全球经济增长速度，但似乎都只在努力说服时任德国总理默克尔放弃其对增加政府支出的反对立场，以缓解欧洲的债务危机。”Helene Cooper还补充道，G20各国领导人并不做出具体的承诺，而只局限于广泛笼统的承诺，如投资公共工程、提升劳动力市场、利用技术创新、加大教育和基础设施投资以促进经济增长等。然而，此次峰会预示着欧洲银行业向更深层次整合的趋势。此外，《纽约时报》社论指出，虽然领导人能够正确分析现实，对刺激经济增长做出了更多承诺，以确保金融稳定和支持一个更强有力的欧洲财政联盟。但重点问题是如何把这些口号转化为有效行动。该文章继续指出，在G20峰会结束一周后即将举行的欧盟首脑会议上，“我们将看到，G20各国领导人是否已经让默克尔女士强硬的紧缩政策立场有所软化”（The trouble，2012）。

在洛斯卡沃斯峰会结束时，《金融时报》先后刊登了几篇相关文章。在一篇评论员文章中，美国前政府官员David McCormick（2012）指出，“G20 做出的承诺都是笼统的，而没有具体的举措。”然而，Parker和Giles（2012）在另一篇文章中指出，尽管“从多伦多到首尔，到戛纳，再到洛斯卡沃斯，世界各国领导人聚集在G20峰会上似乎也没能解决欧元区危机。但是，就在昨天，在墨西哥太平洋岸边，燃起了一线可能改变这种局面的希望”。同样在《金融时报》上，Carlos Navarro（2012）引用观察家的评论，“从根本上来讲，峰会就好像解决欧洲危机的两种方案的支持者之间的一场拔河”。尽管

各国领导人达成的协议为更多的贷款和开支（当经济恶化时）开启了一扇门。但是，他们没有做出具体的承诺，而是局限于广泛笼统的承诺，如投资公共工程、提升劳动力市场、利用技术创新、加大教育和基础设施投资以促进经济增长等。

在一篇发表于《卫报》的文章中，Larry Elliott（2012b）对G20做出了更加严厉的批评：

当2008年11月G20各国领导人在华盛顿举行首次会晤时，国际社会对G20抱有很高的期望。随后，这些大国间的秘密会议证明了他们能够团结一致果断地应对全球经济萎缩的挑战，即便没能实现

持久的成功。以前人们还期望G20能将全球经济从困境中拉出来，而现在根本没人关注G20了。缺乏领导力，无力解决亟待解决的问题，不到四年G20就已经变得像G8一样多余了。

小　结

对任何机构（包括G20）而言，监督与评估都是问责机制的关键组成部分。自2008年G20在领导人会议层面确立以来，已经有几个组织介入到对G20的绩效评估及对其承诺履行情况的监督工作中。基于以往对G8的评估经验，民间社会组织（包括智库）在监督与评估G20方面发挥了重要作用。这些组织中比较出色的有：G20研究中心、海因里希·伯尔基金会、“全球金融新规则联盟”、InterAction以及倡议组织ONE。其中，G20研究团队定期编写有关G20承诺履行情况的系列报告，“全球金融新规则联盟”追踪了G20在稳定与重建国际金融体系方面取得的进展，InterAction对G20在就业、金融部门改革、发展及其他议题上的承诺进行确认并呼吁提高G20的透明度，ONE已经对G8和G20在其自身的治理与问责及其在可持续经济增长与其他可测量的结果等方面进行了评估。

在监督与评估方面，工商团体也展现了极大的兴趣。例如，二十国集团工商峰会启动了“绩效仪表盘”；再如，为了评估G20在贸易与投资、绿色增长、透明度与反腐败，以及增长与发展融资等方面的绩效，国际商会也编制了一份“G20业绩记分卡”。

同时，G20自身也逐渐意识到问责机制在衡量其绩效及建立合法性方面的关键作用。它发起了“二十国集团相互评估进程”，并委托IMF、世界银行和其他国际政府组织撰写一系列评估报告（虽然

“二十国集团相互评估进程”是对G20问责的一个重要方面，但它也是G20与IMF之间广泛合作的重要组成部分）。不过这种基于自我报告和同行评审的方法可能存在无法避免的偏差（例如，各国官方统计数据的可靠程度不同），这也是未来需要努力的方向。

针对在发展领域的问责，Te Velde（2012）建议G20可以从以下四个方面进行改进：①“基于针对合规性和有效性的计分卡对‘多年行动计划’进行详细独立的评估”；②“对G20在发展中的作用（识别治理差距、提供政策指导、突出问题、知识共享、信任建立及制定标准）进行更为广泛的评估”；③明确G20在改进发展政策一致性方面的角色，对小型、贫困和脆弱的经济体进行影响评估；④协调G20成员国和非G20成员国的经济增长计划，并对G20支持这些计划的行动进行评估。

民间社会组织、工商团体、国际政府组织和G20自身评估G20绩效的各种方法各有优缺点。但是，如果经过良好的设计，并得以系统、仔细和一致地执行，这些监督和评估将有助于加强对G20的问责。尽管这方面的进展已经颇为显著，但未来需要做的工作还有很多。

G20

二十国集团

演变、互动、记录

第九章

G20的文件记录

本章考察了G20峰会、G20财长和央行行长会议、其他部长级会议以及包括工作组、专家组在内的下设机构团体会议的模式、主题事务、准备工作及宣传的文件。从中我们可以看到，G20的审议与倡议是如何在文件中反映出来的以及在G20的层级结构中低级别的文件是如何进入到更高级别的文件中的。本章还梳理了外部行为体向G20提交的文件并对G20的透明度问题进行了讨论，除了文件记录材料之外的信息来源将在第十章中予以讨论。

概　述

随着各项工作的开展，G20体系—包括峰会、部长级会议、专家组会议和其他下设机构团体会议—已产生了越来越多的文件。这些公开的文件档案是有关G20及其活动的主要信息来源。由于G20没有秘书处专门收集、宣传并分析这些文件，因此对这些文件材料进行系统性的评估就显得很有必要。

G20的集体文件是共识的产物。当各国领导人尽最大努力并表现出政治意愿时，他们可以就雄心勃勃的倡议和协议达成共识，即便有时字里行间充满了晦涩难懂的术语。当不能达成更加雄心勃勃的共识时，所发布的文件（或其一部分）就只能反映最低的共识。G20下设机构团体会议文件也存在类似的特点。

实际上，在这些公开的文件档案背后，是G20领导人及其下设机构团体的谈判。这些在很大程度上仍然是隐秘的，很少或根本没有向公众公开。当然，这对G20的透明度有一定的影响，有关这一点将在本章后面讨论。

G20峰会文件

从一届峰会到另一界峰会，他们的文件会有很大的差异。大部分这类文件都可以在G20信息中心的网站[①]和峰会主办国指定的网站（暂时的）上进行查阅。G20峰会的集体文件可分为以下几类：公报与声明、行动计划、G20成员国的政策承诺报告、G20部长级会议向峰会呈递的报告、G20委托国际政府组织（IGO）撰写的报告及其他报告、讨论稿及其他辅助性文件。公报、声明、行动计划及领导人达成的其他文件都是共识的载体。讨论稿及其他辅助性文件和其他次要的文件都由东道国政府负责。尽管G20是一个整体，但东道国领导人的媒体声明，传递的信息通常是该领导人的优先关注及重点阐述事项。

公报与宣言

公报与宣言是每届峰会的主要文件。他们的主题涵盖了G20关注的一系列事项，并反映了峰会的议程：从金融与经济议题到改革与加强国际金融机构、监管银行与金融市场、促进可持续发展、“绿

① 参见www.g20.utoronto.ca。

色增长”、贸易与投资、就业、能源与粮食安全、包容性、问责制以及气候变化等议题（第二章已对峰会议程的演变进行了讨论）。历届峰会在这类文件中所用的术语也有所不同：

- **2008年G20华盛顿峰会：《金融市场和世界经济华盛顿峰会宣言》**。《宣言》记录了首届G20峰会的召开：界定了此次金融危机的根本原因，这也是促成G20升级到领导人层面会议的直接原因;回顾了G20国家已经采取的行动;就将要采取的经济刺激措施达成共识;制定了金融市场改革与监管的共同原则;承诺向国际金融机构增加注资;重申各国领导人就布雷顿森林机构改革和全球经济开放的承诺;并授权相关部长与专家工作组拟订详细的行动计划。
- **2009年G20伦敦峰会：《领导人声明》和《加强金融体系宣言》和《向国际金融机构注资的宣言》**。在处理持续的经济与金融危机方面，这届峰会取得了实质性成果：敦促各成员国采取协调的财政刺激措施，就向IMF增加注资（到7500亿美元）、重新分配特别提款权（SDR）及贸易融资支持等达成一致意见。《加强金融体系的宣言》将金融稳定论坛转变为金融稳定理事会，并扩大了其职能授权。
- **2009年G20匹兹堡峰会：《二十国集团匹兹堡峰会领导人声明》及其附件《可持续经济活动的核心价值观》**。这份声明（2009c）的主要内容包括：恢复经济增长与就业、加强金融监督与监管、完善全球金融机构（包括对IMF和世界银行的配额改革）、抵制贸易保护主义、促进全球贸易与投资，并确保“公平且可持续的经济复苏”。
- **2010年G20多伦多峰会：《G20 多伦多峰会宣言》和九条《创新性金融包容原则》**。《多伦多峰会宣言》记录了各国领导人就“采取一致行动以维持复苏，创造就业机会，实现更强劲、更具持续性与更平衡的增长”所做的承诺。领导人还承诺，“到2013年至少减少一半赤字，并在2016年之前稳定或降低政府债务与GDP的比率”—这一承诺后来证明是异想天开的。同时，各国领导人继续呼吁对金融部门进行改革，并设立G20发展工作组。

- **2010年G20首尔峰会：《二十国集团首尔峰会领导人宣言》及《首尔峰会成果文件》**。通过将发展议题纳入峰会议程，首尔峰会释放了议程扩展的信号。作为对各国领导人承诺的详细说明，这份成果文件还收录了《首尔发展领域多年行动计划》和《共享增长的首尔发展共识》（见下文）。
- **2011年G20戛纳峰会：《二十国集团戛纳峰会宣言》（副标题“构建我们共同的未来:为了共同利益再次集体行动”）和《G20戛纳峰会公报》**。峰会宣言处理的问题包括：就业与社会保障、资本流动、危机管理、对IMF的监督、金融部门监管、避税场所及其他问题。峰会公报反映的是领导人对以下领域的关切，包括经济增长与就业、社会包容、国际货币体系改革、金融部门改革、大宗商品价格及农业发展、能源市场和气候变化、发展、贸易和保护主义、腐败以及全球治理。
- **2012年G20洛斯卡沃斯峰会：《二十国集团洛斯卡沃斯峰会领导人宣言》**。该宣言（G20，2012j）关注的重点包括：经济稳定与全球复苏、就业与社会保障、贸易以及重申包括有关IMF配额与治理改革在内的国际金融体系改革的承诺、普惠金融（包括对G20普惠金融基本指标体系的认可）、粮食安全与大宗商品价格波动、绿色增长及腐败问题。
- **2013年G20圣彼得堡峰会：《二十国集团圣彼得堡领导人宣言》和《二十国集团峰会五周年声明》**。峰会宣言（G20，2013f、2013e）涉及了各种各样的问题：全球经济（包括

> “强劲、可持续与平衡增长的G20框架”），就业岗位质量，投融资，多边贸易，税基侵蚀与利润转移、避税、税收透明度与信息自动交换，国际金融体系，金融监管重构，普惠金融，金融教育与消费者保护，所有成员国的发展，可持续的能源政策与大宗商品市场的韧性，气候变化的应对，以及反腐败。该宣言还有一个有关税收问题附件（见Annex4（G20），2013d）。《二十国集团峰会五周年声明》重申了G20的地位——它是其成员之间开展经济合作的首要平台，也是各国领导人兑现其有关经济与金融承诺的首要平台。

行动计划

行动计划将公报与宣言的概括性条款予以细化。例如：华盛顿峰会的《有关落实改革原则的行动计划》就是对《华盛顿峰会宣言》的细化；匹兹堡峰会的《强劲、可持续与平衡增长的框架》也是对峰会宣言的细化；首尔峰会发布的《首尔峰会发展领域多年行动计划》与《G20反腐败行动计划》这两者都是《首尔峰会成果文件》的附件，也是《共享增长的首尔发展共识》的附件；类似的还有，《戛纳增长与就业行动计划》，《洛斯卡沃斯增长与就业行动计划》（G20，2012m）以及《圣彼得行动计划》（G20，2013j）。其中《洛斯卡沃斯增长与就业行动计划》旨在解决财政和金融失衡及其对经济增长、就业和信心的影响；《圣彼得行动计划》涉及的是全球经济状况，复苏与短期风险，强劲、可持续与平衡增长（包括财政可持续性与结构性改革）。此外，《圣彼得堡行动计划》有四个附件：附件1是关于发达经济体中期财政战略的报告（G20，2013a），附件2是关于新兴经济体促进财政可持续性的战略报告（G20，2013b），附件3是关于具体国家改革承诺的国别报告

（G20，2013c），附件4是圣彼得堡峰会对自洛斯卡沃斯峰会以来所做承诺及承诺履行进展的问责评估报告（G20，2013d）。

G20领导人指派给下设机构团体的文件

一个例子就是G20圣彼得堡峰会为G20腐败工作组制定的《圣彼得堡反腐败战略框架》（G20，2013l）。

G20成员国的政策承诺报告

G20首尔峰会发布了一份详细的有关“G20成员国的政策承诺”表，这是G20峰会第一次这么做；G20洛斯卡沃斯峰会公布了更新版的《G20成员国的政策承诺》表；《圣彼得行动计划》的附件3是一份有关G20成员国的政策承诺的相互评估进程模板。这些工作代表了G20问责机制的重要方面。

G20部长级会议呈递给峰会的文件

截至目前，G20部长级会议已经发布了大量的报告、研究性文章与行动计划。有一些是和峰会文件一起公布的，例如:

- G20财长和央行行长会议：《支持本地货币债券市场发展的G20行动计划》，2011年10月15日。
- G20财长和央行行长会议：《有关IMF与区域融资安排之间合作的G20原则》，2011年10月15日。
- G20财长和央行行长会议：《G20有关资本流动管理的国别经验的若干结论》，2011年10月15日。
- 《G20劳工与就业部部长的决定》，2011年9月26～27日。

- 《G20全球普惠金融合作伙伴：向各国领导人的汇报》，2011年11月5日。
- 《G20劳工与就业部部长的决定》，2012年5月18日。
- G20农业部长会议：《部长级宣言：粮食价格波动与农业的行动计划》，2011年6月23日。
- G20农业部副部长会议：会议报告，2012年5月18日。
- 为G20圣彼得堡峰会准备的《关同联盟与共同市场成员国财长和央行行长的联合声明》，2013年8月27日。

2010年10月23日在韩国庆州召开的G20财长和央行行长会议发布的会议公报，就能很好地说明部长级会议文件的重要性。这次财长和央行行长会议是一个突破，因为与会财长和央行行长就IMF的配额改革达成了一致意见——会议决定将超过6%的份额转移给新兴市场发展中国家及那些代表性不足的国家，同时保护最贫穷国家的投票份额，并承诺于2012年IMF年度会议之前完成这些工作（G20 Finance，2010）。此外，通过庆州G20财长和央行行长会议，我们还可以看到，部长级会议的材料是为了完成G20领导人分派给这些部长级会议的任务而编写的，反过来又被吸收到峰会的最终文件中。在《首尔峰会领导人宣言》中，各国领导人表示：“在庆州会议期间，我们的财长和央行行长呼吁IMF按照相互评估进程的规定，对外部可持续性以及财政、货币、金融行业、结构、汇率及其他问题的发展进行评估。”根据上述指导性原则，第一次此类评估，将在法国轮值期内启动并开展。

专家组和其他下设机构团体向峰会提交的报告

例如：

- 2011年，由G20反腐败工作组向领导人提交的首份监督报告：《首尔行动计划在G20成员国的实施进展：国别进展与整体进展》；

- 《G20发展工作组的年度报告》，2011年10月28日；
- 《G20发展工作组的进展报告》，2012年6月19日；
- 《G20反腐败工作组的进展报告》，2013年9月。

和部长级会议的文件一样，这些专家组和下设机构团体提交的文件都是落实G20更高级别的指示、要求或者倡议的成果。像部长级文件一样，这些文件将纳入部长级会议，甚至是领导人会议的审议。例如G20发展工作组，在其《2012年G20发展工作组进展报告》中指出：

> 在首尔峰会《多年行动计划》的框架下，我们在落实前期共识方面取得了显著性的进步，而且在支持发展中国家尤其是低收入国家方面采取新行动。发展工作组承诺将继续加强我们在不同领域的工作，以充分发挥它们之间的协同效应，并致力于更全面的发展与合作。这对包括基础设施、粮食安全及包容性绿色增长议定的优先事项而言尤为重要（G20 Development Working Group，2012）。

金融稳定理事会向G20领导人提交的报告

以下例子可以在金融稳定理事会的网站[1]上找到:

- 《金融稳定理事会关于G20落实加强金融稳定实施建议的进展报告》，2011年11月4日；
- 《G20落实加强金融稳定性建议的进展概况》，2012年6月19日；
- 《有关金融改革进展的汇报:金融稳定理事会向G20领导人提交的报告》，2013年8月20日。

① www.financialstabilityboard.org/publications.

由G20领导人和部长委托国际政府组织及其他组织完成的报告

这方面的例子如下：

■ 委托国际清算银行与巴塞尔银行监管委员会完成的报告：

- 《向G20领导人提交的有关巴塞尔协议III实施的报告》，2012年6月；
- 《向G20财长和央行行长会议提交的有关巴塞尔协议III实施的报告》，2012年10月。

■ 委托OECD完成的报告：

- 《战胜危机：OECD和G20在其中扮演的角色》，2011年；
- 《提振G20国家就业和生活水平:国际劳工组织，OECD，IMF和世界银行的联合报告》，2012年6月；
- 由OECD机构投资者和长期投融资专题组撰写的：《为机构投资者制定长期投融资高级原则》，2013年9月；
- G20与OECD联合发布的：《绿色基础设施和绿色倡议的养老基金融资政策简报》，2012年6月；
- 《税收透明度和信息交换全球论坛：向G20提交的进展报告》，2012年6月；
- 《OECD与G20的历史》，2012年；
- 《将绿色增长和可持续发展政策纳入结构性改革议程》，2012年6月；
- OECD/ INFE联合发布的：《金融教育国家战略高级原则》，2012年6月；
- 《追求强劲、可持续与平衡增长:有关G20结构性改革承诺的执行情况的说明》，2012年6月；
- 《G20贸易和投资措施报告》，2012年5月31日；

- 《可持续农业生产率增长和缩小小型家庭农场的差距：向G20轮值主席国墨西哥提交的跨机构报告》，2012年6月12日。

其他辅助性文件

这类辅助性文件包括讨论稿、政策承诺文件和主办国优先事项清单。例如:

- 讨论稿：《墨西哥担任G20轮值主席国》，2012年1月；
- 《G20在全球经济危机中的作用与挑战》，2012年1月26日；
- 《俄罗斯作为2013年G20轮值主席国议定的优先事项》，2013年。

除了G20峰会集体文件之外，峰会还会发布与峰会相关的其他公开信息，例如：新闻发布会的网络直播或文字记录、外部机构或个人同G20的交流、官方简报以及峰会期间发布的其他类型的信息。

新闻发布会的网络直播或文字记录

其中值得注意的是，在峰会结束时，由主办国领导和其他官员出席的新闻发布会，例如:

- 法国总统出席的关于G20戛纳峰会的新闻发布会，2011年11月4日；
- 关于第七届G20峰会的决定，2012年6月19日（不是一个完整的文字记录）；
- 时任墨西哥总统卡尔德龙发表的标志着G20峰会结束的媒体声明，2012年6月19日；
- 时任俄罗斯总统普京召开的有关G20峰会的新闻发布会，2013年9月6日。

峰会主办国之外的各国领导人召开的新闻发布会也是显示其参与G20活动的重要标志。此类领导人（包括峰会主办国领导人）出席的新闻发布会允许媒体代表提出尖锐的问题，而他们的回答能够传达出一些峰会文件之外的其他信息。

同G20的外部交流

这类材料来自于非政府组织、工商团体或其他个人，例如:

- L20（Labour 20）：《对G20峰会的声明》，2012年6月；
- G8/ G20全球工作组：《民间社会对墨西哥政府的声明》，2012年2月22～24日；
- 盖茨：《创新的影响:为 21世纪发展融资》，2011年11月；
- 盖茨：《一份写给卡尔德龙总统的信》，2012年6月13日；
- G8和G20峰会的联合宗教协调组：《2012年宗教领袖在G8和G20峰会上的声明》；
- 二十国集团工商峰会发布的《B20专家组的建议：最终报告》，2012年5月；
- B20与G20联合发布的《增长与就业的伙伴关系：来自B20的建议》，2013年9月5～6日。

官方简报

在G20峰会上，G20官方会给媒体一些简报。这些简报的内容未必都会出现在新闻稿中，而只是作为背景信息提供给媒体。此外，东道国还会在峰会前夕和峰会期间发布一些简短的材料，供与会媒体参考。这些信息包括有关即将召开的新闻发布会以及拍照机会的通知和一份详细的媒体手册，包含介绍官方代表团的组成、代表团的酒店安排、新闻中心和新闻发布会的地点以及领导人会议的日程安排时间表（其中最后一项可能会根据领导人谈判的进展以及突发事件的干扰）。

峰会期间发布的其他类型的信息

G20峰会也是两三个或更多的国家领导人进行私人会面的好机会，他们可以讨论共同关注的问题，有时还可以实现相互谅解并达成协议。例如，在洛斯卡沃斯峰会期间，时任美国总统奥巴马会见了普京。与会者通常就这些会晤发表简短声明，这些往往会以新闻稿的形式在峰会官方网站上发布，但随着峰会官网的关闭，这些信息很快会淡出公众的视野。

有时，G20领导人和受邀请的非G20国家领导人或国际组织的负责人也会联合发布文件。这些信息多数也会以新闻稿的形式出现在峰会官方网站上。

峰会公报及其他文件的准备与分发

对于G8和G20而言，峰会公报与行动计划的准备工作是一个漫长且复杂的过程。协调人在这些文件的酝酿和成稿方面发挥着关键作用，这些文件往往需要多次修改才能成稿。这一过程是建立在与领导人、协调人及各种专家的定期沟通的基础之上的，包括一年内召开的一系列会议。例如，在墨西哥担任轮值主席期间，即从2011年戛纳峰会结束到2012年洛斯卡沃斯峰会召开期间，协调人共举行了五次会面，此外，峰会结束之后，协调人还举行了跟进会议。在这个过程中，协调人享有G20各国领导人的优先授权并由领导人直接领导。通常情况下，一旦峰会主办国在其轮值期伊始敲定峰会议程，峰会公报与行动计划的准备工作就开始了。在早些年的G8峰会，除了面对面会议之外，协调人之间的联系方式还包括电报、信件、传真、快递，偶尔也用外交邮袋。对于G8，该过程还包括针对峰会议程上个别议题的专题报告的准备工作以及将大量保密报告、信件及其他文件汇编成册。

随着信息和通信技术的出现及快速发展，协调人之间的沟通方式也发生了根本性的变化。就G20而言，协调人已很少使用信件、快递和传真，取而代之的是大量的电子邮件往来、电视电话会议。“专题报告”一词也已经被有关峰会个别议题的“构成模块”所取代。墨西哥和俄罗斯也加快了仅限于协调人使用的内联网的建设。汇编成册的简报（是指：供G20领导人及其高级官员使用的背景文件、谈话要点和议题简报等保密文件的汇编），以前是纸质版，现在已经是直接在平板电脑上创建、保存，至少一些主办国是这样做的。无论采用何种方法，协调人之间的联系及其他内部交流都是保密的。

对于前来参与的媒体而言，峰会上发布的大部分公开文件都是可以拿到的，只是越来越少的文件通过纸质发布，而更多的则是通过网站进行公开。只要网站还可以访问，公众就可以看到这些信息（下文关于透明度问题的那一节还会对此问题进一步讨论）。

G20部长级会议文件

除了向G20领导人提交的部长级会议的报告（上文已讨论）外，各国G20部长会议也发布了很多文件。其中主要的文件类型就是部长级会议公报。与峰会一样，这些公报往往也代表着已经达成的共识。一些部长级会议还会发布报告、研讨会或会议记录及各种研究报告。G20财长和央行行长会议的文件由于其悠久的历史最引人注目，截至2013年11月，约30次会议分别发表了公报。

除了财长和央行行长会议之外，在G20峰会成立以来，其他G20部长级会议相继涌现。例如[①]：

- 《二十国集团财长和央行行长公报》，墨西哥，2012年11月5日；
- 《财长和央行行长会议公告》，华盛顿特区，2013年10月11日；
- 《金融部门监管（吹风会纪要）》，柏林，1999年12月15～16日；
- 《增长议程：进度报告》，波卡拉顿，佛罗里达，2004年2月7日；
- 《G8财长会议关于发展议题的结论》，伦敦，2005年2月10～11日；
- 《二十国集团关于布雷顿森林机构改革的联合声明》，河北香河，2005年10月15～16日；
- 《八国集团财长关于能源服务开放以实现千年发展目标的声明》，圣彼得堡，2006年6月9～10日；
- 《二十国集团劳工与就业部长对G20领导人的建议》，华盛顿特区，2010年4月21日。
- 《二十国集团劳工与就业部长的决定》，巴黎，2011年9月27日；
- 《二十国集团劳工与就业部长的决定》，瓜达拉哈拉，墨西哥，2012年5月18日；
- 《有关粮食价格波动和农业问题的部长级宣言和行动计划》，巴黎，2011年6月23日；

① 这些文件可在www.g20.utoronto.ca上“财政部长和中央银行行长以及其他会议”条目下找到。

- 《有关发展问题的二十国集团部长级会议公报》，华盛顿特区，2011年9月23日[①]；
- 《二十国集团旅游部长倡议》，2012年；
- G8-G20文化与知识产权部长：会议主题是“数字时代创造力发展的未来挑战”《文化峰会创建数字时代》[②]，阿维尼翁，2011年11月18日；
- 《二十国集团外交部长非正式会议的决定》[③]，洛斯卡沃斯，2012年2月20日；
- 《二十国集团贸易部长会议的决定》[④]，巴亚尔塔港，墨西哥，2012年4月。

有关部长级会议的早期公告和其他一些报告可以从以下网址查阅：www.g20.utoronto.ca/ministerials.html。此外，峰会东道国的官方网站依然可以找到相关的新闻稿和其他报告。

有时，部长级会议会在没有召开正式会议的情况下发表声明。例如，2012年6月29日为了支持欧洲在欧元区危机上的政策倡议，G20财长和央行行长会议（2012）发表了一份题为《G20欢迎欧洲的主要政策行动》的声明。这样的声明通常需要电话会议或电视会议同意之后方可发布。

此外，部长级会议也会同国际政府组织发表联合声明。例如：G20财长和央行行长会议与IMF国际货币与金融委员会就联合发布国一份有关IMF资本金问题的声明（IMF，2012b）。

---

① 参见：http://proxy-pubminefi. Diffusion.Finances.gouv.fr/pub/document/18/11572.pdf。

② http:www.culturecommunication.gouv.fr/Ministere/L-historie-du-ministere/Archives/Frederic-Mitterrand-2009-2012/Articles-2009-2012/Sommet-culturel-sur-la-creation-a-l-ere-numerique/（language）/fre-FR。

③ www.g20mexico.org/index.php/en/press-releases/220-concluye-reunion-informal-de-relaciones-exteriores。

④ 该报告是由墨西哥经济部长布鲁诺·法拉利主持的有关G20贸易部长级会议的决定记者招待会精简版。

G20工作组、专家组及下设机构团体会议的文件

除了提交给G20领导人和部长们的报告，以及作为峰会文件的报告（如上文所述），G20的各个下设机构团体还会发布其他报告和文件。例如：

- G20大宗商品研究组：《二十国集团大宗商品研究组报告》，2011年11月；
- G20贸易融资专家组：《二十国集团贸易融资专家组报告》，2009年8月；
- G20贸易融资专家组：《二十国集团贸易融资专家组报告》，2010年4月；
- G20能源专家组：《向二十国集团领导人提交的有关规范并逐步取消低效化石燃料补贴的承诺的报告》，2010年6月。

由G20主办或联合主办的研讨会文件

多年来，G20在各个层面都举办了一系列专题讨论会、研讨会和大型会议，也经常与国际政府组织进行合作来举办会议。这些会议的成果通常会由G20进行发布，在一些情况下，也会由国际政府组织或者主办国政府来发布，以下例子是部分会议发布的成果，例如：

- 《“G20有关发展强有力的国内金融市场”的研讨会会议记录》，渥太华，2004年4月26～27日；
- 《“G20有关人口挑战与移民问题”的研讨会会议纪要》，

澳大利亚悉尼，2005年8月27～28日；

- 《“有关人口统计与金融市场”的研讨会会议记录》，澳大利亚悉尼，2006年7月23～25日，由澳大利亚财政部和联邦储备银行主办；
- 《G20“有关金融行业竞争”的研讨会会议记录》，巴厘岛，2008年2月16–17日，由印度尼西亚银行和墨西哥银行主办；
- 《G20“有关全球经济：危机的原因及主要教训”的研讨会会议记录》，印度孟买，2009年5月24～26日，由印度储备银行和英格兰银行共同主办；
- 《G20“有关确保可持续的经济复苏”的研讨会会议记录》，首尔，2009年11月15～16日；
- 《“匹兹堡协定以来的有效金融市场监管：成就与挑战”的国际会议会议记录》，柏林，2010年5月19～20日；
- 《“金融改革：基于新兴市场的视角”的研讨会会议记录》，首尔，2010年9月2～3日，由韩国与金融稳定理事会联合主办；
- “反腐败会师：G20企业和政府”会议，《会议摘要和决定》，巴黎，2011年10月21日，由G20与OECD联合主办；
- G20有关“全球经济增长的挑战”的研讨会，《研讨会会议摘要》，2011年12月12～13日；
- 《有关“建立国际财政充足架构”的研讨会会议记录》，2012年1月；
- 《“墨西哥轮值期的G20议程”》，墨西哥，2012年2月24～25日，由国际金融研究所公共与私人部门主办；
- 《“墨西哥和G20对全球经济平衡的反思”研讨会会议记录》，墨西哥，2012年3月13日；
- 《“拉丁美洲与加勒比地区对G20的优先事项”的研讨会会议纪要》，乌拉圭蒙得维的亚，2012年3月17日；

- 《普惠金融：从原理到实践》，华盛顿，2012年4月22日；
- 《G20大宗商品研讨会摘要》，墨西哥洛斯卡沃斯，2012年5月5～6日；
- 《G20绿色增长研讨会议程》，巴黎，2012年5月22 日；
- 《“国际金融架构及其与IMF合作中的区域金融协定的作用”研讨会概要》，2013年4月17日。

透明度问题

我们可以将问责机制划分为四个维度:磋商与对话、监督与评估、透明度及有效的补救措施（Scholte，2011a）。将这一个概念应用到G20，我们已经在第四章、第五章及第六章中阐述了“磋商与对话”，在第八章中讨论了“监督与评估”。由于G20不是基于条约成立的正式组织，即便G20没有履行其承诺，也很难对其采取强制性的补救措施，本一节将讨论问责机制的“透明度”维度。

正如本章开头所述，G20的公开文件是G20峰会及其下设机构团体会议的最终产物。背后的谈判的相关内容在很大程度上依然是保密的，很少或几乎没有对公众开放。尽管越来越多的档案已向公众公开，从而提高了G20的透明度，但公开文件的内容并没有扩展到G20成员国内部讨论的全部内容，也没有涵盖全部的辅助性文件。在G7成立的最初几年，这种材料绝大部分最终都会在官方档案中予以公开，但从G20已经公开的档案的来看，其公开性是有问题的，这将在下一节进行讨论。

在极少数情况下，研究人员或专题跟踪报道的记者能够成功获取某些国家元首与政府首脑或部长的谈判记录。在峰会期间的官方简报中偶尔也能透露一些有用的内部信息。如果一国的法律允许，人们还可以申请信息公开，但这种过程通常都很慢。但即使上述假设都能实现，我们能获取的信息也未必是系统、全面的。无论我们多么渴望完全的透明性，都应该承认基本的保密性是峰会与政府外交不可或缺的一部分，有时也是民间社会与G20官员秘密讨论外交倡议所必需的。

G20前高级官员（领导人和部长）的回忆录在一定程度上有利于弥补透明度的不足。例如，前英国首相布朗在其2010年出版的《超越崩溃：战胜首个全球化危机》一书中，透露了领导人晚宴和工作会议的细节，并描述了与会者之间的互动及意见的分歧与统一。加拿大前总理马丁先生在2008年出版了其回忆录《赴汤蹈火：我的政治生涯》，他从财长和央行行长会议以及峰会的两个维度介绍了G20的前身与创立过程。

随着G20向外委托的报告越来越多，透明度问题也日益显现。虽然许多报告已经公开，但还有很多是我们看不到的。例如：IMF联合OECD、世界银行、国际劳工组织和联合国贸易和发展会议等机构，围绕“二十国集团相互评估进程”合作编写了几份分析与评估报告，并形成了一份伞形报告。其中，总报告概述了各份报告的主要内容，并就G20的集体行动提出了一个可行方案；一份分报告是对自2010年首尔峰会以来G20成员在实施政策承诺方面的进展的问责报告；还有一份分报告是分析成员国宏观经济与政策方面的相互评估进程报告。此外还有一些针对七个G20成员国（中国、法国、德国、印度、日本、英国和美国）可持续性评估发展报告（IMF，2011a）。不过，并非所有这些报告都已经公开，这就造成了透明度缺口（G20，2011a）。事实上，一些G20向外部委托编写的报告本身讨论的就是透明度问题；例如，在本章前面曾引用过的OECD向G20提交的“税收透明度和信息交换全球论坛”的报告。

值得注意的是，民间社会和其他团体一直主张更有力的问责机制与更强的透明度。例如，全球金融新规则联盟（2012b）在《G20进程的承诺：增强透明度与问责的前景》一文中就讨论了这个问题。另一个例子是一个有关“国际透明度”的非政府组织自1995年以来就持续发布的《腐败感知指数》[①]，这是一份影响深远的年度报告。

文件草案

公报草案和其他文件草案通常都不正式发布，但有时会在峰会之前或峰会上泄露给媒体、民间社会和其他团体。例如，《多伦多峰会宣言》[②]的一份草案就泄漏了出去，并被多伦多太阳报出版；G20戛纳峰会前夕，路透社的一个分支机构也发表了一份《G20宣言草案摘录》。虽然这种泄漏的文件可能对透明度有一定程度的促进作用，但是应当注意，由于文件草案有许多版本，因此一份泄漏出去的文件也仅仅是某一阶段的工作草稿而已。

必须承认的是，这样的泄漏可能会给领导者带来诸多麻烦；例如，时任英国首相布朗（2010年）回忆称：

> 不幸的是，在2009年G20伦敦峰会前几天，我们的工作遇到了一个大麻烦——一份公报的草案被泄露给了一家德国杂志。幸运的是，这个被泄漏的版本没有涉及即将对IMF进行的总额达1万亿美元的注资的内容。当时这个数额还是个秘密，因为我敢确定它应该会给市场带来惊喜与震惊。

① 参见：www.transparency.org/research/cpi/overview。

② 参见：www.g20.utoronto.ca/2010/to-leakedcommunique.html。

档案研究的问题

与历史悠远的（可追溯到1975年）G7 / G8的情况不同[①]，基于G20官方档案中的G20的详细资料的研究是不可能的。因为，通常而言，官方档案都是30年后才向公众公开，尤其是在档案管理工作做的比较出色的国家。从这个意义上来讲，即便在财长和央行行长会议层面，G20还依然过于“年轻”。因此，与透明度相关的一个重要问题就是可供研究的公开的档案的不足。这就是为什么知名G20官员的回忆录——如保罗·马丁和戈登·布朗的回忆录——可以作为很好的背景信息来源。

与透明度问题有关的另一个相关的问题是技术的应用。近年来，包括最早几年的财长和央行行长会议在内，G20官员之间往往通过电话会议、电视会议和电子邮件进行沟通交流，而这种交流往往缺少完整或者书面的记录。虽然在保存电子记录方面我们已经取得长足的技术进步，但仍有许多工作要做。因为，即便G20的档案最终被公开，但其记录也可能是不完整的。这对于未来的研究人员以及对G20发展过程的充分理解都是一件不幸的事情。

“不可靠”的网站

自1995年G7哈利法克斯峰会以来，G7/G8峰会东道国都会建立有一个官方的峰会网站；自G20财政部长和中央银行行长会议于1999年成立以来也一直保持着这种做法；自首届G20峰会于2008年召开以来，每届峰会东道国政府都会在其轮值期内启动并运营一个专用网站，有时会维护更长时间。

① 有关早期G7档案的讨论和例子，见 Hajnal，2007a。

这些官方网站在内容丰富性、索引便利性及提供（或未提供）的信息类型方面差异很大。随着技术日益进步，官方网站还增加了多媒体、社交媒体访问等功能。但是，如下文所述，这些网站的大多数都是临时性的——或者在会议结束后就完全消失而无法访问，或者一旦这个国家的轮值期结束，网站就会被东道国政府的某一个行政部门的网站所吸收。不可避免的是，在这一过程中，网站的内容会丢失或变得散乱不堪，甚至无法访问。无论是因为技术原因还是政治原因，这都意味着透明度的丧失。

例如，多伦多大学G20信息中心网站①的设计初衷是用于保存与G20相关的纪录片和其他材料，多伦多大学图书馆至今负责该网站的维护，并确保其永久性和权威性，以便继续满足公众对信息与透明度的需求。但由于历届G20峰会东道国政府创建的官方网站是不可靠的，所以即使G20信息中心的网站内容囊括了东道国网站的所有信息，可能还是无法完全填补透明度的空缺。此外，很多国际政府组织、智库和其他团体也创建了一些与G20相关的网站。第十章将对这些网站予以讨论。

接下来，我们简单看一下历届G20峰会官方网站的命运：

- 2008年G20华盛顿峰会的美国网站已不再使用，但是几个关键的文件还可以从其他政府网站上找到，例如在白宫的档案网页②中写道："这是历史性的材料，'已被冻结'。峰会的官方网站已不再更新，一些外部网站的链接和一些内部页面将无法工作。"
- 2009年伦敦峰会的英国网站③已经关闭，一些文件还可以从

① 参见www.g20.utoronto.ca。

② 参见：http://georgewbush-whitehouse.archives.gov/news/releases/2008/11/20081115-1.html。

③ 参见www.londonsummit.gov.uk/en。

其他地方找到，比如，在英国国家档案网上，英国政府网站档案一栏下的G20 UK中就有一些相关文件。

- 2009年匹兹堡峰会的美国网站①已经关闭。美国国务院网站上保存了一些与此届峰会相关的信息，可以在www.state.gov/e/eb/ecosum/pittsburgh2009/resources/ index.htm里面查找到。
- 同样，关于2010年的多伦多峰会的加拿大网站也已不再使用，但是在国际贸易外交部网站②上还良好地保存着有关G20峰会的档案。.
- 韩国为2010年首尔峰会设立的网站③也已失效，有关信息可访问韩国的其他政府网站。
- 法国为2011年戛纳峰会设立的网页④到2012年依然是可以访问的，但是自2012年1月29日以后就不再更新了，而是被设置成一个“档案”网站，不再增加新的信息。
- 墨西哥为洛斯卡沃斯峰会设立的网页⑤仍然在运营（截至2014年本书英文版出版时——译者注）。但在墨西哥担任2012年G20轮值主席国的一年间，该国政府把此前www.g20.org的网站⑥一并纳入。该网站（www.g20.org）包含着大量有用的、详细的信息及链接，这些链接指向各个部长级会议的全文以及其他大量的报告和相关研究。某种意义上，这种合并降低了G20的透明度。
- 2012年12月1日，俄罗斯接任G20轮值主席国，并立即启动

① 参见www.pittsburghsummit.gov。

② 参见www.canadainternational.gc.ca/g20/index.aspx?lang=eng&view=d。

③ 参见www.seoulsummit.kr。

④ 参见www.g20-g8.com/g8-g20/g20/english/home.9.html。

⑤ 参见http://g20mexico.org/en and later http://g20mexico.org/index. php/en/mexican-presidency-of-the-g20。

⑥ 该网站于1999年同G20财长和央行行长会议同年建立。

了2013年圣彼得堡峰会官方网站[①]。它延续了由墨西哥的做法——将www.g20.org网站纳入该届峰会官方网站——但与墨西哥不同的是，俄罗斯的网站上有更多有关G20的历史材料。事实上，自1999年启动以来，www.g20.org这一网站都保持着内容的更新，历届轮值主席国也都延续着这一做法。

峰会东道国的官方网站一般都会链接到往届峰会的主要文件。一些网站将这些文件集中在一起，而其他网站则把这些文件与其他非G20峰会的文件合并。例如，俄罗斯圣彼得堡峰会网站[②]就在一个大的文件夹里提供了各种材料与文件。

小 结

G20峰会、部长级论坛、工作组和其他下设机构团体公布的公开文件是G20及其活动的主要信息来源。各类文件、声明、公报、行动计划，以及其他主要的集体文件，都表达了G20峰会达成的共识。此外，G20还会委托国际组织和其他行为体编写一些报告。峰会的主要文件是协调人团队精心准备的最终成果，他们在长期的准备过程中，定期与领导人、其他国家协调人以及其他行为体进行咨询与磋商。受各国领导人委托，协调人能够将G20峰会的决定与倡议具体化，并对峰会成果进行详细阐述。

峰会（以及部长级会议和一些工作组会议）的实际谈判过程以及协调人之间的通讯通常都是保密的，而且，出于外交利益也是必须保密的。虽然透明度是问责机制的一个重要方面，但保密性也是

① 参见http://en.g20russia. Ru。

② 参见http://en.g20russia.ru/documents。

透明度不得不面对的问题。大多数委托报告都是可以公开的，但有些仍然不便公开。一定意义上，文件的泄漏与机密简报的公开能够促进透明度的提高。与对G7的研究不同，G20成员国的档案将在相当长的一个时期内处于保密状态，即使最终解密，也不可能像G7档案那样完整。高级别峰会的与会官员的回忆录是了解峰会准备工作与召开情况的另一个窗口。而G20官方网站及其内容的不可靠性，无论是由技术原因还是由政治原因造成的，都是提高透明度的一个障碍。

G20下设机构团体的文件主要是为了落实G20更高级别的指示、要求或者倡议的任务，但反过来，这些文件也会被收入峰会的最终文件中。

G20峰会、部长级会议及其下设机构团体发布的公开文件是研究人员和更广泛的人群研究G20及其活动的主要信息来源。但是，由于外交谈判的保密性质或无意或过分忠实的信息保管，许多信息仍然是不对外公开的。总的来说，G20的总体透明度有所增加，但各种新的或旧的阻碍G20透明度提升的因素亟须清除。

G20

二十国集团

演变、互动、记录

第十章 其他信息来源

有关G20的信息，除了第九章讨论的由G20峰会、部长级会议及其他下设机构团体发布的公开文件之外，还有其他一些重要的来源。本章重点分析以下几种类型的信息来源：关注G20的智库、非政府组织与工商团体、重要G20参与者的回忆录、有关G20成员国与地区的文章、网站与社交媒体等。本章还将简要介绍有关G7、G8与G20的学术论文、学位论文和创意作品。第四章和第九章已经讨论了国际政府组织的贡献，后者还讨论了有关G20档案资料研究的问题。

概　述

有关G20及相关问题的出版物越来越丰富，包括学术文章与评述、各国的议会审查报告在内的政府出版物、重要峰会参与者的回忆录及其他著述、不同类型的参考著作以及报刊、杂志、广播与电视等媒体的报道和分析等。

一些媒体的深度报导含金量很高，例如，伦敦《金融时报》全年都保持对峰会的经济和其他议题的追踪报道，对峰会期间的突发新闻，可以进行快速到位的解读；而有的媒体为了节省成本，往往只是将离峰会最近的工作人员派往峰会现场进行报道，因此他们难以进行连贯深入的报道；还有一些媒体仅仅热衷于图片报道或花边新闻；甚至一些主流媒体将报道集中于示威或其他新奇的事件或活动，而非峰会的实质内容。此外，媒体的眼界也可能比较狭隘。Bernes（2013）写道：“仅仅在官方公报发布两天后，有关G20圣彼得堡峰会的评论已从媒体上销声匿迹，这是迄今为止八届中最快淡出人们视野的一届G20峰会。”

专注研究G20的智库

许多学术机构和智库已从诸多方面对G20进行了研究和分析。本节将介绍几个这样的机构。

布鲁金斯学会[①]是一家总部位于华盛顿、专门从事公共政策研究的非营利性智库，其宗旨是：捍卫美国民主制度，提高美国民众的经济和社会福利，“推进建设一个更加开放、安全、繁荣和合作的国际社会”（Brookings，2102a）。布鲁金斯学会已经出版了几部有关G20的著述，例如，Bradford和Linn（2007）的《峰会改革：走向领导人层面的二十国集团》；Bradford和Lim（2011）的《转型中的全球领导权：如何使G20更加灵活有效》；由来自G20成员国的多位作者合著的《2012年G20洛斯卡沃斯峰会：促进经济繁荣，走出衰退恐惧》和《G20与非常规货币政策新世界中的中央银行》（2013），这两份报告最终提交给了二十国集团智库会议。

布鲁塞尔欧洲与全球经济实验室[②]是一家总部位于布鲁塞尔、专

① 布鲁金斯学会的网站是www.brookings.edu。

② 布鲁塞尔欧洲与全球经济实验室（Bruegel）的官方网站是www.bruegel.org。

注于国际经济研究的欧洲智库，其成员包括欧盟各国政府、跨国公司及相关机构。其研究的重点之一就是G20，两篇代表性的论文分别是Angeloni（2011）于戛纳峰会后所发表的“G20：危机时期的全球治理试验”和Angeloni与Pisani-Ferry在2012年洛斯卡沃斯峰会之前发表的“对G20特点的观察与研究”。该智库还编写了《Bruegel G20监测报告》，其中包括历次G20峰会和部长级会议前后的相关学术文章和评论。

全球研究中心[①]是一家位于加拿大维多利亚大学、专注于以政策为导向的合作研究机构，其研究重点是全球化对全球治理、金融、环境、安全与可持续发展的影响。例如，该研究中心的前主任Gordon Smith于2011年做了一个题为《创建良好环境以确保G20的成功》的会议报告。在首届G20峰会召开之前，该中心就一直在探索领导人层面G20的可行性，并在相关课题[②]中扮演重要角色。

加拿大国际治理创新中心[③]是一家位于加拿大滑铁卢、专注于全球治理研究（包括G20相关事项）的智库。该智库发布了一系列有关G20的报告、论文和文章，例如：Barry Carin、Gordon Smith、Paul Heinbecker与Ramesh Thakur（2010）合著的《如何使G20峰会发挥作用：提高有效性及合法性的若干建议》，由Max Brem（2011）主编的报告《对G20的建议：戛纳峰会及未来》，该智库2012年发布的《对G20的展望：洛斯卡沃斯峰会及未来》以及由D. Lombardi（2013）编辑出版的《G20的优先事项：彼得堡峰会及未来》。

查塔姆研究所（又称“皇家国际事务研究所”）[④]成立于1920年，其愿景是成为一家世界领先的智库，就“为全人类建立一个繁

① 全球研究中心（The Centre for Global Studies）的官方网站是www.globalcentres.org。

② 有关该课题的信息详见网站www.l20.org。

③ 加拿大国际治理创新中心（The Centre for International Governance Innovation）的官方网站是www.cigionline.org。

④ 查塔姆研究所（Chatham House）的官方网站为www.chathamhouse.org。

荣而又安全的世界”进行独立分析和深度讨论，并提供有影响力的观点（Chatham House，2012）。该研究所已就G20及其相关问题举办了一系列研讨会，并发布了很多权威论文和著述。例如，2009年G20伦敦峰会之前发布的《有关伦敦峰会的新想法：对G20领导人的若干建议》和2011年由Paola Subacchi和Stephen Pickford 合著的工作论文《G20的合法性与有效性：全球经济治理的动态方法》。在发表文章的同时，查塔姆研究所还启动了一个新课题，该课题的研究成果由Paola Subacchi与David Vines合作编辑并以《牛津经济政策评论》特刊的形式发表，题为《应对复杂性：全球经济的相互依赖与国际政策》①。

马德里俱乐部（Club de Madrid）②是世界上最大的前政要组织，其成员包括来自60多个国家的90多位③前国家元首和政府首脑，其宗旨是“处理民主领导及治理问题，并恰当地应对危机及危机后的局势”。该俱乐部同2010年G20首尔峰会和2011年G20戛纳峰会的东道国政府都有所沟通。在G20首尔峰会举办前夕，该俱乐部向韩国政府提交了一份题为《G20在后危机世界中的作用：最终报告》（Club de Madrid，2010）的报告。2011年戛纳峰会前夕，马德里俱乐部会见了G20协调人、学者及其他专家，并向时任法国总统萨科齐提交了两份政策简报以及一份有关粮食安全、发展创新性融资与能源等三个方面的议题建议报告。2011年9月9日，马德里俱乐部成员与时任法国总统萨科齐在爱丽舍宫共进工作午餐并讨论了上述建议。马德里俱乐部的2011年最终报告包括19项建议，并在G20戛纳峰会上发布（Club de Madrid，2011）。2012年4月30日，马德里俱乐部在墨西哥

---

① 详见www.chathamhouse.org/research/economics/current-projects/g20-and-global-economic-governance。

② 详见官方网站：www.clubmadrid.org/en

③ 该数字已经根据马德里俱乐部的官方网站更新——译者注。

举行了一场关于“后危机世界和绿色增长”的圆桌会议，会议围绕资源与人口增长、绿色城市、税收与化石燃料补贴等议题展开了讨论。2013年10月31日，马德里俱乐部召开了主题为“就业与包容性增长”的年度会议。

2012年，美国外交关系协会（Council on Foreign Relations，简称CFR，又译“美国外交协会”或“美国外交关系理事会”）启动了一个项目，该项目汇集了来自20多个国家（包括大多数的G20成员）的众多外交政策研究机构（详见表10.1），又称为“协会的协会（Council of Councils）”，其宗旨是为全球治理问题提供一个平台。这个新成立的协会于2012年3月12～13日在华盛顿召开了首次会议，重点讨论了全球治理与多边合作的现状、核不扩散条约、作为世界储备货币的美元以及人道主义干预标准等议题（CFR，2012b）。

表10.1　“协会的协会”成员表

国家	机构名称	
	中文机构名称	英文机构名称
澳大利亚	洛伊国际政策研究所	Lowy Institute for International Policy
比利时	欧洲政策研究中心	Center for European Policy Studies（CEPS）
巴西	图利奥·巴尔加斯基金会	Getulio Vargas Foundation（FGV）
加拿大	加拿大国际治理创新中心	Centre for International Governance Innovation（CIGI）
中国	上海国际问题研究院	Shanghai Institutes for International Studies
埃及	埃及金字塔政治和战略研究中心	Al-Ahram Center for Political and Strategic Studies
法国	法国国际关系研究所	French Institute of International Relations（IFRI）
德国	德国国际政治和安全事务研究所	German Institute for International and Security Affairs（SWP）
印度	印度观察家研究基金会	Observer Research Foundation（ORF）
印度尼西亚	战略与国际问题研究中心	Centre for Strategic and International Studies（CSIS）

续表

国家	机构名称	
	中文机构名称	英文机构名称
以色列	国家安全研究所	Institute for National Security Studies（INSS）
意大利	意大利国际事务研究所	Institute of International Affairs（IAI）
日本	言论NPO	Genron NPO
墨西哥	墨西哥外交关系协会	Mexican Council on Foreign Relations（COMEXI）
尼日利亚	尼日利亚国际事务研究所	Nigerian Institute of International Affairs（NIIA）
波兰	波兰国际事务研究所	Polish Institute of International Affairs（PISM）
俄罗斯	俄罗斯现代发展研究所	Institute of Contemporary Development（INSOR）
新加坡	南洋理工大学拉惹勒南国际关系学院	S. Rajaratnam School of International Studies（RSIS）
南非	南非国际事务研究所	South African Institute of International Affairs（SAIIA）
韩国	韩国东亚研究院	East Asia Institute（EAI）
土耳其	土耳其全球关系论坛	Global Relations Forum（GIF）
英国	查塔姆研究所（英国皇家国际事务研究所）	Chatham House（The Royal Institute of International Affairs）
英国	国际战略研究所	International Institute for Strategic Studies（IISS）
美国	美国外交关系协会	Council on Foreign Relations
阿根廷	阿根廷国际关系理事会	Argentine Council for International Relations（CARI）
中国	北京大学国际战略研究所	Institute of International and Strategic Studies
日本	日本重建倡议基金会	Rebuild Japan Initiative Foundation
俄罗斯	外交与国防政策委员会	Council on Foreign and Defense Policy
沙特阿拉伯	海湾研究中心	Gulf Research Center（GRC）

资料来源："协会的协会"官方网站，https://www.cfr.org/councilofcouncils/roster.html。

弗里德里希·艾伯特基金会（Friedrich-Ebert-Stiftung，简称

FES）是德国的一家非营利性基金会，其秉承社会民主的核心理念与价值观，致力于教育、研究与国际合作来推动公共政策问题的解决（FES，2012）。该基金会总部位于波恩和柏林，并在德国设有区域分支机构，同时在大约90个国家设有办事处①。该基金会定期举行与G20相关的研讨会并发表著述，例如，Detlef J. Kotte（2011）所写的《危机过后两年的G20：回归正常了么？》。

多伦多大学全球治理研究中心下面分别有专注于G8、G20和金砖国家的研究中心。其中，多伦多大学G8研究中心②成立于1987年，同时兼顾着对G7的研究。该研究团队的宗旨是“成为全世界有关G8成员国、机构设置及议题等方面研究的领先独立机构”（G8 Information Centre，2012）。自1999年以来，G8研究团队的工作就开始将与G20相关的活动纳入进来。而在2008年年初，独立的G20 研究团队成立，并与G8研究团队并存。经过多年的发展，这两个研究中心的成员和业务范围都有所扩大，并且参与者的国际化程度与专业水平都有所提高，已经为包括学术界、新闻媒体工作者、商业人士及政府官员、研究人员与学生在内的对G7、G8与G20感兴趣的人搭建了平台。研究团队的业务包括分析研究、学术研讨会及论坛、教学、著述出版以及由多伦多大学图书馆管理的G8和G20信息中心网站。G8和G20研究中心的G8信息中心③和G20信息中心④是G7/G8/G20峰会文件、部长级会议文件以及其他相关文件的永久且权威的综合储存库。这些文件可追溯到峰会成立之初，还包括历届峰会及峰会资料的链接、学术出版物、研究团队成员的分析研究、研讨会与会议文件、相关研究与著述的信息、对多伦多大学G8和G20研究文献

① 该基金会在北京和上海分别设有中国办事处——译者注。

② 其成立时间与1988年G7多伦多峰会的召开时间接近。

③ 详见官方网站www.g8.utoronto.ca。

④ 详见官方网站www.g20.utoronto.ca。

在线赞助信息，以及与G7/G8/G20体系有关的政府、国际组织和民间社会网站的链接。其中一个相关的项目是金砖国家信息中心，它的网站是www.brics.utoronto.ca。

多伦多大学蒙克全球事务学院、Stratford数字媒体研究院与Open Text公司（三者均为加拿大机构）联合发起了“全球峰会项目”。该项目的目标是基于来自主要多边组织和会议的权威文件，创建一个在线图书馆，并通过“全球报告”追踪并分析各峰会之间官员们的日程设置。这名为“Digital 20”的在线图书馆收录了经过筛选的G20相关出版物、文件、博客和其他信息（Munk，2012）。

海因里希·伯尔基金会[①]（Heinrich-Böll-Stiftung，也称德国伯尔基金会）是一个关注民间社会、民主、平等和环境的非营利性基金会，总部位于柏林，并在很多国家设有办事处。该基金会的华盛顿办事处每月出版一期名为《G20 Update》[②]的时事通讯，其主要信息来源为G20峰会、下设机构团体会议以及民间社会发布的相关文件等。《G20 Update》是“伯尔G20计划”（Böll’s G20 Program）的主要成果，该计划还发表详细的政策报告，如Alexander和Riggs（2012）撰写的报告[③]。该基金会还维护着几个数据库，例如“G20 Dossier”和“G20 Fundamentals”与“B20 Dossier”等。其中，“G20 Dossier”和“G20 Fundamentals”收录了有关伯尔基金会自身、民间社会的相关研究及文章以及G20官方文件的链接；“B20 Dossier”主要是收录有关工商业的信息与分析，尤其是二十国集团工商峰会（B20）、国际商会与世界经济论坛等（HBS，2012b、2012c、2012a）。

互动委员会（InterAction Council）[④]成立于1983年，其成员由约

---

① 其官方网站为www.boell.org。

② 现已更名为《G20和金砖国家进展》，详见http://us.boell.org/product-series/g20-and-brics-update——译者注。

③ The G20: Playing Outside the Big Tent: Implications for Rio+20。

④ 详见http://interactioncouncil.org。

30名前国家元首和政府首脑组成，并且每年召开全体会议并发布有关和平与安全、世界经济复苏及全球治理标准的建议。该组织成立了高级专家组，其研究领域包括安全议题、水资源、金融市场及世界宗教等领域。早些时候，该组织会将一些建议提交给G7和G8领导人；近些年来，该组织的年度报告偶尔也会涉及G20。例如，该组织在其2011年全体会议的最终公告中指出："尽管G20国家间的协调阻止了衰退，但金融危机尚未结束"。该公告同时支持各国履行2009年G20匹兹堡峰会达成的协议（Interaction Council，2011）。

彼得森国际经济研究所[①]（Peterson Institute for International Economics，简称PIIE）是一家知名的非营利性研究机构，其主要研究领域为国际经济政策（也包括G7/G8/G20相关议题）。该机构出版的有关G20的著述包括：由Edwin M. Truman撰写的并于G20戛纳峰会发表的题为《一份有关G20落实国际货币体系改革的评估报告》的政策简报，该研究所主任C. Fred Bergsten于2011年10月20日在美国参议院听证会上的发言稿《G20行动计划》，Truman于2012年4月12日在《外交政策》杂志上发表的文章《 G20正在失败》，Luiz Awazu Pereira da Silva于2013年4月在一次国际会议上的演讲《在G20框架下：从货币战争到政策和平》。

斯坦利基金会[②]（Stanley Foundation）是一家成立于1956年的非营利性基金会。该基金会关注的重点包括多边主义、基于规则的国际体系、和平与安全，及其他全球性挑战，其中也包括G8和G20。2012年9月13–15日，斯坦利基金会同上海国际问题研究院、蒙克全球事务学院"全球峰会项目"（见上文）、韩国发展研究所及其他组织共同举办的第三次国际学术研讨会，在会上斯坦利基金会发表总结文章《G20中的亚太领导力：变动中的联盟和潜在集团》

① 其官方网站为www.piie.com。

② 其官方网站为：www.stanleyfoundation.org。

（Stanley Foundation，2012）。2013年，该基金会发布了由Sophia Murray撰写的一篇题为《G20与粮食安全：什么是正确的议程？》的政策分析简报。

其他民间社会组织的研究与政策文件

除了智库[①]，一些非政府组织或其他民间社会组织也发表了很多与G20相关的著述，下面仅列举其中一部分。

- 飞鸟基金会（IBON International）的P.Quintos撰写的《G20议程中缺失了什么？纾缓公平、正义与可持续发展的结构性失衡》，2010年10月8日；
- 乐施会发布的题为《首尔发展共识的形成：G20发展议程的本质》的简报，2010年10月11日；
- 乐施会发布的题为《G20留下了什么？不平等与环境退化的威胁如何使贫困人口排除在经济增长的福利之外》的简报，2012年1月19日；
- G20研究中心发布的《2011年G20戛纳峰会承诺履行评估报告：从2012年11月4日至2012年6月1日》，2012年6月16日；
- “全球金融新规则联盟”发布的《G20进程的承诺：提高透明度和问责的前景》，2012年6月18日；
- J. Ruthrauff 和R. Lovelace在伯尔基金会主办的时事通讯月刊《G20 Update》上发表的文章《一个成功的G20轮值主席国所应具备的条件：基于民间社会组织的视角》，2012年12月14日；

① 它是广义民间社会的一部分。

- 由伦敦海外发展研究院的D.W. Te Velde主编的，向G20发展承诺问责机制工作组提交的题为《G20在促进发展中作用问责与有效性：分析、观点、参考书目与研讨会报告》的报告，2012年10月3日；
- 由宗教领袖联合协调委员会向G8和G20峰会提交的《向G8和G20峰会提交的宗教领袖公报》，2012年；
- InterAction在俄罗斯圣彼得堡发布的《向2013年G20峰会提交的若干建议》，2013年1月。

工商团体

正如第五章所讨论的，代表商业利益的工商团体也在积极参与同G20的对话等活动，这一点也可以从他们的出版物中略窥一二，下面是一些例子。

在G20戛纳峰会前，国际商会出版了一本小册子，介绍了该组织与G20之间的关系，以及该组织与其他工商团体和民间社会组织的关系，并介绍了华盛顿、伦敦、匹兹堡、多伦多和首尔峰会。同时，它还对戛纳峰会的前景进行了展望，并讨论了G20的议程及其决策过程（Kassam，2011）。国际商会还用“G20工商业评分表”（2012）对G20的表现进行评估。2013年，国际商会发布了一篇题为《圣彼得堡二十国集团工商峰会》的报告，该报告总结了当年六月份举行的二十国集团工商峰会的成果。

二十国集团工商峰会（B20）是一个有影响力的营利性工商团体。自2010年6月以来，B20连续在G20峰会期间举行平行峰会。B20具有与G20领导人及官员优先接触的特权，并对G20的宣言和决定有相当大的影响力。2012年，B20发布的《二十国集团工商峰会专题组的若干建议：最终报告》就是例证（B20，2012b）。

世界经济论坛是一个极具影响力的、排他的营利性工商团体[①]。其关注的议题涉及全球治理的所有方面，包括G8与G20。世界经济论坛已经成为G8和G20领导人首次公开即将举行的峰会议程的首选场所。2012年6月，世界经济论坛发布了题为《欧元、美元、人民币的不确定性：有关国际货币体系的未来的可能情景》的报告，这是“世界情景”系列报告的一部分。

回忆录

G20各成员国的前领导人、前部长及其他官员的回忆录也是获取内部信息和个人观点的有用来源。例如，加拿大前总理、前财政部长马丁先生在2008年出版了回忆录《赴汤蹈火：我的政治生涯》[②]，他从财长和央行行长会议以及峰会的两个维度介绍了G20的前身与创立过程。前英国首相布朗在其2010年出版的《超越崩溃：战胜首个全球化危机》[③]一书中，透露了领导人晚宴和工作会议的细节，并描述了与会者之间的互动及意见的分歧与统一。此外，前英国首相布莱尔在2010年出版的回忆录《旅程：布莱尔回忆录》[④]中也提供了许多有用的信息。与此相反，前任美国总统小布什在其《抉择时刻》（*Decision Points*）一书中却很少谈及G20，尽管首届G20峰会是于

① 根据世界经济论坛的官方网站，世界经济论坛是一个非营利性基金会，但本书作者在英文原版中将其视为一个营利性工商团体——译者注。

② 该回忆录的英文书名为《*Hell or High Water*：*My Life in and out of Politics*》。

③ 该书的英文名称为《*Beyond the Crash: Overcoming the first crisis of globalization*》。

④ 该回忆录的英文书名为《*A Journey*：*My Political Life*》。

2008年在美国华盛顿召开的。

而其他各国现任或前领导人也经常透露一些在他们任期内有关G20峰会的细节，尤其是东道国的领导人，如法国的萨科齐、德国的默克尔（可能在其任期结束后）、俄罗斯的普京、加拿大的史蒂芬·哈珀和其他政治领导人等。

有关各成员国及地区在G20中的作用的著述

近年来，有关个别成员国及地区在G20中的作用与地位的著作如雨后春笋般出现。下面的一些例子涵盖了大多数G20国家：

- A. Acharya发表在《国际事务》杂志上的文章《亚洲可以引领世界吗？21世纪的全球治理与雄心壮志》，2011年7月，第87期，851～869页；
- 海因里希·伯尔基金会纽约办事处的N. Alexander撰写的文章《G20、拉丁美洲与区域一体化的未来》，2011年7月；
- P. Bowles撰写的文章《东盟与G8：潜在的合作伙伴还是陌路人？》，收录于由A.F. Cooper和A. Antkiewicz编辑的《全球治理中的新兴力量：基于海利根达姆进程的经验》一书中，该书由威尔弗里德·劳里尔大学出版社和加拿大国际治理创新中心联合出版，2008年，213～231页；
- 洛伊国际政策研究所的M. Callaghan撰写的报告《为G20布里斯班峰会撰写的手册》，2013年；
- 上海国际问题研究院的陈东晓撰写的《建设合作共进的共同体：面向2020年的中国亚洲战略》，2008年；
- Chin，G.T.撰写的《中国参与G8的演变进程：全球治理改革中的复杂利益与多重身份》，收录于由A.F. Cooper和A. Antkiewicz编辑的《全球治理中的新兴力量：基于海利根达姆进程的经验》一书中，该书由威尔弗里德·劳里尔大学出版社和加拿大国际治理创新中心联合出版，2008年，83～113页；

- G. Chin在英国皇家国际关系研究所主办的《外交关系研究（特刊）》（该特刊的主题为“G8与G20的未来”）上发表的文章《G20中的新兴经济体与中国：重塑全球经济治理》，2010年，第63卷第2期，105～123页；
- P. Debaere在英国皇家国际关系研究所主办的《外交关系研究（特刊）》（该特刊的主题为“G8与G20的未来”）上发表的文章《欧洲在G20中的代表权：基于付出与回报的视角》，2010年，第63卷第2期，141～154页；
- 法德关系研究委员会的K. Gnath和C. Schmucker撰写的《德国与“G”俱乐部》（德语：Deutschland und die G-Clubs），2011年；
- Y.P. Hermawan、W. Sriyuliani、G.H. Hardjowijonoh和S. Tanaga联合撰写的《印度尼西亚在G20中的作用：印尼成员国资格的背景、角色与目标》，这是弗里德里希·艾伯特基金会印尼办事处与万隆大学国际关系学院合作的“G20研究项目”的课题成果，2011年5月；
- W. Huang撰写的《G20框架下的全球治理：基于中国视角》，收录于康拉德·阿登纳基金会的W. Hofmeister和S. Vogt主编的《G20：有关全球治理的观点与展望》，2011年，41～49页；
- 布鲁日欧洲学院的J. Huigens和A. Niemann在《欧盟外交》杂志上发表的文章《G8中的欧盟：一个含糊不清与有争议的角色》，2009年第5期；

- M. Larionova在英国皇家国际关系研究所主办的《外交关系研究（特刊）》（该特刊的主题为“G8与G20的未来”）上发表的文章《对俄罗斯而言G8好还是G20好？显然，两个都好！》，2010年，第63卷第2期，81～90页；
- D.H. Lee在伦多大学蒙克全球事务学院所做的演讲《韩国外交中的G20》，2009年11月6日；
- D. Lesage和Y. Kaçar在英国皇家国际关系研究所主办的《外交关系研究（特刊）》（该特刊的主题为“G8与G20的未来”）上发表的文章《土耳其在G20中的作用：新兴经济体、中间人与桥梁》，2010年，第63卷第2期，125～140页；
- M.A.D.T. Lins和P. Silva撰写的《巴西与G20：在“新”新兴经济体中的发展战略与实力》，收录于康拉德·阿登纳基金会的W. Hofmeister和S. Vogt主编的《G20：有关全球治理的观点与展望》，2011年，21～30页；
- 法国文献出版社出版的由C. Persini编辑的《G20：法国作为轮值主席国的挑战》，2011年5月；
- B. Vickers撰写的《南非：全球改良主义、全球种族隔离与海利根达姆进程》，收录于由A.F. Cooper和A. Antkiewicz编辑的《全球治理中的新兴力量：基于海利根达姆进程的经验》一书中，该书由威尔弗里德·劳里尔大学出版社和加拿大国际治理创新中心联合出版，2008年，163～191页；
- T. Wright在英国皇家国际关系研究所主办的《外交关系研究（特刊）》（该特刊的主题为“G8与G20的未来”）上发表的文章《美国与G20》，2010年，第63卷第2期，71～79页。

2009年4月，由加拿大国际治理创新中心和布鲁金斯学会联合发起的NPGL（National Perspectives on Global Leadership）项目正式启动。其目标是通过为G20与G20新兴经济体背后的行为体之间建立持久的对话机制与密切联系，促进“全球指导委员会”这一想法成为现实。在Colin Bradford的领导下，该项目与十多个G20国家的高端智库合作，以了解各国公众对其领导人在峰会上表现看法。它们的发现以简短的解释性评论的形式在网上发布，其统一的名称为“NPGL Soundings”（CIGI，2012A））。该项目的合作者还包括中欧大学政策研究中心、巴西国际关系中心、总部位于阿根廷的拉丁美洲社会科学学院、德国发展研究所、法国国际关系研究院、萨班奇大学伊斯坦布尔政策中心、墨西哥外交关系协会、清华大学公共管理学院、南非国际事务研究所、维多利亚大学全球研究中心布鲁金斯研究所、伦敦经济学院全球治理研究中心。

截至2013年上半年，“NPGL Soudings”系列报告涵盖的G8和G20峰会（有些包含不止一个峰会）包括：伦敦（G20）、拉奎拉（G8）、匹兹堡（G20）、马斯科卡（G8）、多伦多（G20）、首尔（G20）、戛纳（G20）和洛斯卡沃斯（G20）。例如，在洛斯卡沃斯后发布的这一期报告中，专家调查并分析了以下G20国家，包括阿根廷、澳大利亚、巴西、加拿大、中国、德国、印尼、日本、墨西哥、南非、英国和美国（CIGI，2012b）。每一期报告均包含了一个综述。

有关G7、G8和G20的学位论文

与G7、G8和G20相关的主题激发了学术创作，很多硕士和博士都选择围绕这些问题写作他们的学位论文。下面是一些已经完成的例子，还有更多的论文尚在写作过程中：

- Andrew. Baker，《1990年代G7合作的政治：全球金融、宏观经济政策与多边外交》，博士学位论文，阿尔斯特大学，2000年；

- E. Böhm，《西方世界的安全：G7峰会的功能与进展》，博士学位论文，马尔堡菲利普大学，2013年；
- Alexandre T. Gingras，《先发制人的和平：21世纪的集体安全与流氓国家》，硕士学位论文，乌普萨拉大学和平与冲突研究部，2010年；
- Ella. Kokotsis，《G7在环境与发展方面承诺的国别履约情况：1988～1995》，博士学位论文，多伦多大学，1998年；
- 李世财，《全球治理视野下的G20研究》，博士学位论文，上海社科院，2011年；
- Victoria. Panova，《G8及其在冲突管理中的作用：1991–2004》，博士学位论文，莫斯科国立国际关系学院，2005年；
- Amandine. Scherrer，《G8对国际有组织犯罪行为的规范性行动（1989～2005）》，博士学位论文，巴黎政治学院，2007年；
- 徐婷，《全球气候治理中的非正式国际机制研究》，博士学位论文，上海外国语大学，2010年。

有关G8和G20峰会的创意作品

G8和G20峰会为文学作品（如书籍、戏剧和电影等）、艺术展览和其他作品的创作带来了一些灵感，而这些作品或多或少都与峰会有着直接或间接的联系。

- 2005年，英国编剧Richard Curtis的电影《咖啡馆里的女孩》（Girl in the Cafe）上映。该影片以半虚构的方式描绘了2005年G8格伦伊格尔斯峰会，其中让电影出彩的地方包括对非政府机构倡议和爱情情节的描述。不过在影片中，峰会的举办地改成了冰岛首都雷克雅维克。

- 1998年，英国前外交部长Douglas. Hurd发布了小说《*The Shape of Ice*》，该书由利特尔&布朗图书集团出版。故事发生在一个虚构的英国首相的任期之内，同时还虚构了该首相在G8哈利法克斯峰会中的角色（事实上，在哈利法克斯举办过的唯一一次“G”峰会是1995年的G7峰会）。
- 2011年，法国雕塑家Lanrence Jenkell举办了一场题为“Parcours：sculptures en Coeur de Cannes”的雕塑展，该展览混合了流行艺术和新现实主义，由一系列约2米高的、色彩丰富的大型独立雕塑构成，雕塑像糖果一样被包括欧盟在内的每一个G20成员国和受邀国的国旗图像包裹着。其中，受邀国包括阿拉伯联合酋长国、西班牙、埃塞俄比亚、赤道几内亚和新加坡。
- 2006年，Ian. Rankin写的小说《*The Naming of the Dead*》由猎户星出版集团出版的，是一部以格伦伊格尔斯峰会为背景的谋杀悬疑小说。
- 2011年，Tommy. Taylor的戏剧《*You Should Have Stayed Home*》上映，这是一部以G20多伦多峰会街头抗议为主题的戏剧。该剧改编自一位曾经在多伦多峰会期间被逮捕的剧作家，在Facebook上发布的题为《在加拿大G20多伦多峰会期间，我是如何被逮捕和虐待的》的笔记。
- 2013年，由Daniele Vicari导演的影片《Diaz: Don’t Clean Up This Blood》，该作品一部有关2001年G8热那亚峰会抗议活动的电影。

有关G7、G8与G20的网站与网页内容

自1995年G7哈利法克斯峰会以来，G7峰会的东道国都会创建自己的官方网站；G20财长和央行行长会议自1999年以来也有自己的网站，这一做法也延续到后来的G20峰会。而直到2002年，独立的财长和央行行长会议网站才被纳入了G20峰会东道国的官方网站。

一些国际政府组织、非G20成员国政府、智库、民间社会团体和工商团体都有与G20相关的专用网站，或其他反映G20信息、学术文章、分析或倡议的网站。在第四章（国际政府组织）、第五章（工商团体）和第六章（民间社会组织）中已经引用了这些网站上的许多例子。下面再给出一些其他例子。

俄罗斯G8/G20民间社会—非政府组织网站（www.g20civil.com），不仅包含了G8/G20和金砖国家的民间社会组织的新闻报道，而且还有文件、活动和大量其他信息的链接。

G8/G20全球工作组是一个致力于为G8和G20峰会提供建议的民间社会组织国际联盟。在2012年2月22～24日期间，该工作组发布了《向墨西哥政府提交的民间社会组织声明》，该报告可以在墨西哥政府的G20官方网站上看到。

InterAction（www.interaction.org）是一个美国民间社会倡议伞形组织，其网站上有大量关于G8/G20的内容。自2005年以来，该组织几乎每年都围绕着G8和G20的议题准备政策简报和政策文件。其中一个例子是，该组织于2012年2月在G20洛斯卡沃斯峰会期间发布了《向墨西哥洛斯卡沃斯峰会提交的若干建议》。

IMF官方网站上也有与G20相关的网页（www.imf.org/external/np/g20），其内容包含了G20峰会、财长和央行行长会议的主要文件，以及IMF的相关活动和文件的链接。此外，链接的文件还包括IMF负

责人对峰会的评论、IMF员工撰写的相互评估进程报告以及为历届G20峰会准备的对全球经济前景展望的报告等。

主要经济体能源与气候论坛（www.majoreconomiesforum.org）于2009年3月由美国发起创立，旨在促进发达国家和发展中国家之间的对话，并激发他们对能源和气候问题的政治领导力。该网站提供了有关会议和其他信息的链接。

“全球金融新规则联盟”（www.new-rules.org）是一个专注于研究各类国际金融事项及国际组织相关问题的民间社会组织。该组织的研究成果之一是2012年发布的《金融稳定理事会：正在打开的黑盒子》。

OECD的官方网站上也有关于G20的网页（www.oecd.org/G20），致力宣传OECD与G20的关系及其对G20的贡献。该网页包含了一份有关OECD-G20关系的简要历史，以及包括为G20峰会准备的报告、其他相关报告、发言稿、文章和其他信息的链接。

阿拉伯联合酋长国是戛纳峰会邀请的非G20成员国之一，其代表的是海湾合作委员会。该国于2011年创建了其自己的G20官方网站（www.uaeg20.ae/en/home），网站上有许多的G20信息，并强调了阿联酋在其中的作用。然而自峰会结束之后，该网站就再也没有更新。

社交媒体

近年来，随着社交媒体的普及，G20峰会的官方网站也开始使用并链接到社交媒体上。2012年，墨西哥G20峰会的官网网址（www.g20mexico.org/index.php/en）已经被链接到Facebook、Twitter、

YouTube和Soundcloud等社交媒体上。根据2012年 6月29日当天的调查，G20轮值主席国墨西哥政府的官方Facebook页面（www.facebook.com/G20Mexico）已经链接到YouTube上，其中部分新闻已经链接至路透社这样的新闻平台上。在Facebook上，用西班牙语发布的消息（包括“粉丝”的评论）要远多于用英语发布的消息。许多消息仅包括一个标题和一张图片（所有内容加起来也就几十张图片），而没有更多的信息，甚至相关页面的说明也很少。媒体与“粉丝”的互动形式主要是“粉丝”对某张图片或某个标题“点赞”，而不是发起讨论或发布附加信息以及链接。截至2012年6月29日，“点赞”人数不超过2000人。

尽管墨西哥G20峰会的官方Twitter页面发送的推文几乎都是西班牙语，但是仍有超过9000名关注者（这是个令人敬佩的数字），其中许多推文提供了YouTube或商业新闻网站的链接。在墨西哥G20峰会的官方Twitter 页面上，除了在侧边栏有经过挑选的G20相关文件和新闻稿的链接，再也没有其他内容。

墨西哥G20峰会在社交媒体Flickr上的专题网页（www.flickr.com/photos/g20mexico）上有超过100组大约1000张西班牙语描述的照片。该网页对过去六个月内发生的事件进行了全面的报道。对于每一个关注者来讲，这种形式是对网站的被动使用而非积极的传播。关注者没有在网页上发表任何评论，这一点也可反映出该网站传播的被动性。

墨西哥G20峰会在YouTube上的官方网页（www.youtube.com/g20mexico）共有97个订阅，播放量超过22300次。每一个视频或短片都播放了数百次，这是一个不错的成绩。视频的时长从几分钟到一个多小时不等。其中，最长的一段是在峰会前拍摄的 “重新思考G20” 该视频包括三个部分。同样，在YouTube网站上有关G20的评论也很少。

此外，在线音频发布平台SoudCloud（http://soundcloud.com/g20mexico）上有17个有关G20演讲，其中一些演讲被播放和下载过多次。

总体而言，G20峰会东道国墨西哥政府没有完全发挥出社交媒体的潜力，从而实现通过真正的对话来接触民间社会和普通民众的目的。因此，如果未来的峰会东道国能够更加有效地利用这些新媒体，那将是大有益处的。

小 结

尽管G20峰会、部长级会议和其他下设机构团体所发布的公开文件是公众获取信息的主要来源，但也必须要有其他重要信息来源做补充，包括关注G20的智库、非政府组织与工商团体、重要G20参与者的回忆录、有关G20成员国与地区的文章、网站与社交媒体以及学术论文与学位论文等。同时，一些以G7、G8及G20为背景或题材的电影、戏剧、书籍与著作通过创造性的镜头也会给我们提供一种新视角。为了对G20的背景及其活动有一个更加全面的了解，我们必须将所有这些信息来源纳入到研究工作中。

结语

G20是一个讨论交流、政策辩论、政治倡议与决策的多边论坛，它既有最高级别的领导人峰会，也有更为技术层面的部长级会议和工作组会议。无论是财长和央行行长层面的G20（1999），还是领导人层面的G20（2008），都是在现有机构无法充分应对经济与金融危机问题时应运而生的。G20汇集了来自全球各区域的系统重要性发达国家和新兴经济体，这一集团的生产总值占全球的80%以上，贸易量和人口分别占全球的四分之三与三分之二。同由西方发达国家组成的G7相比，G20平等地囊括了发达经济体与主要新兴经济体，这意味着全球的权力重心已经开始由发达国家转向新兴经济体。

G20是一个非正式组织，也是一个相对非官僚的机构。不像其他正式的、机构设置完备的国际政府组织，G20并不是依据宪章而成立的，且没有常设秘书处。在2009年G20匹兹堡峰会上，与会的各国领导人宣布G20将成为“国际经济合作的首要平台”。尽管G20的成员国组成自1999年在部长级会议层面成立以来就从未变过——这一点与它的姊妹机构G7不太一样，G20的成员国资格因其代表性和有效性的辩证关系而始终是一个富有争议的话题。然而，G20已经由一个临时性的机构转变成为一个更为永久性的机构，其议程也由最初专注于经济与金融议题逐步扩展到发展、粮食安全、气候、反腐败及其他议题。值得指出的是，G20的议程始终保持着连续性与创新性。

领导人峰会是G20的最高级别会议，但它是由一系列附属会议或论坛所支撑的。作为不断演进的、更为广泛的G20体系的第一个组成部分，G20财长和央行行长会议（由G8领导人所创立）的召开比首届G20峰会早了将近十年，并至今与G20峰会同步举行。自G20峰会成立以来，其他的部长级会议、工作组会议以及下设机构团体也越来越多，例如，金融稳定理事会就是特别重要的一员。其中，一些机构会定期举行会议，而其他机构的会议则是临时召开的，甚至一些机构在完成任务后会停止活动或直接消失。在实际工作中，那些下设机构团体可能会变成G20的重要组成部分，在具体问题和任务上，他们与领导人的个人代表（协调人）都是支持与补充领导人工作必不可少的力量。

无论多重要，G20体系都不能代表全球治理的全部，它需要同各种各样的其他行为体建立强有效的联系，这些行为体包括非成员国、国际政府组织、工商团体和民间社会等。这种联系是必要的，且对各方而言也是互惠互利的。非成员国、国际政府组织及其他机构，经常参与G20峰会、部长级会议和工作组会议，并利用这些机会做出或多或少的贡献。

在各类国际政府组织中，布雷顿森林机构——尤其是IMF与世界银行，在G20体系中享有一定的特权：他们有资格出席G20峰会、部长级会议和各类工作组会议，并同其他国际政府组织（特别是联合国、OECD、国际清算银行及其巴塞尔委员会）为G20提供研究分析、政策建议和绩效评估，从而提高G20的合法性。国际政府组织，特别是联合国，为那些不被代表的国家的声音能够传递到G20提供了一个渠道。就G20本身而言，一种共识的达成意味着最高层次的政治支持，有助于促进国际政府组织的进步。G20还可以为国际政府组织提供新的资源，例如IMF的新增注资。此外，信息共享是促进G20与国际政府组织共同进步的另一途径。

类似地，G20与工商团体之间的关系对双方而言也是互利的，如世界经济论坛、国际商会、二十国集团工商峰会、青年企业家联盟和私人慈善基金等这些强大的工商团体对G20而言至关重要，他们一直在利用其号召力有策略地对G20施加影响。

G20与非营利性民间社会组织的关系更为复杂。民间社会组织——包括非政府组织、联盟和运动团体、智库、学术机构及其他组织——的多样性意味着其活动的广泛性，包括咨询、监督与评估、研究报告与政策文件的写作、请愿活动的准备、临时的平行峰会以及街头游行示威等。这种互动的成功有赖于多种因素：包括特定的民间社会组织与G20各国政府互动的意愿、干预的时机以及相关的专业知识。民间社会与G20的关系为双方带来了一定的共同利益，但民间社会对G20的潜在影响力尚未得到充分发挥（尽管有个别显著的例外）。

对G20绩效的监督与评估是问责的一个重要方面，同样的，民间社会组织、国际政府组织和工商团体也使用各种方法积极参与其中。G20也更多地参与到对自身绩效的监督与评估的工作中，以兑现其承诺——“二十国集团相互评估进程”是评估工作的重要进展，IMF和其他国际政府组织的一系列报告也为该进程的发展做出了贡献。G20的问责报告在峰会中已常规化。由民间社会团体、工商团体、国际政府组织和G20自身所采取的不同绩效评估方法各有优劣，但其共同点是，都将有助于加强对G20的问责。评估工作进展良好，但许多工作仍待完善。

自从G7/G8和G20成立以来，有关改革、完善、取代或废除这些平台的努力就从未间断过。改革建议和改革方案涉及的范围和形式多样，一些改革方案关注的重点是G7/G8和G20的成员国构成问题，其建议包括增加、减少或更换成员国。另一些方案的关注重点则是制度性改革，包括是否以及如何建立一个秘书处、扩展或压缩G20

议程、是否有必要将G20从一个“危机委员会”转变成一个“指导委员会”。G20与G7/G8、国际政府组织、工商团体、民间社会组织之间演进的关系，以及其他相关建议均在这些努力中发挥了重要作用。一些人预测或勾勒了G7/G8和G20可能或应该遵循的发展轨迹，这些轨迹包括：扩大G7/G8以反映不断变化的地缘政治，G7/G8与G20持续共存，G20取代G7/G8，其他组织取代G20，G20与这些组织共存，多种峰会变形——如基于待讨论的议题召集不同国家参会，“G-0”模式——即没有单一国家或国家集团能够制定全球性议程。

由G20体系发布的以及有关G20体系的公开可获得信息是专家和公众了解该论坛的最好渠道。尽管G20峰会、部长级会议和其他下设机构团体公布的文件并未充分反映出G20及其实际活动的内容和范围，但这些文件仍然是有关G20及其活动的主要信息来源。由于外交谈判的保密性或信息管理人的不作为，很多信息对公众而言依然是无法获得的。这些公开信息是G20透明度的重要组成部分，尽管G20的透明度整体上已经有所提高，但依然存在各种旧的或新的信息披露障碍——虽然公众的知情权与外交的保密性之间有不可调和的成分，但我们依然需要尽可能地清除这些障碍。

除了公开信息之外，有关G20的其他类型资料还包括：众多个人和新闻媒体对G20的记载、专注于G20研究和宣传的智库、重要G20参与者的回忆录、学术论文和学位论文、包括小说在内的创意作品、网站和社交媒体等。一定意义上，这些资料都是重要的附加材料，为了对G20及其活动有一个更全面的了解，我们需要将这些资料纳入到我们的研究中。

迄今为止，在各种机构与行为体林立的复杂的全球治理网络中，G20已充分显示了其重要的、不可或缺的地位。尽管未来还存在一些不确定性，甚至其存在形式和成员国构成都有可能发生变化，但G20依然很有可能会继续存在下去。

参考文献①
（英文部分）

书籍、报告及系列出版物

[1] Alagh, Y.K., Nathan, D., Sharma, A.N., Rustagi, P. and Shrotria, S. 2012. *The G20, the Seoul Development Consensus and India: A Report.* [With financial support from the International Labour Office through the ILO - Korea Partnership Program].

[2] Alexander, N. 2011a. *The G20, Latin America, and the Future of Regional Integration.* New York: Heinrich Böll Stiftung North America. July. boell.org/downloads/G20_Latin_America_Alexander_final_15JUN11.pdf [accessed: 21 May 2012].

[3] Alexander, N. 2011b. *The G20: 'Maestro' of the Development Finance World? Implications of the G20's Development Action Plan for Efforts to Democratize Global Governance and Achieve Sustainable Development.* New York: Heinrich Böll Stiftung North America. July. www.boell.org/downloads/G20_DAP_Alexander-2(1).pdf [accessed: 21 May 2012].

① 本参考文献列表不仅包括本书正文部分引用的文献资料，还包括有关G20（以及与G7/G8相关的）的信息资料、有关G20以及同G7/G8/G20改革相关的著述。另外，需要特别说明的是文中引用的网址和链接：由于不少网站往往在没有预告的情况下被更改或直接消失，所以无法保证文中所引用的所有网站至今尚可访问或有效。除特别说明，本参考文献列表中及整本书中引用的网址在本书写作过程中依然是可以访问的。

[4] Alexander, N. 2011c. *Introduction to the G20*. Washington, DC: Heinrich Böll Stiftung North America. June. www.boell.org/web/group_of_20–651.html [accessed: 21 May 2012].

[5] Alexander, N. 2012. *What are the pros and cons of public-private partnerships (PPPs) as a means to achieve food security, expanded infrastructure investment and green growth?* Instituto Mat í as Romero. http://portal.sre.gob.mx/educacionimr/pdf/NancyAlexander_PublicPrivatePartnerships.pdf [accessed: 14 September 2012].

[6] Alexander, N. and Caliari, A. 2013. *Commentary on the Report: 'Mapping G20 Decisions Implementation'*. Washington, DC: Heinrich Böll Stiftung. January. www.boell.org/downloads/Alexander_Caliari_Mapping_G20_Commitments.pdf [accessed: 8 February 2013].

[7] Alexander, N. and Fuhr, L. 2012. *Privatizing the Governance of 'Green Growth'*. November. www.boell.org/downloads/Alexander_Privatizing_Governance_of_Green_Growth_Version_2.pdf [accessed 23 October 2013].

[8] Alexander, N. and Riggs, P. 2012. *The G20: Playing Outside the Big Tent: Implications for Rio+20*. Washington: Heinrich Böll Stiftung North America, June. www.boell.org/downloads/Alexander_Riggs_G20BigTent.pdf [accessed: 6 August 2012].

[9] Alexandroff, A.S., (ed.) 2008a. *Can the World Be Governed? Possibilities for Effective Multilateralism*, Waterloo, Canada: Wilfrid Laurier University Press.

[10] Alexandroff, A. and Cooper, A. (eds) 2010, *Rising States, Rising Institutions: Challenges for Global Governance* Washington DC: Brookings Institution Press.

[11] Alexandroff, A., Shorr, D. and Wang, Z.B. 2010. *Leadership and the Global Governance Agenda: Three Voices*. Waterloo, Canada: Centre for International Governance Innovation; Stanley Foundation; China Institutes of Contemporary

International Relations. June. www.cigionline.org/publications/2010/6/leadership-and-global-governance-agenda-three-voices [accessed: 21 May 2012].

[12] Angeloni, I. 2011. *The Group of G20: Trials of Global Governance in Times of Crisis*. Bruegel Working Paper 2011/12. www.bruegel.org/publications/publication-detail/view/655 [accessed: 21 May 2012].

[13] Angeloni, I. and Pisani-Ferry, J. 2012. *The G20: Characters in Search of an Author*. Bruegel Working Paper 2012/04. www.bruegel.org/publications/publication-detail/publication/714-the-g20-characters-in-search-of-an-author/

[14] Antkiewicz, A., Cooper, A.F. and Shaw, T.M. 2006. *Economic Size Trumps All Else? Lessons from BRICSAM.* CIGI Working Paper, No. 12 December. Waterloo, Canada: Centre for International Governance Innovation. www.cigionline.org/sites/default/files/Paper12_Cooper_Antkiewicz_Shaw.pdf [accessed: 21 May 2012].

[15] B20 2011. *Final Report with Appendices*. Cannes: November. www.b20.fr/uploads/presse/Final-Report-with-with-appendices-B20-2011.pdf [accessed: 9 September 2012].

[16] B20 2012a. *B20 Global Business Leaders Announce their Prioritized Recommendations for Global Economic Recovery and Growth*. May. www.b20.org/documentos/comunicado-20120524%20B20%20Global%20Business%20Leaders%20Announce%20their%20Prioritized%20Recommendations%20for%20Global%20Economic%20Recovery%20and%20Growth.pdf [accessed: 9 September 2012].

[17] B20 2012b. *B20 Task Force Recommendations: Final Report.* Los Cabos: Boell, 11 May. www.boell.org/downloads/FINAL_11_May_B20_Task_Force_Recommendations.pdf [accessed: 31 August 2012].

[18] B20 2012c. *Program*. 17 - 18 June. http://b20.org/documentos/B20_Program_20120615.pdf [accessed: 9 September 2012].

[19] B20 2013a. *B20–G20 Partnership for Growth and Jobs: Recommendations from Business 20*. www.b20russia.com/B20_WhiteBook_web.pdf [accessed: 27 September 2013].

[20] B20 2013b. *From Toronto to Saint Petersburg: Assessing G20-B20 Engagement Effectiveness: Draft Report*. www.hse.ru/data/2013/06/24/1287462471/G20–B20_engagement_effectiveness_report_full.pdf [accessed: 27 September 2013].

[21] B20–L20 2011. *B20-L20 Joint Statement*. November. www.ilo.org/wcmsp5/groups/public/---dgreports/---dcomm/documents/meetingdocument/wcms_166713.pdf and www.g20.utoronto.ca/2011/2011–b20–l20–en.pdf [accessed: 27 August 2012].

[22] Baker, A. 2000b. *The Politics of G7 Co-operation in the 1990s: Global Finance, Macroeconomic Policy and Multi-dimensional Diplomacy*. DPhil dissertation. Belfast: University of Ulster.

[23] Baker, A. 2006. *The Group of Seven: Finance Ministries, Central Banks and Global Financial Governance*. New York: Routledge.

[24] Bast, E., Kretzmann, S., Krishnaswamy, S. and Romine, T. 2012. *Low-Hanging Fruit: Fossil Fuel Subsidies, Climate Finance, and Sustainable Development*. Washington: Heinrich Böll Stiftung, with Oil Change International and Natural Resources Defense Council. June. www.boell.org/downloads/LowHangingfruit.pdf [accessed: 28 November 2012].

[25] Bayne, N. 2000, *Hanging in There: The G7 and G8 Summit in Maturity and Renewal*, Ashgate: Aldershot.

[26] Bayne, N. 2001. *Concentrating the Mind: Decision-Making in the G7/G8 System*, Promoting Conflict Prevention and Human Security: What Can the G8

Do? 16 July 2006. www.g8.utoronto.ca/conferences/2001/rome/bayne-conflict.pdf [accessed: 21 May 2012].

[27] Bayne, N. 2005b. *Staying Together: The G8 Summit Confronts the 21st Century*. Aldershot, UK: Ashgate.

[28] Bayne, N. and Woolcock, S. (eds) 2011. *The New Economic Diplomacy: Decision-Making and Negotiation in International Economic Relations*. 3rd edn. Global Finance Series Farnham: Ashgate.

[29] Ben Hammouda, H. and Sadni-Jallab, M. 2011. *Le G20 et des dÉfis de la gouvernance globale*. Bruxelles: De Boeck.

[30] BÉnassy-QuÉrÉ, A., Lahr è che-RÉvil, M. and Mignon, V. 2006. *World Consistent Equilibrium Exchange Rates*. CEPII, Working Paper No 2006-20. Paris: Centre d'Études prospectives et d'informations internationales. www.piie.com/publications/pb/pb07-4/benassy.pdf

[31] Bergsten, C.F. 2004. *The G-20 and the World Economy*. Speech to the Deputies of the G-20, Leipzig, Germany, March 4. www.iie.com/publications/papers/bergsten0304-2.htm [accessed: 14 July 2012]. See also *World Economics* 5(3), 27-36.

[32] Bergsten, C.F. and Henning, C.R. 1996. *Global Economic Leadership and the Group of Seven* Washington: Institute for International Economics.

[33] Bernes, T.A. 2010. *IMF Reform: An Agenda for the G20 Summit*. Seoul G20 Commentaries. Waterloo, Canada: Centre for International Governance Innovation. November. www.cigionline.org/sites/default/files/Tom%20Bernes%20Commentary.pdf [accessed: 21 May 2012].

[34] Blair, T. 2010. *A Journey: My Political Life*. London: Hutchinson.

[35] Blakers, M. 2013. An Introduction to the G20: The Australian Presidency in Context. 1 February. www.boell.org/downloads/Blakers-G20_Intro_Australian_Presidency.pdf [accessed: 18 February 2013].

[36] Böhm, E. 2013. Die Sicherheit des Westens: Entstehung und Funktion der G7–Gipfel [Western Security: Development and Function of the G7 Summit]. Oldenbourg Verlag. PhD. dissertation, Philipps–Universität Marburg.

[37] Bono and Geldof, R. 2010. The African Century. *The Globe and Mail*, Special Issue, 9 May.

[38] Bordeaux Religious Summit 2011. *Statement of the Bordeaux Religious Leaders Summit.* http://religionsforpeace.org/bordeaux–summit–statement.pdf [accessed: 6 August 2012].

[39] Bosshard, P. 2012. *Infrastructure for Whom? A Critique of the Infrastructure Strategies of the Group of 20 and the World Bank.* Berkeley, Ca.: International Rivers. May. www.internationalrivers.org/files/attached–files/infrastructure_for_whom_report.pdf [accessed: 24 February 2013].

[40] Bourgogne Franche–ComtÉ UniversitÉs 2011. *Welcome to University Summit 2011.* www.univ–fcomte.fr/download/partage/document/actualite/lettre–flash/10–ufc–lettre10.pdf [accessed: 6 August 2012].

[41] Bradford, C.I. 2005b. *Global Governance for the 21st Century.* Paper prepared for the Brookings Institution and The Centre for International Governance Innovation Governance. www.brookings.edu/views/papers/20051024bradford.pdf [accessed: 21 May 2012].

[42] Bradford, C.I. (ed.) 2011b. National Perspectives on Global Leadership: The Cannes G20 summit. Soundings Series No. 6. Waterloo, Canada: Centre for International Governance Innovation; Washington: Brookings Institution. www.cigionline.org/sites/default/files/NPGL_2011.pdf [accessed: 21 May 2012].

[43] Bradford, C.I. (ed.) 2011c. *National Perspectives on Global Leadership Soundings Series: Summitry and Public Perceptions.* CIGI Papers. Waterloo, Canada: Centre for International Governance Innovation; Washington: Brookings Institution. www.cigionline.org/sites/default/files/NPGLv2_0.pdf

[accessed: 21 May 2012].

[44] Bradford, C.I. (ed.) 2012a. *National Perspectives on Global Leadership: Los Cabos G20 summit*. Soundings Series No. 7. Waterloo, Canada: Centre for International Governance Innovation; Washington: Brookings Institution. www.cigionline.org/sites/default/files/NPGL_2012.pdf [accessed: 24 January 2013].

[45] Bradford, C.I. 2012b. *View from the Ground at the Los Cabos Summit*. 22 June. www.cigionline.org/publications/2012/6/view-ground-los-cabos-summit [accessed: 25 November 2012].

[46] Bradford, C.I. and Lim, W.H. 2010, *Toward the Consolidation of the G20: From Crisis Committee to Global Steering Committee*. Seoul and Washington, DC: Korea Development Institute; Brookings Institution.

[47] Bradford, C.I. and Lim, W.H. (eds) 2011b. *Global Leadership in Transition: Making the G20 More Effective and Responsive*. Washington, DC: Brookings Institution Press with Korean Development Institute.

[48] Brem, M. (comp.) 2011a. *The G20 Agenda and Process: Analysis and Insight by CIGI Experts*. CIGI Special Report. Waterloo, Canada: Centre for International Governance Innovation. March. www.cigionline.org/sites/default/files/Commentaries_WEB.pdf [accessed: 21 May 2012].

[49] Brem, M. (ed.) 2011b. *Prescriptions for the G20: The Cannes Summit and Beyond*. Waterloo, Canada: Centre for International Governance Innovation. www.cigionline.org/sites/default/files/Prescriptions%20for%20the%20G20.pdf [accessed: 21 May 2012].

[50] Bremmer, I. 2012. *Every Nation for Itself: Winners and Losers in a G-zero World*. New York: Portfolio/Penguin.

[51] BRICS Research Group 2012. *BRICS Official Documents*. www.brics.utoronto.ca/docs/index.html [accessed: 4 November 2012].

[52] BRICS Research Group 2013. *BRICS Information Centre*. www.brics.utoronto.

ca [accessed: 29 September 2013].

[53] Brookings Institution 2008. *The G20 Financial Summit: Seven Issues at Stake.* Washington, DC. November. www.brookings.edu/~/media/Research/Files/Reports/2008/11/12%20g20%20summit/1112_g20_summit.PDF [accessed: 8 February 2013].

[54] Brookings Institution 2012a. *About Brookings.* www.brookings.edu/about.aspx [accessed: 28 December 2012].

[55] Brookings Institution 2012b. *The G-20 Los Cabos Summit 2012: Bolstering the World Economy amid Growing Fears of Recession.* June. www.brookings.edu/research/reports/2012/06/~/media/Research/Files/Reports/2012/6/g20/g20_full%20report.pdf [accessed: 17 September 2012].

[56] Brookings Institution 2013. *The G-20 and Central Banks in the New World of Unconventional Monetary Policy* (2013). August.

[57] www.brookings.edu/~/media/Research/Files/Reports/2013/08/g20%20central%20banks%20monetary%20policy/TT20%20central%20banks%20monetary%20policy%202.pdf [accessed: 8 November 2013].

[58] Brown, G. 2010. *Beyond the Crash: Overcoming the First Crisis of Globalization.* New York, London: Free Press.

[59] Brzezinski, Z. 2004. *The Choice: Global Domination or Global Leadership.* New York: Basic Books.

[60] Bush, G.W. 2010. *Decision Points.* New York: Crown Publishers.

[61] Callaghan, M., Bradford, C., Carin, B., Skilling, D. and Thirlwell, M. 2012. *Challenges Facing the G20 in 2013. G20 Monitor*, No. 1. December. http://lowyinstitute.cachefly.net/files/g20_monitor_1_0.pdf [accessed: 24 February 2013].

[62] Carin, B. 2010. *The Future of the G20 Process.* Seoul G20 Commentaries. Waterloo, Canada: Centre for International Governance Innovation. November.

www.cigionline.org/sites/default/files/Barry%20Carin%20Commentary.pdf [accessed: 21 May 2012].

[63] Carin, B. 2011b. *No Fairy Tale at the Cannes G20 Summit*. Waterloo, Canada: Centre for International Governance Innovation. 7 November. www.cigionline.org/publications/2011/11/no–fairy–tale–cannes–g20–summit [accessed: 21 May 2012].

[64] Carin, B 2013. *St. Petersburg G20 and Progress on International Economic Governance*. 20 September. www.cigionline.org/publications/2013/9/st–petersburg–g20–and–progress–international–economic–governance [accessed: 29 September 29 2013].

[65] Carin, B., Heinbecker, P., Smith, G. and Thakur, R. 2010. *Making the G20 Summit Process Work: Some Proposals for Improving Effectiveness and Legitimacy*. CIGI G20 Paper No. 2. June. Waterloo, Canada: Centre for International Governance Innovation.

[66] Center of Concern 2012. A bottom–up approach to righting financial regulation. *The Group of 20, Financial Regulation and Human Rights*, (4). https://www.coc.org/files/G20%20and%20financial%20regulation.pdf [accessed: 25 October 2012].

[67] Centre for International Governance Innovation 2012a. *National Perspectives on Global Leadership*. www.cigionline.org/project/national–perspectives–global–leadership [accessed: 29 December 2012].

[68] Centre for International Governance Innovation 2012b. *National Perspectives on Global Leadership: Los Cabos G20 Summit*. Soundings Series, 7. www.cigionline.org/sites/default/files/NPGL_2012.pdf [accessed: 29 December 2012].

[69] Chatham House 2012. *About Chatham House*. www.chathamhouse.org/about–us/about–chatham–house [accessed: 4 January 2013].

[70] Chen D. 2008. *Building up a Cooperative & Co-Progressive Community: China's Asia Strategy towards 2020*. Shanghai: Shanghai Institutes for International Studies. www.siis.org.cn/sh_yj_cms//upics/200810221515241EW9.PDF [accessed: 21 May 2012].

[71] Chin, G. 2011. *Benefit Sharing for the French G20: The Role of Asia*. Waterloo, Canada: Centre for International Governance Innovation. 17 February. www.cigionline.org/publications/2011/2/benefit-sharing-french-g20-role-asia [accessed: 21 May 2012].

[72] Choe, W.I. 2010. *The Role of Korea in G20 Process and the Seoul Summit*. Paper prepared for an international conference on 'G20 Seoul Summit: From Crisis to Cooperation', organized by the Korea Association of Negotiations Studies. Seoul, 20 May.

[73] CIVICUS 2012. *e-CIVICUS*. 595. 20 July. https://www.civicus.org/en/news-and-resources [accessed: 10 August 2012].

[74] Civil G20 2013. *Civil20 Address to the G20 Leaders*. http://civil20.org/newsg20/4018/ [accessed: 27 September 2013].

[75] Civil G20 2012. *Civil20* Proposals for the Russian Presidency in the G20. December. http://g20civil.com/newsg20/1326/ [accessed: 14 January 2013].

[76] Clapp, J. 2011. *How to Add Value to the G20 Agriculture Ministers' Meeting* Publication. Waterloo, Canada: Centre for International Governance Innovation. www.cigionline.org/publications/2011/6/how-add-value-g20-agriculture-ministers-meeting [accessed: 21 May 2012].

[77] Clapp, J. and Martin, S. 2011. *The G20 Agricultural Action Plan: Changing the Course of Capitalism?* Publication. Waterloo, Canada: Centre for International Governance Innovation. www.cigionline.org/publications/2011/6/g20-agricultural-action-plan-changing-course-capitalism [accessed: 21 May 2012].

[78] Clinton, W. 2005. *My Life*. New York: Vintage.

[79] Club de Madrid 2010. *The G20's Role in the Post-crisis World: Final Report*. Seoul: Club de Madrid; FRIDE; Government of Korea. www.clubmadrid.org/img/secciones/G20_FINAL_REPORT.pdf [accessed: 21 May 2012].

[80] Club de Madrid 2011. *The G20's Role in the Post-crisis World: Briefing Book*. Madrid: Club de Madrid. www.clubmadrid.org/img/secciones/G20–France_Report_2011.pdf [accessed: 21 May 2012].

[81] Coalición Mexicana frente al G20 2012a. *Declaración de la Cumbre de los Pueblos contra el G20*. La Paz, Mexico. June. www.coaliciong20mexico.org/?p=1166 [accessed: 6 August 2012].

[82] Coalición Mexicana frente al G–20 2012b. *G:20 [sic] Cumbre del Capital, Anticapitalismo y Altermundismo*. Conversaciones sobre el G–20. 21 May. www.coaliciong20.org/?s=Carta+dirigida+al+presidente+pro+tempore+&x=0&y=0 [accessed: 12 August 2012].

[83] Commission on Global Governance 1995. *Our Global Neighbourhood: The Report of the Commission on Global Governance*. New York: Oxford University Press.

[84] Community Solidarity Network 2010a. *June 2010: The People Won!* http://g20.torontomobilize.org/node/432 [accessed: 6 August 2012].

[85] Community Solidarity Network 2010b. *Themed Days of Resistance*. http://g20.torontomobilize.org/ [accessed: 6 August 2012].

[86] Cooper, A.F. 2007. *The Logic of the B(R)ICSAM Model for G8 Reform*. CIGI Policy Brief in International Governance, No. 1 May. Waterloo, Canada: Centre for International Governance Innovation. www.cigionline.org/sites/default/files/Policy_Brief_no1.pdf [accessed: 21 May 2012].

[87] Cooper, A.F. 2008a. *Celebrity Diplomacy*. Boulder: Paradigm Publishers.

[88] Cooper, A.F. 2012. *The G20 as the Global Focus Group: Beyond the Crisis*

Committee/Steering Committee Framework. G20 Information Centre. www.g20.utoronto.ca/analysis/120619-cooper-focusgroup.html [accessed: 8 November 2012].

[89] Cooper, A.F. and Antkiewicz, A. (eds). 2008. *Emerging Powers in Global Governance: Lessons from the Heiligendamm Process*. Waterloo, Canada: Wilfrid Laurier University Press and Centre for International Governance Innovation. Also available in Chinese 2009: *Quan Qiu Zhi Li Zhong De Xin Xing Guo Jia*. Shanghai: Shanghai People's Publishing House.

[90] Cooper, A.F. and Bradford, C.I. 2010. *The G20 and the Post-Crisis Economic Order*. CIGI G20 Paper No. 3. Waterloo, Canada: Centre for International Governance Innovation. June. www.cigionline.org/sites/default/files/G20%20No%203_1.pdf [accessed: 21 May 2012].

[91] Cooper, A.F. and Fues, T. 2005. L20 and ECOSOC reform: Complementary building blocks for inclusive global governance and a more effective UN. *Briefing Paper*, 6/2005. Bonn: Deutsches Institut f ü r Entwicklungspolitik (DIE).

[92] Cooper, A.F. and Schrumm, A. 2009. Moving the G20 Forward: From Private Wrongs to Public Goods. Waterloo, Canada: Centre for International Governance Innovation. www.cigionline.org/publications/2009/11/moving-g20-forward-private-wrongs-public-goods [accessed: 21 May 2012].

[93] Cooper, A.F. and Schwanen, D. (eds) 2009 *Flashpoints for the Pittsburgh Summit, September 24–25, 2009*. CIGI Special G20 Report. Waterloo, Canada: Centre for International Governance Innovation.

[94] www.cigionline.org/sites/default/files/CIGI%20Special%20G20%20Report%20Flashpoints%20for%20the%20Pittsburgh%20Summit.pdf [accessed: 21 May 2012].

[95] Cooper, A.F. and Thakur, R. 2013. *The Group of Twenty (G20)*. Global

Institutions Series. New York: Routledge.

[96] Coordination SUD 2011. *Alter-forum de Nice: Les peuples d'abord, pas la finance!* 4 November. www.coordinationsud.org/actualite/alter-forum-de-nice-les-peuples-d'abord-pas-la-finance/ [accessed: 6 August 2012].

[97] Council on Foreign Relations 2012a. *CFR Convenes 'Council of Councils' Linking Leading Foreign Policy Institutes From Around the World.* 12 March. www.cfr.org/global-governance/cfr-convenes-council-councils-linking-leading-foreign-policy-institutes-around-world/p27612?co=C039201 [accessed: 29 July 2012].

[98] Council on Foreign Relations 2012b. The 'Council of Councils' Inaugural Conference. March. www.cfr.org/projects/world/the-council-of-councils-inaugural-conference/pr1593 [accessed: 28 December 2012].

[99] Culpeper, R. 2000. *Systemic Reform at a Standstill: A Flock of 'Gs' in Search of Global Financial Stability.* Critical Issues in Financial Reform: Latin-American/Caribbean and Canadian Perspectives, Munk Centre for International Studies, University of Toronto, 1 - 2 June 2000, www.g8.utoronto.ca/scholar/culpeper2000/index.html [accessed: 21 May 2012]. (Also available as Culpeper, R. 2003. Systemic reform at a standstill: A flock of 'Gs' in search of global financial stability, in *Critical Issues in International Financial Reform*, edited by A. Berry and G. Indart. New Brunswick, N.J.; London: Transaction Publishers, 203–36.)

[100] Culpeper, R. 2012. *The Role of the G20 in Enhancing Financial Inclusion.* February. www.boell.org/downloads/Culpeper_G20_Financial_Inclusion.pdf [accessed: 9 September 2012].

[101] Daniels, J. P. 1993. *The Meaning and Reliability of Economic Undertakings, 1975–1989.* New York: Garland Publishing.

[102] Davis, R. and Schrumm, A. 2009. *Is the G8's Variable Geometry*

Sustainable? 14 July. London: Chatham House.

[103] Desai, S. 2006. *Expanding the G8: Should China join?* Foreign Policy Centre. http://fpc.org.uk/fsblob/749.pdf [accessed: 21 May 2012].

[104] Dillon, J. 2009. *G20 Rehabilitates IMF, Marginalizes UN.* Kairos Policy Briefing Paper, No. 17. www.kairoscanada.org/fileadmin/fe/files/PDF/Publications/policyBriefing17G20vsUN.pdf [accessed: 21 May 2012].

[105] Dobson, H. 2007. *The Group of 7/8.* New York: Routledge.

[106] Edwards, J., Kemp, J. and Sestanovich, S. 2006. Russia's wrong direction: What the United States can and should do. *Task Force Report #57,* March, New York: Council on Foreign Relations. www.cfr.org/iran/russias-wrong-direction/p9997 [accessed: 17 September 2012].

[107] Edwards, L.J. 2013. *The St. Petersburg Summit: Obama's Futile Quest for Support on Syria Overshadowed the Summit's Economic Successes.* G20 St. Petersburg Rapid Response. Waterloo, Canada: Centre for International Governance Innovation. 10 September. www.cigionline.org/publications/2013/9/st-petersburg-summit-obama%E2%80%99s-futile-quest-support-syria-overshadowed-summit%E2%80%99s-ec [accessed: 29 September 2013].

[108] Eichengreen, B. and Baldwin, R. (eds) 2008. *What G20 Leaders Must Do to Stabilise Our Economy and Fix the Financial System.* A VoxEU.org Publication. London: Centre for Economic Policy Research. November. www.voxeu.org/reports/G20_Summit.pdf [accessed: 21 May 2012].

[109] English, J., Thakur, R. and Cooper, A.F. (eds) 2005. *Reforming from the Top: A Leaders' 20 Summit.* Tokyo: United Nations University Press.

[110] Fakir, S. 2012. *The G20's Energy Infrastructure Plans for Africa: What is Missing?* Cape Town. June. www.boell.org/downloads/The_G20s_Energy_Infrastructure_Plans_for_Africa_-_What_is_Missing.pdf [accessed: 28

November 2012].

[111] Fitoussi, J.P., Stiglitz, J.E. and the Paris Group 2011. *The G20 and Recovery and Beyond: An Agenda for Global Governance for the Twenty-first Century*. OFCE ebook. February. www.ofce.sciences–po.fr/pdf/documents/ebook2011.pdf [accessed: 24 January 2013].

[112] Fratianni, M., Salvatore, D. and Savona, P. (eds) 1999. *Ideas for the Future of the International Monetary System.* Reprinted from *Open Economies Review* 9, Special Supplement. Boston: Kluwer Academic Publishers.

[113] Freytag, A., Kirton, J.J., Sally, R. and Savona, P. 2011. *Securing the Global Economy: G8 Global Governance for a Post-Crisis World.* Global Finance Series. Farnham: Ashgate.

[114] Friedrich Ebert Stiftung 2012. About Friedrich–Ebert–Stiftung/FES. www.fesdc.org/content/aboutus.htm [accessed: 28 December 2012].

[115] Fues, T. and Wolff, P. (eds) 2010. *G20 and Global Development: How can the new summit architecture promote pro-poor growth and sustainability?* Bonn: German Development Institute/Deutsches Institut f ü r Entwicklungspolitik. *www.g20.utoronto.ca/biblio/GDI_G20_Korea-2010.pdf [accessed: 21 May 2012].*

[116] G8 Information Centre 2012. *UofT G8 Information Centre: G8 Research Group*. www.g8.utoronto.ca/about/index.htm [accessed: 28 December 2012].

[117] G8/G20 Global Working Group 2012. *Civil Society Statements to the Mexican Government*. 22 – 24 February.

[118] www.g20mexico.org/images/stories/docs/dgvosc/sc20/eng/key_messages_g20_meeting.pdf [accessed: 31 July 2012].

[119] G20 Research Group 2010. *2010 G20 Toronto Summit Final Compliance Report: 28 June 2010 to 29 October 2010.* 14 November. www.g20.utoronto.ca/analysis/2010toronto–101114.pdf [accessed: 22 November 2012].

[120] G20 Research Group 2012a. *2011 Cannes G20 Summit Final Compliance Report: 4 November 2011 to 1 June 2012*. 16 June. www.g20.utoronto.ca/compliance/2011cannes-final/2011-g20-compliance-final.pdf [accessed: 22 November 2012].

[121] G20 Research Group 2012b. *Mapping G20 Decisions Implementation : How G20 is delivering on the decisions made; Draft Report*. December. Toronto; Moscow: G20 Research Group and International Organisations Research Institute, Higher School of Economics, National Research University.

[122] www.hse.ru/data/2012/12/13/1301054564/Mapping_G20_Decisions_Implementation_full_report.pdf [accessed: 8 February 2013].

[123] G20 Research Group 2013. 2012 *Los Cabos G20 Summit Final Compliance Report: 20 June 2012 to 30 July 2013*. 4 September. www.g20.utoronto.ca/compliance/2012loscabos-final/ [accessed: 3 October 2013].

[124] *G20 Update - Monthly Newsletter*. August 2010 - . Heinrich Böll Stiftung. www.boell.org/web/136-G20-Update-Newsletter.html [accessed: 24 June 2012].

[125] G20 YEA 2013. G20 *Young Entrepreneurs Conveyed Their Recommendations to the Chief of Business 20*. http://en.g20russia.ru/news/20130618/781458795.html [accessed: 27 September 2013].

[126] G20YES 2011. *G20, Young Entrepreneurs' Alliance*. 31 October - 2 November, Nice (France) www.g20yes.fr/en/yea-young-entrepreneur-alliance; and Final Communique of the Entrepreneurs G20. 2 November, Nice. www.g20.utoronto.ca/2011/2011-yes.html [accessed: 9 September 2012].

[127] G20 YES 2012. *G20 YES Mexico*. 2 - 5 June. Los Cabos. www.g20yes.com/que-es-g20yes-en.html [accessed: 9 September 2012].

[128] Gacs, D., Sada, A and Zissis, C. 2012. *Mexico and the G20: Rethinking Global Economic Balance*. Mexico City, 13 March. Council of the Americas

Seminar. www.g20mexico.org/images/stories/canalfinan/eventante/promexico_eng.pdf [accessed: 1 February 2013].

[129] Gates, W. 2011. *Innovation with Impact: Financing 21st Century Development.* Cannes. www.thegatesnotes.com/~/media/Images/GatesNotes/G20/G20–Documents/g20–report–english.pdf [accessed: 24 June 2012].

[130] Gates, W. 2012. *Letter to President Felipe Calderón Hinojosa.* 13 June. www.g20civil.com/upload/iblock/ec0/Bill%20Gates%20pre–G20%20Letter%20to%20President%20Calderon.pdf [accessed: 29 July 2012].

[131] Germain, R.D. 2001b. *Reforming the International Financial Architecture: The New Political Agenda.* International Studies Association, Chicago, IL, 20 – 24 February 2001. www.g8.utoronto.ca/scholar/germain2001/Germain_G20.pdf [accessed: 24 June 2012].

[132] Gingras, A.T. 2010. *Pre-emptive Peace: Collective Security & Rogue States in the 21st Century.* [Includes analyses of the G8 and its foreign ministers' forum and the idea of a G20 foreign ministers' forum.] Master's thesis. Uppsala: Uppsala Universitet, Dept. of Peace and Conflict Research.

[133] G(irls) 20 Summit 2012a. *CommuniquÉ of the 2012 G(irls)20 Summit.* www.girls20summit.com/wp–content/uploads/2012–MEXICO–COMMUNIQUE_FINAL.pdf [accessed: 6 August 2012].

[134] G(irls) 20 Summit 2012b. *Vision, Mission and Mandate.* www.girls20summit.com/about/vision–mission–mandate [accessed: 6 August 2012].

[135] Globalization Studies Network 2008. *Uncivil Society: Conference.* Waterloo, Canada: Centre for International Governance Innovation. 25 – 27 August. www.cigionline.org/events/globalization–studies–network–conference–uncivil–society [accessed: 6 August 2012].

[136] Gnath, K. 2010. *A Group's Architecture in Flux: The G8 and the Heiligendamm Process.* RSCAS Working Paper 2010/06. San Domenico

di Fiesole, Italy: Robert Schuman Centre for Advanced Studies, European University Institute. www.g20.utoronto.ca/biblio/RSCAS_2010_06.pdf [accessed: 24 January 2013].

[137] Gnath, K. and Reimers, N. 2009. *Die G8-Gipfelarchitektur im Wandel: Neue Herausforderungen an globales Regieren am Beispiel von Indiens wirtschaftlichem Aufstieg* [G8 Summitry in Flux: New Challenges for Global Governance exemplified by India's Economic Rise]. DGAP Analyse, 6. June. www.g8.utoronto.ca/scholar/gnath-reimers.pdf [accessed: 24 January 2013].

[138] Gnath, K. and Schmucker, C. 2010. *Der Gipfel in Seoul: Nach der Einigung zur IWF-Reform Stehen Weitere Wichtige Entscheidungen auf der Agenda der G20* [The Summit in Seoul: After Agreeing on IMF Reform, The G20 Faces Further Important Decisions]. DGAP Analyse Kompakt, 8. November. www.g20.utoronto.ca/biblio/2010-08_Schmucker_Gnath.pdf [accessed: 24 January 2013].

[139] Gnath, K. and Schmucker, C. 2011. *L'Allemagne et les 'clubs G'* [Germany and the 'G Clubs']. Note du Cerfa, 85. Paris: ComitÉ d'Études des relations franco-allemandes. May. www.g20.utoronto.ca/biblio/IFRI_noteducerfa85clubsgfr.pdf [accessed: 24 June 2012]. Also available in German: *Deutschland und die G-Clubs*. www.g20.utoronto.ca/biblio/IFRI_noteducerfa85gclubsde.pdf [accessed: 24 June 2012].

[140] Goldman Sachs Global Economics Group 2007. *BRICs and Beyond*. www.goldmansachs.com/our-thinking/topics/brics/brics-and-beyond-book-pdfs/brics-full-book.pdf [accessed: 8 February 2013].

[141] Grevi, G. 2011. *The G20 after Cannes: An Identity Crisis*. FRIDE Policy Brief, No. 105. November. Madrid: Fundaci ó n para las Relaciones Internacionales y el Di á logo Exterior. www.fride.org/download/PB_105_G20_after_Cannes.pdf [accessed: 24 June 2012].

[142] Griffith-Jones, S., Helleiner, E and Woods, N. (eds) 2010. *The Financial Stability Board: An Effective Fourth Pillar of Global Economic Governance?* June. CIGI Special Report. Waterloo, Canada: Centre for International Governance Innovation.

[143] Gronau, J. and Schneider, S. 2009. *Metaphorical Concepts and the Discursive Construction of Legitimacy: The Discursive Framing of International Governance Arrangements*. American Political Science Annual Conference, Toronto, Canada, 5 October 2009.

[144] Hajnal, P.I. 2007a. *The G8 System and the G20: Evolution, Role and Documentation.* Global Finance Series. Aldershot: Ashgate.

[145] Hajnal, P.I. 2007b. *Summitry from G5 to L20: A Review of Reform Initiatives*. Centre for International Governance Innovation Working Paper, No. 20. www.cigionline.org/sites/default/files/Paper%2020_Peter_Hajnal.pdf [accessed: 24 June 2012].

[146] Hajnal, P.I. 2008. *Gruppa Vos'mi i Gruppa Dvadtsati: Evoliutsiia, Rol' i Dokumentatsiia.* Moscow: Logos.

[147] Hajnal, P.I. 2010b. *The World Religions Summit 2010 – Interfaith Leaders in the G8 Nations: Notes of an Observer.* www.g8.utoronto.ca/evaluations/2010muskoka/hajnal-faith.html [accessed: 10 August 2012].

[148] Haley, J.A. 2012a. *Los Cabos Summit: Incremental Steps on the Road to Globalizing the Reregulation of Capital.* 20 June. www.cigionline.org/blogs/new-age-of-uncertainty/los-cabos-summit-incremental-steps-road-globalizing-regulation-of-capit [accessed: 25 November 2012].

[149] Haley, J.A. (ed.) 2012b. *Perspectives on the G20: The Los Cabos Summit and Beyond.* Waterloo, Canada: Centre for International Governance Innovation. www.cigionline.org/publications/2012/6/perspectives-g20-los-cabos-summit-and-beyond [accessed: 17 September 2012].

[150] Halifax Initiative 2010a. *Parliamentary Roundtables on the G8/G20 Agendas*. www.halifaxinitiative.org/content/parliamentary-roundtables-g8g20-agendas [accessed: 29 July 2012].

[151] Halifax Initiative 2010b. *What's Missing in the Response to the Global Financial Crisis?* www.halifaxinitiative.org/content/conference-whats-missing-response-global-financial-crisis [accessed: 4 August 2012].

[152] Heap, P.C. 2008. *Globalization and Summit Reform: An Experiment in International Governance*. [New York;] Ottawa: Springer; International Development Research Centre.

[153] *Provides an accessible account of the L20 proposals (see English and Thakur 2005).*

[154] Heap, P.C. 2011. *The New Geometry of Global Summitry: The Future of the G20 (and the G8): Conference Report*. Waterloo, Canada: Centre for International Governance Innovation. May 25. www.cigionline.org/sites/default/files/The%20New%20Geometry%20of%20Global%20Summitry%20Conference%20Report.pdf [accessed: 24 June 2012].

[155] Heinbecker, P. 2011a. *The Future of the G20 and Its Place in Global Governance*. CIGI G20 Papers, No. 5. Waterloo, Canada: Centre for International Governance Innovation. 27 April. www.cigionline.org/sites/default/files/G20No5.pdf [accessed: 24 June 2012].

[156] Heine, J. and Thakur, R. (eds) 2011. *The Dark Side of Globalization*. Tokyo: United Nations University Press.

[157] Heinrich Böll Stiftung North America 2012a. Business 20 (B-20) Dossier. www.boell.org/web/group_of_20-B20-Dossier.html [accessed: 29 December 2012].

[158] Heinrich Böll Stiftung North America 2012b. G20 Dossier. www.boell.org/web/group_of_20.html [accessed: 29 December 2012].

[159] Heinrich Böll Stiftung North America 2012c. *G20 Fundamentals*. www.boell.org/web/group_of_20–G20_Fundamentals.html [accessed: 13 May 2013].

[160] Helleiner, E. 2010b. *The Financial Stability Board and International Standards*. CIGI G20 Paper, No.1. June. Waterloo, Canada: Centre for International Governance Innovation. www.cigionline.org/sites/default/files/G20%20No%201_2.pdf [accessed: 24 June 2012].

[161] Helleiner, E. 2010c. *Lasting Legacy on Financial Regulatory Reform*. Seoul G20 Commentaries. Waterloo, Canada: Centre for International Governance Innovation. November. www.cigionline.org/sites/default/files/Eric%20Helleiner%20Commentary.pdf [accessed: 24 June 2012].

[162] Helleiner, E. and Pagliari, S. 2008. *Towards the G20 Summit: From Financial Crisis to International Regulatory Reform*. CIGI Policy Brief No. 9. Waterloo, Canada: Centre for International Governance Innovation. www.cigionline.org/sites/default/files/Policy_Brief_no9–web.pdf [accessed: 24 June 2012].

[163] Helleiner, G.K. 2001. *Developing Countries, Global Financial Governance and the Group of Twenty: A Note*. Toronto: University of Toronto. www.globaleconomicgovernance.org/wp–content/uploads/Helleiner%20on%20G20.PDF [accessed: 24 June 2012].

[164] Hermawan, Y.P., Sriyuliani, W., Hardjowijono, G.H. and Tanaga, S. 2011. *The Role of Indonesia in the G-20: Background, Role and Objectives of Indonesia's Membership*. G–20 Research Project. (Jakarta: Friedrich Ebert Stiftung Indonesia Office in cooperation with Department of International Relations, Parahyangan University). May. http://library.fes.de/pdf–files/bueros/indonesien/08365.pdf [accessed: 24 June 2012].

[165] Hersh, A.S. 2010. *DRAFT: Monitoring Commitments and Compliance of the G20 Framework for Strong, Sustainable, and Balanced Growth*. January

13. www.new-rules.org/storage/documents/g20-fsb-imf/g20_matrix.pdf [accessed: 3 December 2012].

[166] Hillman, J. 2010. *Saving Multilateralism: Renovating the House of Global Economic Governance for the 21st Century*. Brussels Forum Paper Series. Washington, DC: German Marshall Fund of the United States. March. www.gmfus.org/wp-content/files_mf//galleries/ct_publication_attachments/EconJenniferHillmanBFPaperSavingMultilateralism.pdf [accessed: 24 June 2012].

[167] Hofmeister, W. and Vogt, S. 2011. G20: Perceptions and Perspectives for Global Governance. Singapore: Konrad Adenauer Stiftung. 19 October. www.kas.de/wf/en/33.29099 [accessed: 24 June 2012].

[168] Huigens, J. and Niemann, A. 2009. *The EU within the G8: A Case of Ambiguous and Contested Actorness*. EU Diplomacy Papers, 5/2009. Bruges: College of Europe. www.g8.utoronto.ca/scholar/huigensneimann.pdf [accessed: 24 June 2012].

[169] Hurd, D. 1998. *The Shape of Ice*. London: Little, Brown.

[170] InterAction 2010. The G20 and Development: A New Era (updated). www.interaction.org/sites/default/files/G20%20Summit%20Policy%20Paper%20UPDATED%2010-4-10.pdf [accessed: 4 August 2012].

[171] InterAction 2011. *Recommendations for Cannes Summit: G20 Summit Policy Paper*. September. www.interaction.org/document/g20-summit-policy-paper-recommendations-cannes-summit [accessed: 24 June 2012].

[172] InterAction 2012a. *Background Policy Brief: Accountability: It's Time for a G20 Commitment.* March. www.interaction.org/sites/default/files/5649/G20%20Background%20brief%20FINAL%20ACCOUNTABILITY%203-5-12.pdf [accessed: 4 August 2012].

[173] InterAction 2012b. *Background Policy Brief: Anti-Corruption.* February. www.interaction.org/sites/default/files/5649/G20%20Background%20

brief%20FINAL%20ANTI-CORRUPTION%202-27-2012%20(updated)_0.pdf [accessed: 4 August 2012].

[174] InterAction 2012c. *Background Policy Brief: Financial Inclusion.* March. www.interaction.org/document/g20-background-policy-brief-financial-inclusion-0 [accessed: 4 August 2012].

[175] InterAction 2012d. *Background Policy Brief: Food Security, Agriculture and Nutrition.* March. www.interaction.org/sites/default/files/5649/G20%20Background%20brief%20FINAL%20FS-AG-N%203-5-2012%20(updated).pdf [accessed: 4 August 2012].

[176] InterAction 2012e. *Background Policy Brief: Green Growth and Climate Change.* March. www.interaction.org/sites/default/files/5649/G20%20Background%20brief%20FINAL%20GREEN%20GROWTH%203-5-2012.pdf [accessed: 4 August 2012].

[177] InterAction 2012f. *G20 Leaders Declaration Scorecard.* 22 August. www.interaction.org/sites/default/files/5524/G20%20Declaration%20SUMMARY%20%20scorecard%20CHART%208-15-12.pdf [accessed: 23 November 2012].

[178] InterAction 2012g. *Los Cabos G20 Summit: InterAction Scorecard and Summaries of Selected Documents and Reports.* August. www.interaction.org/document/g20-leaders-declaration-scorecard [accessed: 3 December 2012].

[179] InterAction 2012h. *Recommendations for Los Cabos, Mexico Summit.* February. www.interaction.org/sites/default/files/G20%20Policy%20Paper%202-14-12%20FINAL_0.pdf [accessed: 4 August 2012].

[180] InterAction Council. 29th Annual Plenary Session 2011. *Final CommuniquÉ.* 29 - 31 May. http://interactioncouncil.org/final-communiqu-42 [accessed: 29 December 2012].

[181] International Chamber of Commerce 2010a. *Business and the World Economy: ICC Statement on Behalf of World Business to the Heads of State and Government Attending the G8 and G20 Summits in Canada.* 25 - 27 June. www.iccwbo.org/Advocacy-Codes-and-Rules/Document-centre/2010/Business-and-the-world-economy/ [accessed: 8 September 2012].

[182] International Chamber of Commerce 2010b. *Why ICC?: A Legacy in Working with the G8-G20*. www.iccwbo.org/Global-influence/G20/ICC-and-G8-G20/Why-ICC-- - -a-legacy-in-working-with-the-G8-G20/ [accessed: 8 September 2012].

[183] International Chamber of Commerce 2011. *G20 Countries Fail to Lead in Trade Openness, ICC Index Indicates*. Geneva, 16 December. http://iccwbo.org/News/Articles/2011/G20-countries-fail-to-lead-in-trade-openness,-ICC-Index-indicates/ [accessed: 14 September 2012].

[184] International Chamber of Commerce 2012a. *Business Bolstered by G20 Progress in Los Cabos*. 28 June. http://iccwbo.org/News/Articles/2012/Business-bolstered-by-G20-progress-in-Los-Cabos/ [accessed: 8 September 2012].

[185] International Chamber of Commerce 2012b. *G20 Business Scorecard.* June. http://iccwbo.org/Data/Documents/G8-G20/G20-business-Scorecard/G20-Business-Scorecard [accessed: 9 September 2012].

[186] International Chamber of Commerce 2012c. *ICC delivers global business priorities to G20, rates progress as incomplete*. Los Cabos, 18 June. http://iccwbo.org/News/Articles/2012/ICC-delivers-global-business-priorities-to-G20,-rates-progress-as-incomplete/ [accessed: 8 September 2012].

[187] International Chamber of Commerce 2013. *St Petersburg G20 Business Summit*. http://iccwbo.org/Global-influence/G20/ICC-and-G8-G20/St-Petersburg-G20-Business-Summit/ [accessed: 10 October 2013].

[188] International Organisations Research Institute and G20 Research Group 2012. *Report on Mapping G20 Decisions Implementation: How G20 Is Delivering on the Decisions Made.* Draft Report. December. High School of Economics, National Research University and Munk School of Global Affairs, University of Toronto. www.hse.ru/data/2012/12/13/1301054564/Mapping_G20_Decisions_Implementation_full_report.pdf [accessed: 30 October 2013].

[189] Jaffrelot, C. 2011. *La France, le G20 et les 'pays Émergents': un nouvel Équilibre des pouvoirs?.* Document de travail. Institut Choiseul. January. www.institutmontaigne.org/medias/documents/institut_montaigne_la_france_le_g20_et_les_pays_emergents_24012011_d.pdf [accessed: 24 January 2013].

[190] Jenkell, L. 2011. *Jenkell/Parcours: sculptures en plein coeur de Cannes.* Quimper: Editions.

[191] Jenkins, P. and Subacchi, P. 2011. *Preventing Crises and Promoting Economic Growth: A Framework for International Policy Cooperation.* Joint Chatham House–CIGI Report. Waterloo, Canada; London: Centre for International Governance Innovation; Chatham House. April. www.cigionline.org/sites/default/files/CH_economics_WEB.PDF [accessed: 24 June 2012].

[192] Joint Religious Coordination for the G8 and G20 Summits 2012. 2012 Religious Leaders' Statement for the G8 and G20 Summits. Georgetown University's Berkley Center for Religion, Peace & World Affairs. http://repository.berkleycenter.georgetown.edu/120517FinalStatementJRLCS.pdf [accessed: 6 August 2012].

[193] Jokela, J. 2011. The G–20: A Pathway to Effective Multilateralism? Chaillot Paper, No. 125. Paris: European Union, Institute for Security Studies. 21 April. www.iss.europa.eu/publications/detail/article/the–g–20–a–pathway–to–effective–multilateralism [accessed: 24 June 2012].

[194] Kaiser, K., Kirton, J.J. and Daniels, J. (eds) 2000. *Shaping a New International Financial System: Challenges of Governance in a Globalizing World*. Aldershot: Ashgate.

[195] Kassum, J. 2011. *The G20: What It Is and What It Does: A Business Guide*. ICC Publication, 730E. Paris: International Chamber of Commerce.

[196] Kenen, P.B, et al. 2004. *International Economic and Financial Cooperation: New Issues, New Actors, New Responses*. London: Centre for Economic Policy Research.

[197] Kharas, H. and Lombardi, D. 2012. *The Group of Twenty: Origins, Prospects and Challenges for Global Governance*. Global Economy and Development. Washington, DC: Brookings Institution. www.brookings.edu/~/media/research/files/papers/2012/8/g20%20global%20governance%20kharas%20lombardi/g20%20global%20governance%20kharas%20lombardi.pdf [accessed: 17 September 2012].

[198] Kirton, J.J. 1999. *What is the G20?* Adapted from *The G7, China and the International Financial System*. International Think Tank Forum on 'China in the Twenty–First Century' . China Development Institute, 10 – 12 November 1999, www.g8.utoronto.ca/g20/g20whatisit.html [accessed: 24 June 2012].

[199] Kirton, J.J. 2004. *Getting the L20 Going: Reaching out from the G8*. G20 to Replace the G8: Why Not Now?, sponsored by the Brookings Institution, Peterson Institute for International Economics, and the Centre for Global Governance, Washington, DC, 22 September 2004.

[200] Kirton, J.J. 2005a. *From G7 to G20: Capacity, Leadership and Normative Diffusion in Global Financial Governance*. International Studies Association, Honolulu, 1 – 5 March, www.g8.utoronto.ca/scholar/kirton2005/kirton_isa2005.pdf [accessed: 24 June 2012].

[201] Kirton, J.J. 2008a. *The Case for G8 Reform*. Lecture delivered at Chuo University, Tokyo, 26 June, www.g8.utoronto.ca/scholar/kirton_reform_080629.pdf [accessed: 24 June 2012].

[202] Kirton, J.J. 2010c. *The G20, the G8, the G5 and the Role of Ascending Powers*. Ascending Powers and the International System, Instituto Matias Romero, Secretaria de Relaciones Exteriores, Mexico City, 13 - 14 December 2010, and for publication in *Revista Mexicana de Politica Exterior*. December 27, www.g20.utoronto.ca/biblio/kirton-g20-g8-g5.pdf [accessed: 24 June 2012].

[203] Kirton, J.J. 2012. *How the G20 Has Escaped Diminishing Returns*. Paper prepared for the conference 'International Co-operation in Times of Global Crisis: Views from G20 Countries', Higher School of Economics, Moscow, 18 - 19 October.

[204] Kirton, J.J. 2013b. *G20 Governance for a Globalized World*. Farnham: Ashgate.

[205] Kirton, J.J. 2013d. *A Summit of Very Substantial Success: G20 Governance of the Global Economy and Security at St. Petersburg*. 6 September. www.g20.utoronto.ca/analysis/130906-kirton-performance.html [accessed: 29 September 2013].

[206] Kirton, J.J. and Bracht, C. 2012. *The BRICS Big Boost for the G20 Los Cabos Summit Success*. 18 June. www.brics.utoronto.ca/analysis/brics-g20-2012.html#appendix [accessed: 4 November 2012].

[207] Kirton, J.J., Bracht, C. and Rasmussen, L. 2012. *Implementing the G20 Seoul Development and Employment Commitments: An Assessment*. [With financial support from the International Labour Office through the ILO - Korea Partnership Program]. www.g20.utoronto.ca/biblio/SDC_Assessment.pdf [accessed: 24 January 2013].

[208] Kirton, J.J. and Koch, M. (eds) 2008a. *The G20 Cannes Summit 201: A New Way Forward.* London: Newsdesk Communications.

[209] Kirton, J.J. and Koch, M. (eds) 2008b. G20 *São Paulo/Brazil Summit 2008: Growth, Innovation, Inclusion: The G20 at Ten.* London: Newsdesk Communications.

[210] Kirton, J.J. and Koch, M. (eds) 2009a. G20*: The London Summit 2009: Growth, Stability, Jobs*. London: Newsdesk Communications.

[211] Kirton, J.J. and Koch, M. (eds) 2009b. G20*: The Pittsburgh Summit 2009: Sustaining Global Recovery*. London: Newsdesk Communications.

[212] Kirton, J.J. and Koch, M. (eds) 2010a. *G8-G20: The Canadian Summits: Recovery and New Beginnings*. London: Newsdesk Communications.

[213] Kirton, J.J. and Koch, M. (eds) 2010b. *The G20 Seoul Summit 2010: Shared Growth Beyond Crisis*. London: Newsdesk Communications.

[214] Kirton, J.J. and Koch, M. (eds) 2011. *G20: The Cannes Summit: A New Way Forward.* London: Newsdesk Media.

[215] Kirton, J.J. and Koch, M. (eds) 2012. *G20: The Mexico Summit: The Quest for Growth and Stability*. London: Newsdesk Media.

[216] Kirton, J.J. and Kulik, J. 2012a. *The Shortcomings of the G20 Los Cabos Summit*. Toronto: G20 Research Group. 27 June. www.g20.utoronto.ca/analysis/120627-kirton-kulik-shortcomings.html [accessed: 14 September 2012].

[217] Kirton, J.J. and Kulik, J. 2012b. *A Summit of Significant Success: G20 Los Cabos Leaders Deliver the Desired Double Dividend.* Los Cabos: G20 Research Group, 19 June. www.g20.utoronto.ca/analysis/120619-kirton-success.html [accessed: 14 September 2012].

[218] Kirton, J.J. and Larionova, M. (eds) 2012. *BRICS New Delhi Summit 2012: Stability, Security and Prosperity*. London: Newsdesk Communications.

[219] Kirton, J.J., Larionova, M. and Savona, P. (eds) 2010. *Making Global Economic Governance Effective: Hard and Soft Law Institutions in a Crowded World* Aldershot: Ashgate.

[220] Kirton, J.J. and von Furstenberg, G. (eds) 2001. *New Directions in Global Economic Governance: Managing Globalization in the Twenty-First Century* Aldershot: Ashgate.

[221] Kokotsis, E. 1998. *National Compliance with G7 Environment and Development Commitments, 1988–1995*. Ph.D. dissertation (political economy). Toronto: University of Toronto.

[222] Kokotsis, E. 1999. *Keeping International Commitments: Compliance, Credibility, and the G7, 1988–1995*. New York: Garland Publishing.

[223] Kokotsis, E. 2006. *G8 Compliance Coding and Reference Manual*. Toronto: G8 Research Group. www.g8.utoronto.ca/evaluations/compliance_manual_2006.pdf [accessed: 22 November 2012].

[224] Konrad Adenauer Stiftung 2012. *[4th] G20 Conference on Global Economic Cooperation: Views from G20 Countries*. 8 - 9 October. www.kas.de/indien/en/publications/32350/ [accessed: 24 January 2013].

[225] Koplow, D. 2012. Phasing Out Fossil–Fuel Subsidies in the G20: *A Progress Update*. Oil Change International, June. http://priceofoil.org/wp–content/uploads/2012/06/FIN.OCI_Phasing_out_fossil–fuel_g20.pdf [accessed: 28 November 2012].

[226] Kotte, D.J. 2011. *G-20 Two Years after the Crisis: Back to Business as Usual?* International Policy Analysis. Berlin: Friedrich Ebert Stiftung. October. http://library.fes.de/pdf–files/iez/08568.pdf [accessed: 24 June 2012].

[227] Kulik, J. and Kirton, J.J. 2012. *At the G8 Camp David Summit, Where Are the Women? Everywhere!* 20 May. www.g8.utoronto.ca/

evaluations/2012campdavid/kulik-kirton-women.html [accessed: 29 July 2012].

[228] L20 (Labour 20) 2012. *Statement to the G20 Summit*. June. www.g20.utoronto.ca/2012/2012-l20-en.pdf [accessed: 28 January 2013].

[229] Labour 20 2013. *TUAC-ITUC Evaluation of the G20 Saint-Petersburg Summit Outcomes*. 6 September. http://en.g20russia.ru/load/783171459 [accessed: 29 September 2013].

[230] Larionova, M. (ed.) 2007. *Problemy Effektivnosti i Reformy Sistemy Mezhdunarodnykh Mnogostoronnikh Institutov* [Problems of Effectiveness and Reform of the System of International Multilateral Institutions]. Moscow: International Organizations and International Cooperation Institute, Higher School of Economics.

[231] Larionova, M. (ed.) 2010b. G-X Summitry, *International Organizations Research Journal,* 5(31) Moscow: International Organizations Research Institute, Higher School of Economics.

[232] Larionova, M. (ed.) 2012a. *The European Union in the G8: Promoting Consensus and Concerted Actions for Global Public Goods*. Farnham: Ashgate.

[233] Larionova, M. (ed.) 2012d. *Razdelenie Truda kak Osnova Povysheniia Effektivnosti Mnogostoronnikh Mekhanizmov Global'nogo Upravleniia* [Division of Labour as a Foundation for Increasing the Effectiveness of Multilateral Mechanisms of Global Governance]. Moscow: Publishing House of the Higher School of Economics.

[234] Lee, D. 2009. *The G20 in Korea's Diplomacy*, Munk Centre for International Studies, University of Toronto, 6 November 2009, www.g20.utoronto.ca/events/lee-091106.html [accessed: 24 June 2012].

[235] Leifso, D., Bradford, C.I., Carin, B., Smith, G. and Jenkins, P. 2011.

Challenges and Opportunities for the French Presidency: The G20 — 2011 and Beyond. CIGI–IFRI Conference Report March. Waterloo, Canada: Centre for International Governance Innovation.

[236] Lesage, D. (ed.) 2010a. *The Future of the G8 and G20*. Special issue of *Studia Diplomatica*, 63(2).

[237] Li S.C. 2011. *Quan Qiu Zhi Li Shi Ye Xia De G20 Yan Jiu* [G20 Research from the Perspective of Global Governance]. PhD. (international relations). Shanghai Social Science Institute.

[238] Lombardi, D. et al 2013. *Priorities for the G20: The St. Petersburg Summit and Beyond*. Waterloo, Canada: Centre for International Governance Innovation. www.cigionline.org/sites/default/files/Collection_1.pdf [accessed: 29 September 2013].

[239] Lukov, V. 2004. *'Gruppa Vos'mi': Uchebnoe Posobie* [The Group of Twenty: A Textbook]. Moscow: Nauchnaia Kniga.

[240] Make Poverty History 2010. *Progress in Combating Poverty under Threat: Anti-Poverty Activists Tell G8 Top Policy Makers*. 16 April. http://archive.makepovertyhistory.ca/en/news/progress–combatting–poverty–under–threat–antipoverty–activists–tell–g8–top–policy–makers [accessed: 3 August 2012].

[241] Martin, P. 2006. *Speaking notes for the Right Honourable Paul Martin P.C., M.P.: Annual Meeting of the Development and Peace Foundation*. Dresden, Germany, 8 June.

[242] Martin, P. 2008. *Hell or High Water: My Life in and Out of Politics*. Toronto: McClelland & Stewart.

[243] Martinez–Diaz, L. 2007. *The G20 after Eight Years: How Effective a Vehicle for Developing-Country Influence?* Global Economy and Development Working Papers, No. 11. Washington, DC: The Brookings Institution. October. www.brookings.edu/~/media/Files/rc/papers/2007/1017development/1017dev

elopment.pdf [accessed: 24 June 2012].

[244] McGann, J.G. 2012. *The Global Go To Think Tanks Report 2011*. Final United Nations University ed. 18 January. Think Tanks and Civil Societies Program, International Relations Program, University of Pennsylvania. www.gotothinktank.com/wp-content/uploads/2012/01/2011GlobalGoToThinkTanksReport-UNEditionWITHOUTLETTER.pdf [accessed: 8 February 2013].

[245] McGann, J.G. 2013. *2012 Global Go To Think Tanks Report and Policy Advice*. Final Release. Philadelphia: International Relations Program, University of Pennsylvania. 28 January. www.gotothinktank.com/wp-content/uploads/2013/01/2012-Global-Go-To-Think-Tank-Report.pdf [accessed: 8 February 2013].

[246] Mistral, J. 2011b. *Le G20 et la nouvelle gouvernance Économique mondiale* [The G20 and new global economic governance]. Cahiers du Cercle des Économistes. Paris: Presses Universitaires de France.

[247] Moschella, M. 2011. *Delegation to and Discretion for the Financial Stability Board and the G20: Transaction Costs or Legitimacy Concerns?* GARNET Working Paper 73/09. Brussels, February. www.garnet-eu.org/fileadmin/documents/working_papers/7510.pdf [accessed: 25 January 2013].

[248] Munk School of Global Affairs 2012. *Global Summitry Project*. University of Toronto http://munkschool.utoronto.ca/program/global-summitry-project and http://globalsummitryproject.com [accessed: 28 December 2012].

[249] Murray, S. 2013. *The G-20 and Food Security: What Is the Right Agenda? Policy Analysis Brief*. Muscatine, Iowa: Stanley Foundation. March. www.stanleyfoundation.org/publications/pab/MurphyPAB313.pdf [accessed: 29 September 2013].

[250] Nayyar, D. (ed.) 2002. *Governing Globalization: Issues and Institutions*. New Delhi: Oxford University Press.

[251] Naylor, T. 2012. *Civil Society Inclusion at Los Cabos 2012*. 26 June. www.g20.utoronto.ca/analysis/120626-naylor.html [accessed: 10 August 2012].

[252] New Rules for Global Finance 2012a. *The Financial Stability Board: Unlocking the Black Box*. New Rules for Global Finance. www.new-rules.org/what-we-do/fsb-unlocking-the-black-box [accessed: 29 July 2012].

[253] New Rules for Global Finance 2012b. *Promises of the G20 Process: Prospects for Enhanced Transparency and Accountability*. 18 June. www.new-rules.org/events/3-nr-event/391-promises-of-the-g20 [accessed: 22 November 2012].

[254] New Rules for Global Finance 2012c. *Revised FSB Charter: Shift toward Improved Transparency and Inclusion*. www.new-rules.org/news/program-updates/411-revised-fsb-charter-shift-toward-improved-transparency-and-inclusion and www.new-rules.org/storage/documents/revised_fsb_charter_with_annotations.pdf [accessed: 25 November 2012].

[255] New Rules for Global Finance 2013. *Global Financial Governance & Impact Report*. http://new-rules.org/storage/documents/global_financial_governance__impact%20report_2013%20.pdf [accessed: 4 November 2013].

[256] ONE 2010. *The DATA Report: Monitoring the G8 Promise to Africa*. www.one.org/report/2010/en/downloads/DR2010.pdf [accessed: 23 November 2012].

[257] ONE 2011. *Policy Analysis [of] G20 [Cannes] Final Documents*. November. https://webmail.utoronto.ca/imp/view.php?popup_view=1&index=88850&mailbox=INBOX&actionID=view_attach&id=2&mimecache=5c88089d62672737f0f4c7a0bc7f0708 [accessed: 25 November 2012].

[258] ONE 2012. *2012 DATA Report: Europe's African Promise*. 6 July. http://one.org.s3.amazonaws.com/pdfs/data_report_2012_en.pdf [accessed: 23 November 2012].

[259] O'Neill, J. 2009. *Some Advice for the G20.* Global Economics Paper No. 181. Goldman Sachs. 20 March. www.goldmansachs.com/our-thinking/public-policy/regulatory-reform/some-advice-for-g20.pdf [accessed: 8 February 2013].

[260] O'Neill, J. and Hormats, R. 2004. *The G8: Time for a Change.* Global Economics Paper, No. 112 Goldman Sachs; 3 June.

[261] Oxfam 2010. *The Making of a Seoul Development Consensus: The Essential Development Agenda for the G-20.* Oxfam Briefing Note. 11 October. www.oxfam.org/sites/www.oxfam.org/files/bn-making-seoul-consensus-g20-111010-en.pdf [accessed: 4 August 2012].

[262] Oxfam 2011. *Not a Game: Speculation vs. Food Security: Regulating Financial Markets to Grow a Better Future.* Oxfam Issue Briefing. 3 October. www.oxfam.org/sites/www.oxfam.org/files/ib-speculation-vs-food-security-031011-en.pdf [accessed: 4 August 2012].

[263] Oxfam 2012a. *G20 Fails 1 Billion Hungry People Worldwide.* 18 June. www.oxfam.org/en/grow/pressroom/pressrelease/2012-06-19/g20-fails-1-billion-hungry-people-worldwide [accessed: 25 November 2012].

[264] Oxfam 2012b. *Left Behind by the G20? How Inequality and Environmental Degradation Threaten to Exclude Poor People from the Benefits of Economic Growth.* Oxfam Briefing Paper, No. 157. 19 January. www.oxfam.org/sites/www.oxfam.org/files/bp157-left-behind-by-the-g20-190112-en.pdf [accessed: 24 June 2012].

[265] Oxfam 2013a. *Cracks in Tax: A Plan of Action: Joint Recommendations to the G20 and OECD for Tackling Base Erosion and Profit Shifting.* www.oxfam.org/sites/www.oxfam.org/files/fix-the-cracks-in-tax.pdf [accessed: 2 November 2013].

[266] Oxfam 2013b. *Oxfam Verdict on the G20 Summit.* 6 September. www.oxfam.

org/en/pressroom/pressrelease/2013-09-06/oxfam-verdict-g20-summit-russia [accessed: 29 September 2013].

[267] Panova, V. 2005. *Deiatel'nost' Mekhanizmov Mnogostoronnego Vzaimodeistviia v Sfere Predotvrashcheniia i Uregulirovaniia Konfliktov (na Primere 'Bol'shoi Vos'merki'), 1991–2004 Gody.* [The G8 and Its Role in Conflict Management, 1991 - 2004]. PhD. dissertation (history of international relations and foreign policy). Moscow: MGIMO University.

[268] Peñaloza Mendez, A. and PÉrez-Rocha, M. 2011. *G20: Confusión sobre la Caracterización de la Actual Crisis* [G20: Confusion about the Current Crisis]. New York: Heinrich Böll Stiftung North America; Institute for Policy Studies; and Red Mexicana de Acci ó n Frente al Libre Comercio, June. www.boell.org/downloads/6-20-11_FINAL_penaloza_perezrocha_ES_and_EN.pdf [accessed: 24 June 2012].

[269] Penttilä, R. 2009. *Multilateralism Light: The Rise of Informal International Governance*. London: Centre for European Reform.

[270] The Peoples' Summit 2009. *Another World Is Possible*. Pittsburgh, 22 September. www.peoplessummit.com/page/peoples-summit [accessed: 6 August 2012].

[271] Pereira da Silva, L.A. 2013. *From Currency Wars to Policy Peace under the G-20*. Peterson Institute for International Economics. Washington, DC. www.piie.com/publications/papers/pereira20130402.pdf [accessed: 29 September 2013].

[272] Porter, T. 2000. *The G-7, the Financial Stability Forum, the G-20, and the Politics of International Financial Regulation*, International Studies Association, Los Angeles, California, 15 March. www.g8.utoronto.ca/g20/biblio/porter-isa-2000.pdf [accessed: 24 June 2012].

[273] Post Globalization Initiative 2013. *St. Petersburg Counter Summit Opposes*

US Plans. 13 September. www.pglobal.org/news/548/ [accessed: 10 October 2013].

[274] Postel–Vinay, K. 2011. *Le G20: laboratoire d'un monde* É*mergent*. Nouveaux dÉbats. Paris: Presses de SciencesPo.

[275] Powell, J. 2012a. *G20 is Getting a Reputation for Over-Promising and Under-Delivering*. ONE Blog. 21 June. www.one.org/international/blog/g20–is–getting–a–reputation–for–over–promising–and–under–delivering/ [accessed: 25 November 2012].

[276] Powell, J. 2012b. *Good Intentions Continue at G20, But Promises on Development Are Not Being Kept*. ONE Blog. 20 June. www.one.org/international/blog/good–intentions–continue–at–g20–but–promises–on–development–are–not–being–kept/ [accessed: 25 November 2012].

[277] Put People First 2009. G20 Counter Conference Report and Audio. www.putpeoplefirst.org.uk/2009/12/put–people–first–g20–counter–conference–report–and–audio [accessed: 6 August 2012].

[278] Putin, V. 2012. Vladimir Putin on Foreign Policy: Russia and the Changing World. 27 February. www.g20civil.com/2013/russia–foreign–policy.php [accessed: 26 October 2012].

[279] Putnam, R.D. and Bayne, N. 1987. *Hanging Together: Cooperation and Conflict in the Seven-Power Summits*, rev. edn. Cambridge, MA: Harvard University Press.

[280] Quintos, P. 2010. *What Is Missing in the G20 Agenda? Redressing Structural Imbalances for Equity, Justice and Sustainability*. IBON International. 8 October. http://iboninternational.org/search/read/30/what%20is%20missing [accessed: 4 August 2012].

[281] Rankin, I. 2006. *The Naming of the Dead*. London: Orion.

[282] Robertson, C. 2010. *A Primer to the G8/G20 Toronto and Huntsville*

Summits. Calgary, Alberta: Canadian Defence & Foreign Affairs Institute. June. www.cdfai.org/PDF/A%20Primer%20to%20the%20G8G20%20Toronto%20and%20Huntsville%20Summits.pdf [accessed: 24 June 2012].

[283] Rottier, S. and VÉron, N. 2010. *An Assessment of the G20's Initial Action Items*. Bruegel Policy Contribution 2010/08. http://aei.pitt.edu/14873/ [accessed: 24 June 2012].

[284] The Royal Society 2012a. *Building Resilience to Disasters of Natural and Technological Origin*. 10 May.

[285] http://royalsociety.org/uploadedFiles/Royal_Society_Content/policy/publications/2012/2012-05-10-G-Science-Resilience.pdf [accessed: 29 July 2012].

[286] The Royal Society 2012b. *Energy and Water Linkage: Challenge to a Sustainable Future*. 10 May. http://royalsociety.org/uploadedFiles/Royal_Society_Content/policy/publications/2012/2012-05-10-G-Science-Energy.pdf [accessed: 29 July 2012].

[287] The Royal Society 2012c. *Improving Knowledge of Emissions and Sinks of Greenhouse Gases*. 10 May.

[288] http://royalsociety.org/uploadedFiles/Royal_Society_Content/policy/publications/2012/2012-05-10-G-Science-Emission.pdf [accessed: 29 July 2012].

[289] Rude, C. and Burke, S. 2009. *Towards a Socially Responsible and Democratic Global Economic System: Transparency, Accountability and Governance*. Dialogue on Globalization Briefing Paper 15. New York: Friedrich-Ebert-Stiftung. http://library.fes.de/pdf-files/bueros/usa/06778-20091105.pdf [accessed: 4 August 2012].

[290] Russian G8/G20 NGOs Working Group 2012. *Join Civil G20*. www.g20civil.com/g20civil-society/join.php [accessed: 10 August 2012].

[291] Samans, R., Uzan, M. and Lopez-Carlos, A. (eds) 2007. *The International Monetary System, the IMF, and the G20: A Great Transformation in the Making?* Houndmills: Palgrave Macmillan.

[292] Savona, P., Kirton, J.J.and Oldani, C. (eds) 2011. *Global Financial Crisis: Global Impact and Solutions* Farnham: Ashgate.

[293] Scherrer, A. 2007. *La production normative du G8 face à la «criminalitÉ transnationale organisÉe» (1989–2005): la force du discours, le poids de l'expertise* [Normative action of the G8 *vis-à-vis* international organized crime]. PhD dissertation (political science and international relations). Paris: Institut d'Etudes politiques [Sciences Po].

[294] Schmidt, H. 2007. *Observations on the Present State of the World: Keynote Speech to the 25th Plenary Session of the InterAction Council.* 21 May. http://interactioncouncil.org/sites/default/files/pschmidt07.pdf [accessed: 24 June 2012].

[295] Schmucker, C. and Gnath, K. 2011b. *The Role of the Emerging Countries in the G20: Agenda-setter, Veto Player or Spectator?* Bruges Regional Integration & Global Governance Papers, No. 2. Bruges: College of Europe; United Nations University, Comparative Regional Integration Studies.

[296] Schulz, N.S. 2011. *The G20: Driving Development behind Closed Doors*. FRIDE Policy Brief, No. 107. December. Madrid: Fundaci ó n para las Relaciones Internacionales y el Di á logo Exterior. www.fride.org/download/PB_107_G20_development.pdf [accessed: 3 October 2013].

[297] Schwanen, D. 2010. *The G20 Framework for Strong, Sustainable and Balanced Growth: A Study in Credible Cooperation.* CIGI G20 Paper No. 4. Waterloo, Canada: Centre for International Governance Innovation. www.cigionline.org/sites/default/files/G20No4.pdf [accessed: 24 June 2012].

[298] Shorr, D. 2011. *Making the G-20 a Reservoir of Global Leadership: A*

Maximalist Argument. Policy Analysis Brief. April. www.stanleyfoundation.org/publications/pab/ShorrPAB411.pdf [accessed: 24 February 2013].

[299] Singapore Institute of International Affairs 2010. SIIA Welcomes New 3G Initiative for Small States. www.siiaonline.org/?q=programmes/insights/siia–welcomes–new–3g–initiative–small–states [accessed: 4 November 2012].

[300] Slaughter, A.–M. 2004. *A New World Order*. Princeton: Princeton University Press.

[301] Smith, G.S. 2011a. G7 to G8 to G20: Evolution in Global Governance. Waterloo, Canada: Centre for International Governance Innovation. CIGI G20 Papers, No. 6. 25 May. www.cigionline.org/sites/default/files/G20No6.pdf [accessed: 24 June 2012].

[302] Stanley Foundation 2010b. *The United Nations and the G-20: Ensuring Complementary Efforts*. 41st United Nations Issues Conference. Tarrytown, NY, 26 - 28 March. www.stanleyfoundation.org/publications/report/Issues2010.pdf [accessed: 17 September 2012].

[303] Stanley Foundation 2011. *How Are Key 21st-Century Powers Arranging Themselves – For Competition, Coexistence, or Cooperation?* Policy Dialogue Brief. Muscatine, Iowa: Stanley Foundation. 6 - 8 June.

[304] Stanley Foundation 2012. *Shifting Coalitions and Potential Blocs for Asian and Pacific Leadership in the G-20*. Policy Dialogue Brief. September. www.stanleyfoundation.org/publications/pdb/ShanghaiPDB1112.pdf [accessed: 29 December 2012].

[305] Stern, N. 2007. *The Economics of Climate Change: The Stern Review*. Cambridge: Cambridge University Press.

[306] Studer, I. and Contreras, T. 2012. *Assessing the Impact of the Seoul Summit Development Commitments: Case Study Mexico*. [With financial support from the International Labour Office through the ILO - Korea Partnership

Program]. www.g20.utoronto.ca/biblio/SDC_Mexico.pdf [accessed: 25 January 2013].

[307] Subacchi, P. and Helleiner, E. 2009. *From London to L'Aquila: Building a Bridge between the G20 and the G8*. Briefing Paper. London: Chatham House; Centre for International Governance Innovation, June. www.chathamhouse.org/sites/default/files/public/Research/International%20 Economics/0609ch_cigi.pdf [accessed: 24 June 2012].

[308] Subacchi, P. and Monsarrat, A. Project Co–directors 2009. *New Ideas for the London Summit: Recommendations to the G20 Leaders*. Chatham House Report; Chatham House and Atlantic Council Report. London: Chatham House. March. www.chathamhouse.org/sites/default/files/public/Research/International%20Economics/r0409_g20.pdf [accessed: 24 June 2012].

[309] Subacchi, P. and Pickford, S. 2011. *Legitimacy vs Effectiveness for the G20: A Dynamic Approach to Global Economic Governance*. Chatham House Briefing Paper IE BP 2011/01 London: Chatham House. www.chathamhouse.org/sites/default/files/1011bp_subacchi_pickford.pdf [accessed: 24 June 2012].

[310] Tandon, R. and Martin, N. 2010. 2010. *Civil Society Dialogue with the Host Sherpa to the Toronto 2010 G20 Summit: CommuniquÉ*. June 21. www.fimcivilsociety.org/en/library/PRESS_RELEASE_CS%20dialogue_with%20 G20_Host%20Sherpa_FINAL_2.pdf [accessed: 3 August 2012].

[311] Taylor, T. 2011. *You Should Have Stayed Home*. Toronto: Praxis Theatre.

[312] Te Velde, D.W. 2010. *The G-20 Framework for Strong, Sustainable and Balanced Growth: What Role for Low-income, Small and Vulnerable Countries?*. June. London: Overseas Development Institute. www.odi.org.uk/publications/4905–g–20–framework–strong–sustainable–balanced–growth–role–low–income–small–vulnerable–countries [accessed: 28 November

2012].

[313] Te Velde, D.W. (coord.) 2012. *Accountability and Effectiveness of the G20's Role in Promoting Development: Analysis, Views, Annotated Bibliography and Workshop Report*. Paper prepared for Workshop on an Accountability Mechanism for G20 Development Commitments, Bali, Indonesia, 3 October. [London: Overseas Development Institute.] www.odi.org.uk/publications/6859-accountability-effectiveness-g20s-role-promoting-development [accessed: 28 November 2012].

[314] Thirlwell, M. and Cook, M. 2006. Geeing up the G-20. *Policy Brief*, Lowy Institute for International Policy, April. http://lowyinstitute.cachefly.net/files/pubfiles/Thirlwell_and_Cook%2C_Geeing_up_the_G20_s.pdf [accessed: 24 June 2012].

[315] Thomson Reuters 2013. *The Research & Innovation Performance of the G20 and Its Impact on Decisions Made by the World's Most Influential Economic Leaders*. September. http://sciencewatch.com/sites/sw/files/images/basic/research-innovation-g20.pdf [accessed: 29 September 2013].

[316] Tietmeyer, H. 1999. *International Cooperation and Coordination in the Area of Financial Market Supervision and Surveillance: Report by Hans Tietmeyer, President of the Deutsche Bundesbank*. 11 February. www.financialstabilityboard.org/publications/r_9902.pdf [accessed: 25 January 2013].

[317] Traub, J. 2009. *At the World's Summit: How Will Leading Nations Lead?* Policy Analysis Brief. Muscatine, Iowa: Stanley Foundation, June. www.stanleyfoundation.org/publications/pab/TraubPAB609.pdf [accessed: 24 June 2012].

[318] Trew, S. 2013. *Declaration of the G20 Counter-summit*. The Council of Canadians. 7 September. www.canadians.org/blog/declaration-g20-counter-

summit [accessed: 10 October 2013].

[319] Truman, E.M. 2011. *G-20 Reforms of the International Monetary System: An Evaluation*. Policy Brief 11 - 19. Washington: Peterson Institute for International Economics. November. www.iie.com/publications/pb/pb11–19.pdf [accessed: 24 June 2012].

[320] TrustLaw 2012. *G20 Countries: The Worst and Best for Women*. www.trust.org/documents/womens–rights/resources/G20Poll2012Infographics.pdf [accessed: 29 July 2012].

[321] Tussie, D. and Trucco, P. 2009. *The G20 and the Future of Market Regulation*. Policy Brief, 20. Madrid: FRIDE [Fundaci ó n para las Relaciones Internacionales y el Di á logo Exterior]. September. www.fride.org/download/PB20_G20_market_regulation_ENG_sep09.pdf [accessed: 25 January 2013].

[322] Vestergaard, J. 2011. *The G20 and Beyond: Towards Effective Economic Governance.* Danish Institute for International Studies, 16 March. www.diis.dk/sw106138.asp [accessed: 17 September 2012].

[323] Vines, D. and Gilbert, C.L. (eds). 2004. *The IMF and Its Critics: Reform of Global Financial Architecture*. Cambridge: Cambridge University Press.

[324] Von Furstenberg, G.M. 2000. *Tinkering with the International Financial System and Debt Forgiveness: What Insights Have Surfaced in the G7/IMF Going Forward from Cologne to the Okinawa Summit?* Toronto: University of Toronto G8 Research Group, 21 July 2000. www.g8.utoronto.ca/scholar/furstenberg20000720 [accessed: 24 June 2012].

[325] Wahl, P. 2012. *The G20: Overestimated and Underperforming: Drawing a Balance of the G20 Achievements - Four Years After the Crash.* Discussion Paper. Berlin: WEED, 12 June. www2.weed–online.org/uploads/g20_overestimated_and_underperforming.pdf [accessed: 28 November 2012].

[326] Wilson, D. and Purushothaman, R. 2003. *Dreaming with BRICs: The Path to*

2050. Global Economics Paper No. 99. New York: Goldman Sachs, October. www.goldmansachs.com/our-thinking/topics/brics/brics-reports-pdfs/brics-dream.pdf [accessed: 24 June 2012].

[327] Winters, L.A., Wonhyuk, L., Hanmer, L. and Augustin, S. 2010. *Economic Growth in Low Income Countries: How the G20 Can Help to Raise and Sustain It*. Economics Dept. Working Paper Series, 8-2010. Brighton, UK: University of Sussex. www.sussex.ac.uk/economics/documents/wps8-2010-winters.pdf [accessed: 28 November 2012].

[328] Wolf, M. 2010. *Fixing Global Finance*. Expanded and updated ed. Baltimore: Johns Hopkins University Press.

[329] Woods, N. 2010a. *The G20 leaders and Global Governance*. GEG Working Paper 2010/59, Global Economic Governance Programme, Oxford University. www.globaleconomicgovernance.org/wp-content/uploads/Woods-2010-The-G20-and-Global-Governance.doc.pdf [accessed: 17 September 2012].

[330] World Economic Forum 2007. 'Merkel Urges New Dialogue and Closer Atlantic Partnership,' *World Economic Forum - Press Releases*, 24 January. Available online: www.weforum.org/en/media/Latest%20Press%20Releases/AM07_Angela_Merkel

[331] World Economic Forum 2010. *Seoul G20 Summit: Priorities and Challenges, Davos Forum Special Address by Lee Myung-bak, President of the Republic of Korea*. Davos, Switzerland, 28 January. www.weforum.org/pdf/AM_2010/SpecialAddress-Lee-Myung-Bak.pdf [accessed: 31 August 2012].

[332] World Economic Forum 2012a. *Euro, Dollar, Yuan Uncertainties: Scenarios on the Future of the International Monetary System*. World Scenario Series. June. www3.weforum.org/docs/WEF_FS_EuroDollarYuanUncertainties_Report_2012.pdf [accessed: 31 August 2012].

[333] World Economic Forum 2012b. *President Calderón: Green Growth Public*

Private Partnerships. http://forumblog.org/2012/06/president-calderon-green-growth-public-private-partnerships/ [accessed: 31 August 2012].

[334] World Religions Summit 2010 – Interfaith Leaders in the G8 Nations 2010. *A Time for Inspired Leadership and Action*. 23 June. www.faithchallengeg8.com/pdfs/2010%20Interfaith%20Statement%20-%20English.pdf [accessed 6 August 2012].

[335] World Vision 2012. *World Vision Says G20 Finally Puts Nutrition on Its Plate but Fast Delivery Needed for Vulnerable Children*. 19 June. www.worldvision.org/content.nsf/about/20120619_G20-nutrition-fast-delivery-children?OpenDocument [accessed: 25 November 2012].

[336] WWF 2012. *Final G-20 Statement Plagued with Ambiguous Language Fails To Provide Rio+20 Needed Boost*. 20 June. wwf.panda.org/?205307/Final-G-20-statement-plagued-with-ambiguous-language-fails-to-provide-Rio20-needed-boost---WWF [accessed: 25 November 2012].

[337] Yates, D. (dir.) 2005. *The Girl in the CafÉ*. Perf. B. Nighy, K. Macdonald. Tightrope Pictures. DVD.

书籍章节

[1] Alagh, Y.K. 2005. On sherpas and coolies: The L20 and non-Brahmanical futures, in *Reforming from the Top: A Leaders' 20 Summit*, edited by J. English et al. Tokyo: United Nations University Press [q.v.], 169-86.

[2] Alexandroff, A.S. 2008b. Enhanced engagement: The Heiligendamm process and beyond, in *Emerging Powers in Global Governance: Lessons from the Heiligendamm Process*, edited by A.F. Cooper and A. Antkiewicz. Waterloo, Canada: Wilfrid Laurier University Press and Centre for International Governance Innovation [q.v.], 337-51.

[3] Alexandroff, A.S. and Kirton, J. 2010. The 'Great Recession' and the emergence of the G20 Leaders' Summit, in *Rising States, Rising Institutions: Can the World Be Governed?*, edited by A. Alexandroff and A. F. Cooper. Washington: Brookings Institution Press, 177–95.

[4] Bayne, N. 2005a. Do we need the G8 summit? Lessons from the past, looking ahead to the future, in *New Perspectives on Global Governance,* edited by M. Fratianni et al. Aldershot, UK: Ashgate, 15–29.

[5] Bayne, N. 2011a. The decline of the G8 summit and lessons for the G20, in *The New Economic Diplomacy: Decision-Making and Negotiation in International Economic Relations*. 3rd edn, edited by N.Bayne and S. Woolcock. Global Finance Series, Farnham: Ashgate, 249–62.

[6] Bayne, N. 2011b. Plurilateralism and multilateralism: Comparing institutions, in *The New Economic Diplomacy: Decision-Making and Negotiation in International Economic Relations*. 3rd edn, edited by N.Bayne and S. Woolcock. Global Finance Series, Farnham: Ashgate, 205–230.

[7] Beattie, A. 2011. Successful communications strategy for G20 summits, in *Global Leadership in Transition: Making the G20 More Effective and Responsive*, edited by C.I. Bradford and W.H. Lim. Washington, DC: Brookings Institution Press with Korean Development Institute, 312–17.

[8] Bergsten, C.F. 2005. *The Euro and the Dollar: Toward a 'Finance G-2'?,* in *The Euro at Five: Ready for a Global Role?*, edited by A.S. Posen, Washington, DC: Institute for International Economics, 27–46.

[9] Bergsten, C.F. and Koch–Weser, C. 2004. The G–2: A new conceptual basis and operating modality for transatlantic economic relations, in *From Alliance To Coalitions: The Future of Transatlantic Relations*, W. Weidenfeld et al. (eds), G ü tersloh, Germany: Bertelsmann Foundation, 237–50.

[10] Bergsten, C.F. and de Montbrial, T. 2003. Letter of transmittal to the leaders

of the G–8 member countries, in *Restoring G-8 Leadership of the World Economy*. Washington, DC: Peterson Institute of International Economics, 4–5 http://www.iie.com/publications/papers/g8–2003.pdf [accessed: 2 November 2012].

[11] Bernes, T.A. 2011. IMF legitimacy and governance reform: will the G20 help or hinder?, in *Global Leadership in Transition: Making the G20 More Effective and Responsive*, edited by C.I. Bradford and W.H. Lim. Washington, DC: Brookings Institution Press with Korean Development Institute, 219–23.

[12] Bhushan, A. and Tussie, D. 2010. Widening global governance: building on the G20, in *Canadian Development Report: A Global Crisis of Development*. Ottawa: North–South Institute, 3–17.

[13] Bitar, S. 2011. Infrastructure and development: a new area for international cooperation, in *Global Leadership in Transition: Making the G20 More Effective and Responsive*, edited by C.I. Bradford and W.H. Lim. Washington, DC: Brookings Institution Press with Korean Development Institute, 201–8.

[14] Blustein, P. 2011. A healthy fear factor: the media as action–forcer at summits, in *Global Leadership in Transition: Making the G20 More Effective and Responsive*, edited by C.I. Bradford and W.H. Lim. Washington, DC: Brookings Institution Press with Korean Development Institute, 318–23.

[15] Bowles, P. 2008. ASEAN and the G8: Potentially productive partners or two ships passing in the night?, in *Emerging Powers in Global Governance: Lessons from the Heiligendamm Process*, edited by A.F. Cooper and A. Antkiewicz. Waterloo, Canada: Wilfrid Laurier University Press and Centre for International Governance Innovation [q.v.], 213–31.

[16] Bradford, C.I. 2005a. Anticipating the future: A political agenda for global economic governance, in *Reforming from the Top: A Leaders' 20 Summit*, edited by J. English et al. Tokyo: United Nations University Press [q.v.], 46–62.

[17] Bradford, C.I. 2008. The United States and summit reform in a transformational era, in *Emerging Powers in Global Governance: Lessons from the Heiligendamm Process*, edited by A.F. Cooper and A. Antkiewicz. Waterloo, Canada: Wilfrid Laurier University Press and Centre for International Governance Innovation [q.v.], 307–36.

[18] Bradford, C.I. 2011a. The cultural foundations for the new dynamics of summitry, in *Global Leadership in Transition: Making the G20 More Effective and Responsive*, edited by C.I. Bradford and W.H. Lim. Washington, DC: Brookings Institution Press with Korean Development Institute, 249–56.

[19] Bradford, C.I. and Lim, W.H. 2011a. Conclusion: priority innovations and challenges for the G20, in *Global Leadership in Transition: Making the G20 More Effective and Responsive*, edited by C.I. Bradford and W.H. Lim. Washington, DC: Brookings Institution Press with Korean Development Institute, 324–32.

[20] Bradford, C.I. and Lim, W.H. 2011c. Introduction: toward the consolidation of the G20: from crisis committee to global steering committee, in *Global Leadership in Transition: Making the G20 More Effective and Responsive*, edited by C.I. Bradford and W.H. Lim. Washington, DC: Brookings Institution Press with Korean Development Institute, 1–10.

[21] Bradford, C.I. and Linn, J.F. 2007. Summit reform: Toward an L–20, in *Global Governance Reform: Breaking the Stalemate*, edited by C.I. Bradford and J.F. Linn, Washington, DC: Brookings Institution Press, 77–86.

[22] Bronnert, D. 2011. Making government policy: The G8 and G20 in 2010, in *The New Economic Diplomacy: Decision-Making and Negotiation in International Economic Relations*, edited by N. Bayne and S. Woolcock. Global Finance Series, 3rd edn. Farnham: Ashgate, 81–91.

[23] Carin, B. 2011a. A G20 ‘Non–Secretariat’ : President Nicolas Sarkozy’s

conversation with Philosopher Lao Tzu, Strategist Sun Tzu, and Clio, the Muse of History, in *Global Leadership in Transition: Making the G20 More Effective and Responsive*, edited by C.I. Bradford and W.H. Lim. Washington, DC: Brookings Institution Press with Korean Development Institute, 275–82.

[24] Carin, B. and Smith, G. 2005. Making change happen at the global level in *Reforming from the Top: A Leaders' 20 Summit*, edited by J. English et al. Tokyo: United Nations University Press [q.v.], 25–45.

[25] Chin, G.T. 2008. China's evolving G8 engagement: Complex interests and multiple identity in global governance reform in *Emerging Powers in Global Governance: Lessons from the Heiligendamm Process*, edited by A.F. Cooper and A. Antkiewicz. Waterloo, Canada: Wilfrid Laurier University Press and Centre for International Governance Innovation [q.v.], 83–113.

[26] Cooper, A.F. 2008b. The Heiligendamm process: Structural reordering and diplomatic agency, in *Emerging Powers in Global Governance: Lessons from the Heiligendamm Process*, edited by A.F. Cooper and A. Antkiewicz. Waterloo, Canada: Wilfrid Laurier University Press and Centre for International Governance Innovation [q.v.], 1–18.

[27] Cooper, A.F. 2010a. The G8–G20 partnership, in *G8-G20: The 2010 Canadian Summits: Recovery and New Beginnings*, edited by J.J. Kirton and M. Koch. London: Newsdesk, 306–307.

[28] Cooper, A.F. 2011b. The G20 and regional dynamics, in *Global Leadership in Transition: Making the G20 More Effective and Responsive*, edited by C.I. Bradford and W.H. Lim. Washington, DC: Brookings Institution Press with Korean Development Institute, 265–74.

[29] Cooper, A.F. and English, J. 2005. Introduction: reforming the international system from the top – a Leaders' 20 Summit, in *Reforming from the Top: A Leaders' 20 Summit*, edited by J. English et al. Tokyo: United Nations

University Press [q.v.], 1–24.

[30] Cooper, A.F. and Schrumm, A. 2011. Reconciling the Gs: The G8, the G5, and the G20 in a world of crisis, in *Global Financial Crisis: Global Impact and Solutions,* edited by P. Savona et al. Farnham: Ashgate, 229–44.

[31] Culpeper, R. 2003. Systemic reform at a standstill: A flock of ‘Gs’ in search of global financial stability, in *Critical Issues in International Financial Reform*, edited by A. Berry and G. Indart. New Brunswick, N.J., London: Transaction Publishers, 203–36.

[32] Derviş, K. 2011. Global imbalances and the G20, in *Global Leadership in Transition: Making the G20 More Effective and Responsive*, edited by C.I. Bradford and W.H. Lim. Washington, DC: Brookings Institution Press with Korean Development Institute, 125–37.

[33] Desai, N. 2012. What interests do the BRICS countries share?, in *BRICS New Delhi Summit 2012: Stability, Security and Prosperity*, edited by M. Larionova and J.J. Kirton. Toronto: Newsdesk Media Group, 26–7. www.brics.utoronto.ca/newsdesk/BRICS–2012.pdf [accessed: 3 November 2012].

[34] Dluhosch, B. 2001. The G7 and the debt of the poorest, in *Guiding Global Order: G8 Governance in the Twenty-first Century*, edited by J.J. Kirton et al. The G8 and Global Governance Series. Aldershot: Ashgate, 79–91.

[35] Dobson, H. 2011. The G8, the G20, and Civil Society, in *Global Financial Crisis: Global Impact and Solutions,* edited by P. Savona et al. Farnham: Ashgate, 245–60.

[36] Dobson, W. 2001. Broadening participation in G–7 summits, in *Toward Shared Responsibility and Global Leadership: Recommendations for the G-8 Genoa Summit from the G-8 Preparatory Conference,* G–8 Preparatory Conference, Turin, Italy: Peterson Institute for International Economics, 23–9.

[37] Dobson, W. 2008. Global lessons from the 2008 financial crisis, in *The*

Finance Crisis and Rescue: What Went Wrong? Why? What lessons Can Be Learned?. Toronto: Rotman School of Management/University of Toronto Press, 95–106.

[38] Drache, D. 2005. The political economy of dissent: Global publics after Canc ú n, in *Reforming from the Top: A Leaders' 20 Summit*, edited by J. English et al. Tokyo: United Nations University Press [q.v.], 121–40.

[39] Fues, T. and Leininger, J. 2008. Germany and the Heiligendamm process, in *Emerging Powers in Global Governance: Lessons from the Heiligendamm Process*, edited by A.F. Cooper and A. Antkiewicz. Waterloo, Canada: Wilfrid Laurier University Press and Centre for International Governance Innovation [q.v.], 235–62.

[40] Germain, R.D. 2001a. Financial Stability Board, in *The New Great Power Coalition: Toward a World Concert of Nations*, edited by R. Rosecrance. New York: Rowman & Littlefield, 50–55.

[41] Germain, R.D. 2011. Financial Stability Board, in *Handbook of Transnational Governance Innovation,* edited by T. Hale and T. Held. London: Polity Press, 50–55.

[42] Gill, S. 1999. Structural Changes in Multilateralism: The G–7 Nexus and the Global Crisis, in *Innovation in Multilateralism,* edited by M. G. Schechter. New York: St. Martin' s Press, 113–65.

[43] Gregory, D. and de Almeida, P.R. 2008. Brazil and the G8 Heiligendamm process, in *Emerging Powers in Global Governance: Lessons from the Heiligendamm Process*, edited by A.F. Cooper and A. Antkiewicz. Waterloo, Canada: Wilfrid Laurier University Press and Centre for International Governance Innovation [q.v.], 137–61.

[44] Gurr í a, A. 2005. A Leaders' 20 Summit?, in *Reforming from the Top: A Leaders' 20 Summit*, edited by J. English et al. Tokyo: United Nations

University Press [q.v.], 63–71.

[45] Hajnal, P.I. 2007c. Reform of the G7, G8 and G20, in *The G8 System and the G20: Evolution, Role and Documentation,* edited by P.I. Hajnal. Aldershot: Ashgate, 159–77.

[46] Hajnal, P.I. 2011a. Civil Society and G8 accountability, in *Building Global Democracy? Civil Society and Accountable Global Governance*, edited by J.A. Scholte. Cambridge: Cambridge University Press, 182–205.

[47] Hajnal, P.I. and Panova, V. 2012. The future role and reform of the G8, in *The European Union in the G8: Promoting Consensus and Concerted Actions for Global Public Goods,* edited by M. Larionova. Farnham: Ashgate, 65–81.

[48] Hamilton, K. 2010. Inspired leadership: Civil Society' s contribution to G8 and G20 summitry, in *G8 & G20: The 2010 Canadian Summits*, edited by J.J. Kirton and M. Koch. Toronto: Newsdesk Media Group and the G20 Research Group, 308.

[49] Haynal, G. 2005. Summitry and governance: The case for a G–XX, in *Canada among Nations 2004: Setting Priorities Straight,* edited by D. Carment et al. Montreal and Kingston: McGill–Queens University Press, 261–74.

[50] Heinbecker, P. 2011b. The United Nations and the G20: synergy or dissonance?, in *Global Leadership in Transition: Making the G20 More Effective and Responsive*, edited by C.I. Bradford and W.H. Lim. Washington, DC: Brookings Institution Press with Korean Development Institute, 236–45.

[51] Higgott, R. 2005. Multilateralism and the limits of global governance, in *Reforming from the Top: A Leaders' 20 Summit*, edited by J. English et al. Tokyo: United Nations University Press [q.v.], 72–96.

[52] Huang, W. 2011. Global Governance Under the G20: A Chinese Perspective, in *G20: Perceptions and Perspectives for Global Governance*, edited by W. Hofmeister, and S. Vogt. Singapore: Konrad Adenauer Stiftung, 41–49. www.

kas.de/upload/dokumente/2011/10/G20_E-Book/chapter_5.pdf [accessed: 25 January 2013].

[53] Kharas, H. 2011. Bringing development into the G20: overarching themes, in *Global Leadership in Transition: Making the G20 More Effective and Responsive*, edited by C.I. Bradford and W.H. Lim. Washington, DC: Brookings Institution Press with Korean Development Institute, 165–75.

[54] Kim, H.W. 2011. G20 framework for more sustainable and balanced growth, in *Global Leadership in Transition: Making the G20 More Effective and Responsive*, edited by C.I. Bradford and W.H. Lim. Washington, DC: Brookings Institution Press with Korean Development Institute, 151–57.

[55] Kirton, J.J. 2001a. The G7/8 and China: Toward a closer association, in *Guiding Global Order: G8 Governance in the Twenty-first Century*, edited by J.J. Kirton et al. The G8 and Global Governance Series. Aldershot, UK: Ashgate, 189–222.

[56] Kirton, J.J. 2001b. The G20: Representativeness, effectiveness and leadership, in *Guiding Global Order: G8 Governance in the Twenty-First Century,* edited by J.J. Kirton et al. Global Governance Series Aldershot, UK: Ashgate, 143–73.

[57] Kirton, J.J. 2001c. Guiding global economic governance: the G20, the G7, and the International Monetary Fund at century' s dawn, in *New Directions in Global Economic Governance: Managing Globalisation in the Twenty-first Century*, edited by J.J. Kirton and G.M. von Furstenberg. The G8 and Global Governance Series. Aldershot, UK: Ashgate, 143–67.

[58] Kirton, J.J. 2005b. Toward multilateral reform: The G20' s contribution, in *Reforming from the Top: A Leaders' 20 Summit*, edited by J. English et al. Tokyo: United Nations University Press [q.v.], 141–68.

[59] Kirton, J.J. 2008b. From G8 2003 to G13 2010? The Heiligendamm process' s

past, present, and future, in *Emerging Powers in Global Governance: Lessons from the Heiligendamm Process*, edited by A.F. Cooper and A. Antkiewicz. Waterloo, Canada: Wilfrid Laurier University Press and Centre for International Governance Innovation [q.v.], 45–79.

[60] Kirton, J.J. 2011a. The G8: legacy, limitations, and lessons, in *Global Leadership in Transition: Making the G20 More Effective and Responsive*, edited by C.I. Bradford and W.H. Lim. Washington, DC: Brookings Institution Press with Korean Development Institute, 16–35.

[61] Kirton, J, J. 2011b. The Group of Twenty, in *Handbook of Transnational Governance Innovation,* edited by T. Hale and T. Held. London: Polity Press, 55–60.

[62] Kirton, J.J. 2013a. The future of G20 governance, in *G20 Governance for a Globalized World*, edited by J.J. Kirton. Farnham: Ashgate, 373–90.

[63] Kirton, J.J. 2013c. Introduction, in *G20 Governance for a Globalized World*, edited by J.J. Kirton. Farnham: Ashgate, 3–26.

[64] Kirton, J.J. 2013e. The systemic hub model of G20 governance, in *G20 Governance for a Globalized World*, edited by J.J. Kirton. Farnham: Ashgate, 27–52.

[65] Lim, W.H. 2011. Sharing knowledge for development, in *Global Leadership in Transition: Making the G20 More Effective and Responsive*, edited by C.I. Bradford and W.H. Lim. Washington, DC: Brookings Institution Press with Korean Development Institute, 209–16.

[66] Linn, J.F. 2011. How the G20 can break the stalemate in the reform of the multilateral development system: proposals for action, in *Global Leadership in Transition: Making the G20 More Effective and Responsive*, edited by C.I. Bradford and W.H. Lim. Washington, DC: Brookings Institution Press with Korean Development Institute, 224–35.

[67] Linn, J.F. 2012. Whither the G–20: Proposals for a focused agenda, in *The G-20 Los Cabos Summit 2012: Bolstering the World Economy amid Growing Fears of Recession*, Washington, DC: Brookings Institution, 9–10. www.brookings.edu/~/media/research/files/reports/2012/6/g20/g20_full%20report.pdf [accessed: 3 November 2012].

[68] Lins, M.A.D.T. and Silva, L.P. 2011. Brazil and the G20: Recent development strategy and strength among 'New' emerging economies, in *G20: Perceptions and Perspectives for Global Governance*, edited by W. Hofmeister, and S. Vogt. Singapore: Konrad Adenauer Stiftung. 21–30. www.kas.de/upload/dokumente/2011/10/G20_E–Book/chapter_3.pdf [accessed: 25 January 2013].

[69] Lombardi, D. 2011. The International Monetary System through the lens of emerging Asia, in *Asia and Policymaking for the Global Economy*, edited by K. Dervis, M. Kawai and D. Lombardi. Washington, DC: Brookings Institution Press and Asian Development Bank Institute, 151–81.

[70] Lombardi, D. 2012. The G–20, the IMF and the European debt crisis, in *The G-20 Los Cabos Summit 2012: Bolstering the World Economy amid Growing Fears of Recession*. Washington, DC: Brookings Institution, 7–8. www.brookings.edu/~/media/research/files/reports/2012/6/g20/g20_lombardi.pdf [accessed: 26 October 2012].

[71] Malan, P.S. 2011. Rebalancing the world economy: the G20' s potential role, in *Global Leadership in Transition: Making the G20 More Effective and Responsive*, edited by C.I. Bradford and W.H. Lim. Washington, DC: Brookings Institution Press with Korean Development Institute, 158–61.

[72] Mann, T. 2011. G20 summitry: domestic leadership in a polarized and globalized world, in *Global Leadership in Transition: Making the G20 More Effective and Responsive*, edited by C.I. Bradford and W.H. Lim. Washington, DC: Brookings Institution Press with Korean Development Institute, 299–303.

[73] Martin, N. 2008. The FIM G8 project, 2002–2006: A case analysis of a project to initiate civil society engagement with the G8, in *Critical Mass: The Emergence of Global Civil Society,* edited by J.W. St.G. Walker and A.S. Thompson, Waterloo, Canada: Wilfrid Laurier University Press, pp. 183–209.

[74] Martin, P. 2009. Key challenges, in *The London Summit 2009: Growth, Stability, Jobs*, edited by J.J. Kirton and M. Koch. London: Newsdesk Media Group, 24–5.

[75] Martin, P. 2011a. Financial sector reform and the G20, in *Global Leadership in Transition: Making the G20 More Effective and Responsive*, edited by C.I. Bradford and W.H. Lim. Washington, DC: Brookings Institution Press with Korean Development Institute, 65–69.

[76] Martin, P. 2011b. The G20: from global crisis responder to global steering committee, in *Global Leadership in Transition: Making the G20 More Effective and Responsive*, edited by C.I. Bradford and W.H. Lim. Washington, DC: Brookings Institution Press with Korean Development Institute, 13–15.

[77] Martin, P. 2013. The G20: from global crisis responder to steering committee, in *The Oxford Handbook of Modern Diplomacy*, edited by A.F. Cooper et al. Oxford: Oxford University Press.

[78] Maxwell, S. 2011. Laying the foundation for a long-term G20 work program on development. in *Global Leadership in Transition: Making the G20 More Effective and Responsive*, edited by C.I. Bradford and W.H. Lim. Washington, DC: Brookings Institution Press with Korean Development Institute, 176–90.

[79] Mistral, J. 2011a. The G20 and the challenge of international financial reregulation, in *Global Leadership in Transition: Making the G20 More Effective and Responsive*, edited by C.I. Bradford and W.H. Lim. Washington, DC: Brookings Institution Press with Korean Development Institute, 86–100.

[80] Murinde, V. 2011. Bank regulation in Africa: from Basel I to Basel II and now

at a crossroads, in *Global Leadership in Transition: Making the G20 More Effective and Responsive*, edited by C.I. Bradford and W.H. Lim. Washington, DC: Brookings Institution Press with Korean Development Institute, 101–21.

[81] Nafey, A. 2008. India and the G8: Reaching out or out of reach?, in *Emerging Powers in Global Governance: Lessons from the Heiligendamm Process*, edited by A.F. Cooper and A. Antkiewicz. Waterloo, Canada: Wilfrid Laurier University Press and Centre for International Governance Innovation [q.v.], 115–35.

[82] O'Neill, J. 2012. Building BRICS: From conceptual category to rising reality, in *BRICS New Delhi Summit 2012: Stability, Security and Prosperity*, edited by M. Larionova and J.J. Kirton. Toronto: Newsdesk Media Group, 24–25. www.brics.utoronto.ca/newsdesk/BRICS–2012.pdf [accessed: 3 November 2012].

[83] Padoan, P.C. 2011. The political economy of global rebalancing and the role of structural reforms, in *Global Leadership in Transition: Making the G20 More Effective and Responsive*, edited by C.I. Bradford and W.H. Lim. Washington, DC: Brookings Institution Press with Korean Development Institute, 138–50.

[84] Panova, V.V. 2008. Russia and the evolution of the Heiligendamm process, in *Emerging Powers in Global Governance: Lessons from the Heiligendamm Process*, edited by A.F. Cooper and A. Antkiewicz. Waterloo, Canada: Wilfrid Laurier University Press and Centre for International Governance Innovation [q.v.], 285–306.

[85] Park, Y.C. and Kim, S.M. 2011. G20 financial regulatory reform: current status and future challenges, in *Global Leadership in Transition: Making the G20 More Effective and Responsive*, edited by C.I. Bradford and W.H. Lim. Washington, DC: Brookings Institution Press with Korean Development Institute, 70–85.

[86] Patrick, S. 2011. The G20: shifting coalitions of consensus rather than blocs,

in *Global Leadership in Transition: Making the G20 More Effective and Responsive*, edited by C.I. Bradford and W.H. Lim. Washington, DC: Brookings Institution Press with Korean Development Institute, 257–63.

[87] Payne, A. 2005. The study of governance in a global political economy, in *Globalizing International Political Economy,* edited by N. Phillips. Basingstoke: Palgrave Macmillan, 55–81.

[88] Rosecrance, R. and Stein, A.A. 2001. The theory of overlapping clubs, in *The New Great Power Coalition: Toward a World Concert of Nations*, edited by R. Rosecrance. New York: Rowman & Littlefield, 221–34.

[89] Rubio–Marquez, V. 2009. The G20: A practitioner' s perspective, in *Networks of Influence?: Developing Countries in a Networked Global Order*, edited by L. Martinez–Diaz and N. Woods. Oxford: Oxford University Press, 19–37.

[90] Schmucker, C. and Gnath, K. 2011a. From the G8 to the G–20: Reforming the global economic governance system, in *European Yearbook of International Economic Law*, vol. 2, edited by C. Herrmann and J. Terhechte. Berlin: Springer, 389–402. (Also appeared as GARNET Working Paper 73/09, Brussels, January 2010 www.g20.utoronto.ca/biblio/7310.pdf [accessed: 24 June 2012].)

[91] Scholte, J.A. 2002. Governing global finance, in *Governing Globalization: Power, Authority and Global Governance*, edited by D. Held and A. McGrew. Malden: Blackwell Publishing, 189–208.

[92] Scholte, J.A. 2011a. Global governance, accountability and civil society, in *Building Global Democracy? Civil Society and Accountable Global Governance*, edited by J.A. Scholte. Cambridge: Cambridge University Press, 8–41.

[93] Scholte, J.A. 2011b. Introduction, in *Building Global Democracy? Civil*

Society and Accountable Global Governance, edited by J. A. Scholte. Cambridge: Cambridge University Press, 1–7.

[94] Shaw, T., Antkiewicz, A. and Cooper, A.F. 2008. The logic of the B(R)ICSAM model for global governance, in *Emerging Powers in Global Governance: Lessons from the Heiligendamm Process*, edited by A.F. Cooper and A. Antkiewicz. Waterloo, Canada: Wilfrid Laurier University Press and Centre for International Governance Innovation [q.v.], 19–44.

[95] Sherman, W. 2011. The G20 takes center stage as a twenty–first century leadership forum, in *Global Leadership in Transition: Making the G20 More Effective and Responsive*, edited by C.I. Bradford and W.H. Lim. Washington, DC: Brookings Institution Press with Korean Development Institute, 304–11.

[96] Slaughter, A–M. 2005. Government networks, world order, and the L20, in *Reforming from the Top: A Leaders' 20 Summit*, edited by J. English et al. Tokyo: United Nations University Press [q.v.], 281–95.

[97] Smith, G.S. 2011b. The G8 and the G20: What relationship now?, in *Global Leadership in Transition: Making the G20 More Effective and Responsive*, edited by C.I. Bradford and W.H. Lim. Washington, DC: Brookings Institution Press with Korean Development Institute, 48–54.

[98] Smith, G.S. 2011c. Getting the context right: Essential to assuring G20' s success, in *Prescriptions for the G20: The Cannes Summit and Beyond*, edited by M. Brem. Waterloo, Canada: Centre for International Governance Innovation, 20–21. www.cigionline.org/publications/2011/9/getting–context–right–essential–assuring–g20s–success [accessed: 25 January 2013].

[99] Stephens, G. 2010. Information and communication: G8 institutionalization and compliance in the DOT Force, in *Making Global Governance Effective: Hard and Soft Law Institutions in a Crowded World,* edited by J.J. Kirton et al. Farnham: Ashgate, 201–15.

[100] Stokes, B. 2011. Public attitudes in G20 countries, in *Global Leadership in Transition: Making the G20 More Effective and Responsive*, edited by C.I. Bradford and W.H. Lim. Washington DC: Brookings Institution Press with Korean Development Institute, 285–98.

[101] Summers, L. 2008. The birth of the G20, in *G20 São Paulo/Brazil Summit 2008: Growth, Innovation, Inclusion: The G20 at Ten,* edited by J.J. Kirton and M. Koch, London: Newsdesk Communications, 29–31.

[102] Sundaram, J.K. 2011. The G20 and development: from financial stability to sustained growth, in *Global Leadership in Transition: Making the G20 More Effective and Responsive*, edited by C.I. Bradford and W.H. Lim. Washington, DC: Brookings Institution Press with Korean Development Institute, 191–200.

[103] Truman, E.M. 2005. The Euro and prospects for policy coordination, in *The Euro at Five: Ready for a Global Role?*, edited by A.S. Posen, Washington, DC: Institute for International Economics, 47–85. www.piie.com/publications/chapters_preview/3748/04iie3748.pdf [accessed: 25 January 2013].

[104] Vickers, B. 2008. South Africa: Global reformism, global apartheid, and the Heiligendamm process, in *Emerging Powers in Global Governance: Lessons from the Heiligendamm Process*, edited by A.F. Cooper and A. Antkiewicz. Waterloo, Canada: Wilfrid Laurier University Press and Centre for International Governance Innovation [q.v.], 163–91.

[105] Wood, D. 2008. A break with the past or a natural progression? Mexico and the Heiligendamm process, in *Emerging Powers in Global Governance: Lessons from the Heiligendamm Process*, edited by A.F. Cooper and A. Antkiewicz. Waterloo, Canada: Wilfrid Laurier University Press and Centre for International Governance Innovation [q.v.], 193–212.

[106] Woods, N. 2011. The impact of the G20 on global governance: a history and prospective, in *Global Leadership in Transition: Making the G20 More*

Effective and Responsive, edited by C.I. Bradford and W.H. Lim. Washington, DC: Brookings Institution Press with Korean Development Institute, 36–47.

[107] Woodward, R. 2008. Why is the OECD involved in the Heiligendamm process?, in *Emerging Powers in Global Governance: Lessons from the Heiligendamm Process*, edited by A.F. Cooper and A. Antkiewicz. Waterloo, Canada: Wilfrid Laurier University Press and Centre for International Governance Innovation [q.v.], 263–83.

[108] Xue, L. and Zhang, Y.B. 2011. Turning the G20 into a new mechanism for global economic governance: obstacles and prospects, in *Global Leadership in Transition: Making the G20 More Effective and Responsive*, edited by C.I. Bradford and W.H. Lim. Washington, DC: Brookings Institution Press with Korean Development Institute, 55–62.

[109] Young, K. 2001. The Basel Committee on Banking Supervision, in *The New Great Power Coalition: Toward a World Concert of Nations*, edited by R. Rosecrance. New York: Rowman & Littlefield, 39–45.

[110] Yu, Y.D. 2005. China' s evolving global view, in *Reforming from the Top: A Leaders' 20 Summit*, edited by J. English et al. Tokyo: United Nations University Press [q.v.]. 187–200.

期刊文章

[1] Acharya, A. 2011. Can Asia lead? Power ambitions and global governance in the 21st century. *International Affairs,* 87(4), 851–69.

[2] Agarwal, M. 2009. Africa, the economic crisis, and international economic governance. *South African Journal of International Affairs* 16(1), 1–15.

[3] Alexander, N. 2013. The Russian G20 parade begins: the C20, T20, B20, Y20, G(irls)20. *G20 Update,* 15(February), 6–8. www.boell.org/downloads/G20_

Update_15_EN.pdf [accessed: 18 February 2013].

[4] Alexandroff, A.S. 2010. Stuck in transition: Conflicting ambitions for the G-20' s future. *Global Asia: A Journal of the East Asia Foundation,* 5 (3). www.globalasia.org/V5N3_Fall_2010/Alan_S_Alexandroff.html [accessed: 25 January 2013].

[5] Alexandroff, A.S. 2011. The Gx global governance: China faces G20 leadership. *Munk Monitor,* Spring 2011(1), 40–56.

[6] Alexandroff, A.S., and Shorr, D. 2010. What we have learned: 'New foundations for global governance' . *Contemporary International Relations,* 20 (5), 30–50.

[7] Allard, P. and Lechervy, C. 2011. Les puissances Émergentes et le G20: la musique ou les chaises? *Revue dÉfense nationale,* 741.

[8] Altman, R. 2009. The great crash, 2008: A geopolitical setback for the West. *Foreign Affairs* 88(1), 2–14.

[9] Åslund, A. 2006. Russia' s challenges as Chair of the G-8. *Policy Briefs in International Economics*, PB06-3. Washington, DC: Peterson Institute for International Economics. www.iie.com/publications/pb/pb06-3.pdf [accessed: 21 May 2012].

[10] Åslund, A. 2009. The Group of 20 must be stopped. *Financial Times*. 27 November, 11.

[11] Axworthy, T. 2007. Eight is not enough at summit. *Toronto Star*, 8 June, AA8.

[12] Azambuja, M. de 2007. Design for a multipolar world. *Global Governance: A Review of Multilateralism and International Organizations,* 13(3), 307–10.

[13] Baker, A. 2000a. The G7 as a global 'Ginger Group' : Plurilateralism and four-dimensional diplomacy. *Global Governance: A Review of Multilateralism and International Organizations,* 6(2), 165–89.

[14] Baker, A. 2010. Restraining regulatory capture? Anglo-America, crisis politics

and trajectories of change in global financial governance. *International Affairs,* 83(3), 647–663.

[15] Baliamoune, M. 2000. Economics of summitry: An empirical assessment of the economic effects of summits. *Empirica,* 27(3), 295–314.

[16] Ban, K–M. 2011. The clock is ticking. *International Herald Tribune*, 1 November.

[17] Bayne, N. 1995. The G7 summit and the reform of global institutions. *Government and Opposition,* 30(4), 492–509.

[18] Bayne, N. 1997. Changing patterns at the G7 summit. *G7 Governance*, 1. www.g8.utoronto.ca/governance/gov1/ [accessed: 23 November 2012].

[19] Beattie, A. 1999. New forum to supplement G7 work. *Financial Times* (27 September), 5.

[20] Beattie, A. 2010. The G20: ad hoc institution faces tough struggle to show it has teeth. *Financial Times* (11 November), 2.

[21] Beeson, M. and Bell, S. 2009. The G–20 and international economic governance: Hegemony, collectivism, or both?, *Global Governance: A Review of Multilateralism and International Organizations,* 15(1), 67–86.

[22] Bergsten, C.F. 2008. A call for an ‘Asian Plaza’ . *The International Economy,* 22(2), 12–15, 70–71.

[23] Bezaury, L.A. 2010. The potential of our relations is very big. *International Affairs (Eastview Press),* 56(2), 193–200.

[24] Birdsall, N. and de la Torre, A. 2001. Il Washington contentious. *Politica Internazionale* 29(1/2), 95–103.

[25] Black, D. 2012. The G8 and Africa: A Partial Reckoning. *Global Governance: A Review of Multilateralism and International Organizations,* 18(4), 441–47.

[26] Bradford, C.I. and Linn, J.F. 2004. Global economic governance at a crossroads: Replacing the G–7 with the G–20. *Brookings Institution Policy*

Brief #132. April. www.brookings.edu/papers/2004/04globaleconomics_colin–i––bradford––jr.aspx [accessed: 6 July 2012]. Also available in German: Ist die G–8 noch zeitgemäß? Plädoyer f ü r eine Reform der 'Global Economic Governance' mit einer Gestärkten G–20. *Internationale Politik* 59, 90–95.

[27] Bremmer, I. and Roubini, N. 2011. A G–zero world: the new economic club will produce conflict, not cooperation. *Foreign Affairs,* 90(2), 2–7.

[28] Brown, G. and Berlusconi, S. 2009. Three commitments for global recovery. 19 February. http://ukinitaly.fco.gov.uk/en/news/?view=News&id=13831015 [accessed: 15 November 2012].

[29] Brzezinski, Z. 1996. Let's add to the G–7. *The New York Times*, 25 June, A11.

[30] Brzezinski, Z. 2009. The Group of Two that could change the world. *Financial Times*. 14 January, 9.

[31] Caliari, A. and Alexander, N. 2012. Selected highlights of Business–20 (B20) draft recommendations to the G20. *G20 Update,* 12 (June), 8–10.

[32] Cameron, D. 2012. I will get things done at the G8 Summit. *PoliticsHome,* 18 May. www.politicshome.com/uk/article/53779/david_cameron_i_will_get_things_done_at_the_g8_summit.html [accessed: 5 November 2012].

[33] Carin, B. and Mehlenbacher, A. 2010. Constituting global leadership: Which countries need to be around the summit table for climate change and energy security?, *Global Governance* 16(1), 21–38.

[34] Centre for Global Studies 2006a. *Next Steps: Breaking Global Deadlocks*. www.l20.org/nextsteps.php [accessed: 6 July 2012].

[35] Centre for Global Studies 2006b. *L20 Findings: Outcomes and Conclusions*. www.l20.org/findings.php [accessed: 6 July 2012].

[36] Chand, S., J Morrison, J.S., Piot, P. and Heymann, D.L. 2010. From G8 to G20, is health next in line? *The Lancet* 23 June, 1–3. http://download.thelancet.com/flatcontentassets/pdfs/S014067361060997X.pdf [accessed: 25 January 2013].

[37] Chavagneux, C. 2009. Le G20 va–t–il vraiment rÉguler la finance? [Will the G20 really regulate finances?] *Alternatives Économiques* 285, November.

[38] Cherry, J. and Dobson, H. 2012. 'Seoul–searching' : The 2010 G–20 Seoul summit. *Global Governance: A Review of Multilateralism and International Organizations,* 18(3), 363–81.

[39] Chin, G. 2010a. The emerging countries and China in the G20: Reshaping global economic governance. *The Future of the G8 and G20*, special issue of *Studia Diplomatica* 63(2), 105–23.

[40] Chin, G. 2010b. Remaking the architecture: the emerging powers, self–insuring and regional insulation. *International Affairs,* 86(3), 693–715.

[41] Chin, G. and Thakur, R. 2010. Will China change the rules of global order? *The Washington Quarterly* 33(4), 119–38.

[42] Choi, J.S. 2010. Civil G20 Dialog held in Incheon. *Korea.net*. 19 October. www.korea.net/NewsFocus/Policies/view?articleId=83509 [accessed: 3 August 2012].

[43] Cooper, A.F. 2006. Opening up governance from the top: The L20 as a project of 'New Multilateralism' and 'New Regionalism' . *Korean Journal of International Organizations*, 1(1), 121–33.

[44] Cooper, A.F. 2010b. The G20 as an improvised crisis committee and/or a contested 'Steering Committee' for the world. *International Affairs* 86(3), 741–58.

[45] Cooper, A.F. 2011a. The G20 and its regional critics: The search for inclusion. *Global Policy* 2(2), 203–09.

[46] Cooper, A.F. 2013. Civil Society relationships with the G20: An extension of the G8 template or distinctive pattern of engagement? *Global Society: Journal of Interdisciplinary International Relations*, 27(2), 179–200.

[47] Cooper, A.F. and Antkiewicz, A. 2010. G20 for global governance: Lessons

from G8 outreach. *The Future of the G8 and G20*. special issue of *Studia Diplomatica* 63(2), 91–103.

[48] Cooper, A.F. and Jackson, K. 2007b. Regaining legitimacy: The G8 and the 'Heiligendamm Process.' *CIIA International Insights,* 9 July. www.cigionline.org/articles/2007/07/regaining–legitimacy–g8–and–heiligendamm–process [accessed: 17 September 2012].

[49] Cooper, H. 2012. Leaders make little headway in solving debt crisis. *The New York Times*, 20 June, A3.

[50] Cornelissen, S. 2012. Selling Africa: Japan's G8 politics and its Africa diplomacy. *Global Governance: A Review of Multilateralism and International Organizations,* 18(4), 461–70.

[51] da Silva, L.I.L. 2010. The G–20 moment. *New Perspectives Quarterly,* 27(1), 33–4.

[52] Debaere, P. 2010. The output and input dimension of the European representation in the G20, *The Future of the G8 and G20,* special issue of *Studia Diplomatica* 63(2), 141–54.

[53] Dobson, H. 2008. *Where Are the Women at the G8?* www.g8.utoronto.ca/scholar/dobson–2008.html [accessed: 6 July 2012].

[54] Duncan, R. 2008. Bring back the link between gold and the dollar. *Financial Times,* 24 November, 11.

[55] East Asia Forum (2010). Asia and the G20. *East Asia Forum Quarterly,* 2(4). October/December. http://epress.anu.edu.au/wp–content/uploads/2011/05/whole6.pdf [accessed: 9 February 2013].

[56] *The Economist* 2004. G–Force: The G7 no longer governs the world economy. Does anyone?, 373(8396), 72.

[57] Edwards, L. 2011. Missing in action, the G20 must step up at Cannes. *The Globe and Mail*, 3 November, A19.

[58] Eichel, H. 2004. Globalisierung gestalten: Die G20 als wichtiges Element der Global Governance [Shaping Globalization: The G20 as an important element of global governance]. *Internationale Politik: Deutschlands Führende Aussenpolitische Zeitschrift*, October, 98–102.

[59] Elliott, L. 2008. This summit signalled the passing of the exclusive club of wealthy nations. *The Guardian*, 11 December.

[60] Elliott, L. 2012a. Europe needs to deliver on its fine–sounding rhetoric. *The Guardian*, 20 June.

[61] Elliott, L. 2012b. The World watches Europe. *The Guardian Weekly*, 22–28 June, 1–2.

[62] Elliott, L. and Wintour, P. 2006. Blair wants developing nations in new G13 to help secure key deals. *The Guardian*, 13 July, 15.

[63] Engel, U. 2012. The G8 and Germany's Africa policy: a case of hegemonic mainstreaming. *Global Governance: A Review of Multilateralism and International Organizations,* 18(4), 471–76.

[64] Engelen, K.C. 2008. Letter from the G20 summit: Rift barely avoided: Letter from the G20 summit. *The International Economy,* 22(4), 10–11.

[65] Enter the B20; Business and Geopolitics 2012. *The Economist,* 403(8788), 72.

[66] ENS Staff 2013. Global religious leaders call on G8 to 'strike at causes of poverty' . *Episcopal News Service*, 5 April, http://episcopaldigitalnetwork.com/ens/2013/04/05/global–religious–leaders–call–on–g8–to–strike–at–causes–of–poverty/ [accessed: 2 November 2013].

[67] Ferguson, N. 2010. The G–2: Are America and China headed for divorce? *New Perspectives Quarterly,* 27(1), 35–38.

[68] For slimmer and sporadic summits 2001. *Financial Times,* 23 July, 18.

[69] Fratianni, M. and Pattison, J. 2001. International organisations in a world of regional trade agreements: Lessons from club theory. *World Economy,* 24(3),

197–222.

[70] Frattini, F. 2009. Summits of the 'Big' countries growing in importance but the G8 continues to play a strategic role. *Il Messaggero*, 2 April, www.esteri.it/MAE/EN/Sala_Stampa/ArchivioNotizie/Interviste/2009/04/20090402_articoloFrattini_Vertici.htm [accessed: 17 September 2012].

[71] Fues, T. 2007. Global governance beyond the G8: Reform prospects for the summit architecture. *Internationale Politik und Gesellschaft,* 2, 11–24.

[72] *G20-B20 Summit: The Official B20 Publication* 2012.

[73] Garten, J. 2005. Russia's leadership of the Group of Eight will be farcical. *Financial Times,*23 June, 28.

[74] Giles, C. 2009. G20 yet to deliver on early promise. *Financial Times,* 9 November, 2.

[75] Giles, C. 2011. Meetings yet to reach the peak of achievement. *Financial Times*, 3 November, 2.

[76] Global insights: A symposium: Global summit reform and the L–20. 2007. *Global Governance: A Review of Multilateralism and International Organizations,* 13(3), 299–323.

[77] Gnath, K. 2007. Beyond Heiligendamm: The G8 and its dialogue with emerging countries. *Internationale Politik,* 62(6), 66–9. https://ip–journal.dgap.org/en/ip–journal/topics/beyond–heiligendamm [accessed: 6 July 2012].

[78] Griesgraber, J.M. 2009. Reforms for major new roles of the International Monetary Fund? The IMF post–G–20 summit. *Global Governance: A Review of Multilateralism and International Organizations,* 15(2), 179–85.

[79] de Guttry, A. 1994. The institutional configuration of the G–7 in the new international scenario. *The International Spectator*, 29(2), 67–80.

[80] Guebert, J. 2010, The G8, G20 and multilateral organizations: Cooperating and collaborating. *The Future of the G8 and G20*, special issue of *Studia*

Diplomatica, 63(2), 53–69.

[81] Guerrieri, P. 2010. Multipolar governance and global imbalances. *International Affairs,* 86(3), 681–92.

[82] Haas, R. 2005. Leaders have a flawed Gleneagles agenda. *Financial Times,* 1 July, 19.

[83] Halimi, S. 2008. What' s the G20 for?, *Le Monde diplomatique,* translated by B. Wilson, 1 December, 1.

[84] Hampson, F.O. and Heinbecker, P. 2011. The 'new' multilateralism of the twenty-first century. *Global Governance: A Review of Multilateralism and International Organizations,* 17(3), 299–310.

[85] Harvey, M. 2009. UN panel calls for council to replace G20. *Financial Times*, 23 March, 2.

[86] Helleiner, E. 2009. Reregulation and fragmentation in international financial governance. *Global Governance: A Review of Multilateralism and International Organizations,* 15(1), 16–22.

[87] Helleiner, E. 2010a. A Bretton Woods moment? The 2007–2008 crisis and the future of global finance. *International Affairs,* 86(3), 619–36.

[88] Helleiner, E. 2012. The limits of incrementalism: The G-20, the FSB, and the International Regulatory Agenda. *Journal of Globalization and Development* 2(2).

[89] Helleiner, E. and Pagliari, S. 2009. Towards a new Bretton Woods? The first G20 leaders summit and the regulation of global finance. *New Political Economy*, 14(2), 275–87.

[90] Helleiner, E. and Pagliari, S. 2011. The end of an era in international financial regulation? A postcrisis research agenda. *International Organization,* 65(1), 169–200.

[91] Helleiner, G.K. 2000. Markets, politics and globalization: Can the global

economy be civilized? 10th Ra ú l Prebisch Lecture. Delivered at the Palais des Nations, Geneva, 11 December 2000. www.unctad.org/en/docs/prebisch10th.en.pdf. Abridged version published 2001 in *Global Governance,* 7(3), 243–63.

[92] Helleiner, G.K. 2010. Towards realistic governance reform in international financial institutions. *Global Economy Journal,* 10(3), Article 5.

[93] Hodges, M.R. 1994. More efficiency, less dignity: British perspectives on future role and working of the G–7. *The International Spectator*, 29(2), 141–60.

[94] Ikenberry, G.J. 1993. Salvaging the G–7. *Foreign Affairs*, 72(2), 132–9.

[95] Inoguchi, K. 1994. The changing significance of the G–7 summits. *Japan Review of International Affairs*, 8(1), 21–38.

[96] Kaluzi, S. 2013. G20 exclusion of African perspectives. *G20 Update,* 15(February), 16–17. www.boell.org/downloads/G20_Update_15_EN.pdf [accessed: 18 February 2013].

[97] Kapur, D. 2000. Who Gets to Run the World? *Foreign Policy* 121, 44–50.

[98] Keating, J.E. 2012. More than BRICs in the Wall. *Foreign Policy* 192, 25. www.foreignpolicy.com/articles/2012/02/27/more_than_brics_in_the_wall?page=0,0 [accessed: 3 November 2012].

[99] Kim, C.J. 2010. Special G20 Stamps Released. *Korea.Net*, 10 November, www.korea.net/NewsFocus/Policies/view?articleId=97687 [accessed: 14 September 2012].

[100] Kirton, J.J. 1994. Exercising concerted leadership: Canada ' s approach to summit reform. *The International Spectator,* 29(2), 161–176.

[101] Kirton, J.J. 2009. Coexistence, co–operation, competition: G summits. *Aspenia: The Aspen Institute Italia Review*, 14(43–44), 156–62.

[102] Kirton, J.J. 2010a. The Future of the G20, *Munk Monitor,* Spring 2010(1), 6.

[103] Kirton, J.J. 2010b. The G8–G20 partnership. *The Future of the G8 and G20,*

special issue of *Studia Diplomatica* 63(2), 23–34.

[104] Larionova, M. 2010a. Assessing G8 and G20 effectiveness in global governance so far. *International Organizations Research Journal / Vestnik Mezhdunarodnykh Organizatsii,* 5(31), 99–120.

[105] Larionova, M. 2010c. Is it G8 or G20? For Russia, of course, it' s both. *The Future of the G8 and G20*, special issue of *Studia Diplomatica* 63(2), 81–90.

[106] Larionova, M. 2011. Mekhanizmy Podotchetnosti: Vozmozhnosti dlia Povysheniia Legitimnosti 'Gruppy Vos' mi' i 'Gruppy Dvadtsati' ? [Accountability mechanisms: Opportunities to increase the legitimacy of the Group of Eight and the Group of Twenty?]. *International Organizations Research Journal / Vestnik Mezhdunarodnykh Organizatsii,* 3(34), 4–9.

[107] Larionova, M. 2012b. From the Mexican to the Russian G20 presidency. *G20 Update,* 13 (September), 3–5. www.boell.org/downloads/G20_Update_13_2012-09-19.pdf [accessed: 30 November 2012].

[108] Larionova, M. 2012c. Novye izmereniia sotrudnichestva 'Gruppy Dvadsati' . [G20 Los Cabos Summit: New dimensions of collaboration]. *International Organizations Research Journal / Vestnik Mezhdunarodnykh Organizatsii,* 3(38), 25–41.

[109] Larionova, M., Rakhmangulov, M., Nagornov, V.A. and Shelepov, A.V. 2012. Problemy upravleniia global' nymi riskami i vozmozhnosti 'Gruppy Dvadsati' . [Global risks governance and G20, G8, BRICS capabilities]. *International Organizations Research Journal / Vestnik Mezhdunarodnykh Organizatsii,* 3(38), 42–91.

[110] Lee, D. 2010. From Toronto to Seoul: Evolution of the G20 process. *The Future of the G8 and G20*, special issue of *Studia Diplomatica* 63(2), 35–51.

[111] Lee, J.M. 2010. Activists in South Korea rally against G–20 summit; police fire pepper spray. *Associated Press Newswire.* 7 November.

[112] Lee Sees Peer Pressure Enforcing G20 Deal 2010. *Korea Herald*. 8 November. http://view.koreaherald.com/kh/view.php?ud=20101107000251&cpv=0 [accessed: 6 August 2012].

[113] Lesage, D. 2007. Globalisation, multipolarity and the L20 as an alternative to the G8. *Global Society,* 21(3), 343–61.

[114] Lesage, D. 2010b. Introduction: The G8 and G20 in flux, under the skilful presidency of Canada and Korea. *The Future of the G8 and G20*, special issue of *Studia Diplomatica* 63(2), 3–6.

[115] Lesage, D. and Kaçar, Y. 2010. Turkey's profile in the G20: Emerging economy, middle power and bridge–builder. *The Future of the G8 and G20,* special issue of *Studia Diplomatica* 63(2), 125–40.

[116] Lewallen, A. 2008. Indigenous at last! Ainu grassroots organizing and the Indigenous Peoples Summit in Ainu Mosir. *The Asia-Pacific Journal: Japan Focus* 48(6). http://japanfocus.org/–ann_elise–lewallen/2971 [accessed: 6 August 2012].

[117] Lewis, F. 1991. The 'G–7½' directorate. *Foreign Policy*, 85, 25–40.

[118] Lukov, V. 2010. G–20 and G–8 in search of solutions: Global problems of economy and society. *International Affairs: A Russian Journal,* 56(5), 58–67.

[119] Make way for the mighty G20. 2004. *The International Economy, 18*(4), 6.

[120] Martin, L. 2006. Miles to go before Martin sleeps. *The Globe and Mail*, 1 June, A1, 7.

[121] Martin, N. 2005. Not representative, but still legitimate. *Alliance,* 10(2), 16–17.

[122] Martin, P. 2005. A global answer to global problems: The case for a new leaders' forum. *Foreign Affairs*, 84(3), 2–6.

[123] Martin, P. 2007. Breaking deadlocks in global governance: The L–20 proposal. *Global Governance: A Review of Multilateralism and International Organizations,* 13(3), 301–5.

[124] Maull, H.W. 1994. Germany at the summit. *The International Spectator*, 29(2), 113–40.

[125] McClellan, A. 2013. The G20's Anti–Corruption Working Group: its history, achievements, and goals. *G20 Update,* 15(February), 12–14. www.boell.org/downloads/G20_Update_15_EN.pdf [accessed: 18 February 2013].

[126] McCormick, D. 2012. Policy makers must see granular level – and get a Plan B. *Financial Times*, 21 June, 32.

[127] Mehta, P.B. 2007. Summit reform: The good and the bad news. *Global Governance: A Review of Multilateralism and International Organizations,* 13(3), 311–14.

[128] Merlini, C. 1994. The G–7 and the need for reform. *The International Spectator*, 29(2), 5–26.

[129] Mistral, J. 2012. The G–20 and the reform of the international monetary system. *Journal of Globalization and Development* 2(2).

[130] Mosley, L. 2009. An end to global standards and codes? *Global Governance: A Review of Multilateralism and International Organizations,* 15(1), 9–15.

[131] Murray, L.R. 2012. The Robin Hood tax: small change for the banks, big change for the U.S. and the world. *The Huffington Post*, 14 May. www.huffingtonpost.com/liz–ryan–murray/the–robin–hood–tax_b_1513664.html [accessed: 6 August 2012].

[132] Naiman. R. 2001. Gli 'errori' delle istituzioni finanziarie internazionali [The 'errors' of the international financial institutions]. *Politica Internazionale* 29(1/2), 81–8.

[133] Nam, Y.S. 2010. Police Thwart Fiery Protest amid Massive G20 Security Alert. *Agence France Presse,* 10 November.

[134] Narlikar, A. 2010. New powers in the club: the challenges of global trade governance. *International Affairs* 86 (3), 717–28.

[135] Navarro, C. 2012. Pacific alliance, Group of 20 summits boost Mexico's international prestige. *SourceMex: Economic News & Analysis on Mexico,* 20 June.

[136] Niblett, R. 2012. Beyond Los Cabos. *First Magazine,* June. www.chathamhouse.org/sites/default/files/public/Research/International%20Economics/0612niblett.pdf [accessed: 30 November 2012].

[137] Niono dit non au G20! [Niono Says No to the G20!] 2011. *Journal du Mali.* 31 October. www.journaldumali.com/article.php?aid=3795 [accessed: 6 August 2012].

[138] Nye, J.S. 2010. American and Chinese power after the financial crisis. *The Washington Quarterly* 33(4), 143–53.

[139] Ocampo, J.A. and Stiglitz, J.E. 2012. From the G–20 to a global economic coordination council. *Journal of Globalization and Development* 2(2).

[140] Pamfilova, E. 2013. The story of Russia' s Civil G8–2006 project. *G20 Update,* 15(February), 3–5. www.boell.org/downloads/G20_Update_15_EN.pdf [accessed: 18 February 2013].

[141] Parker, G. 2009. Heads agree to New York reunion. *Financial Times*, 3 April, 4.

[142] Parker, G. and Giles, C. 2012. Hopes of eurozone action rise at G20. *Financial Times,* 20 June, 10.

[143] Pauly, L. 2010. Voices from the past: the international politics of financial stability. *Munk Monitor,* Spring, 7.

[144] Payne, A. 2010. How many Gs are there in 'Global Governance' after the crisis? The perspectives of the 'Marginal Majority' of the world' s states. *International Affairs,* 86(3), 729–40.

[145] Penttilä, R. 2013. The G–20' s rising clout. *The New York Times.* 4 September.

[146] Persaud, A. 2010. The locus of financial regulation: home versus host.

International Affairs, 86(3), 637–46.

[147] *Politica Internazionale* 2001. [Special G8 issue]. 29(1/2) (January–April).

[148] Porter, T. 2009. Why international institutions matter in the global credit crisis. *Global Governance: A Review of Multilateralism and International Organizations,* 15(1), 3–8.

[149] Putnam, R.D. 1994. Western summitry in the 1990s: American perspectives. *The International Spectator*, 29(2), 81–94.

[150] Rachman, G. 2010. A modern guide to G–ology: The clubs that would rule the world. *The Economist: The World in 2010,* 73–74.

[151] Rakhmangulov, M. 2012. Vklad 'Gruppy Dvadsati' v preodolenie disbalansov v mirovoi ekonomike (fiskal' naia konsolidatsiia). [G20 contribution to reducing global imbalances (fiscal consolidation)]. *International Organizations Research Journal / Vestnik Mezhdunarodnykh Organizatsii,* 3, 109–19.

[152] Ram í rez, A. 2012. Welcome by Alejandro Ram í rez, Chair of the B20 Organizing Committee. *G20-B20 Summit: The Official B20 Publication,* 16.

[153] Renard, T. 2010. G:20: Towards a new world order. *The Future of the G8 and G20,* special issue of *Studia Diplomatica* 63(2), 7–21.

[154] Reynolds, D. 2009. Summitry as intercultural communication. *International Affairs* 85(1), 115–27.

[155] Roach, S. 2004. How to fix the world. *Global Economic Forum*, Morgan Stanley, December, 9–10.

[156] The Royal Society 2011. Science academies issue joint statement ahead of G8 summit in France. *Science News*, 19 May. http://royalsociety.org/news/science–academies–issue–joint–statements; www.academie–sciences.fr/activite/rapport/avis0511a_gb.pdf and www.academie–sciences.fr/activite/rapport/avis0511b_gb.pdf [accessed: 29 July 2012].

[157] Ruthrauff, J. and Lovelace, R. 2012. Ingredients for a successful G20 presidency: A civil society perspective. *G20 Update,* 14 (December).

[158] Sachs, J. 1998. Global capitalism: Making it work. *The Economist*, 348(8085), 23–5.

[159] Sachs, J. 2010. The unaccountable G–8: lessons for the future. *The International Economy,* 24(3), 42–3.

[160] Schneckener, U. 2009. Globales Regieren durch Clubs: Definition, Chancen und Grenzen von Club Governance [The opportunities and limits of global governance by clubs]. *SWP-Aktuell,* 47. www.swp–berlin.org/fileadmin/contents/products/aktuell/2009A47_skr_ks.pdf [accessed: 6 July 2012].

[161] Shkolyar, N. 2010. Made in Mexico: oil, tequila, etc., *International Affairs (Eastview Press),* 56(3), 120–129.

[162] Shorr, D. and Wright, T. 2010. The G20 and global governance: An exchange. *Survival,* 52(2), 181–98.

[163] Sidiropoulos, E. 2007. Toward more inclusive informal global governance: A view from South Africa. *Global Governance: A Review of Multilateralism and International Organizations,* 13(3), 315–19.

[164] Slaughter, A–M. 1997. The real new world order. *Foreign Affairs,* 76(5), 183–97.

[165] Smith, G.S. 2012. The evolving role of the G20. *Perspectives on the G20: The Los Cabos Summit and Beyond*, 30–31. Waterloo, Canada: Centre for International Governance Innovation. www.cigionline.org/sites/default/files/Collection_0.pdf [accessed: 8 November 2012].

[166] Smyser, W.R. 1993. Goodbye, G–7. *The Washington Quarterly*, 16(1), 15–28.

[167] Stanley Foundation. 2010a. The rise of the G–20. *Courier*, Special issue. Spring.

[168] Steiner, S. 2011. Religious soft power as accountability mechanism for power

in world politics: The InterFaith leaders' summit(s). *SAGE Open* 1(3). http://sgo.sagepub.com/content/1/3/2158244011428085 [accessed: 25 January 2013].

[169] Steiner, S. 2012. Faith-based accountability mechanism typology: The 2011 Interfaith summit as soft power in global governance. SAGE Open 2(2). http://sgo.sagepub.com/content/2/2/2158244012450705.full [accessed: 25 January 2013].

[170] Stephens, P. 1992. Major calls for overhaul of G7 summits. *Financial Times* (London), 10 September, 1.

[171] Stephens, P. 2006. Only by reshaping the postwar settlement can it be preserved. *Financial Times*, 24 February, 17.

[172] Stiglitz, J.E. and Griffith-Jones, S. 2007. Growth with responsibility in a globalized world: Findings of the Shadow G8. *Dialogue on Globalization*, 31. http://library.fes.de/pdf-files/iez/global/04472.pdf [accessed: 6 July 2012].

[173] Subacchi, P. 2010. Who is in control of the international monetary system? *International Affairs,* 86(3), 665-80.

[174] Subacchi, P. and Cooper, A. (eds) 2010. *Global economic governance in transition.* special issue of *International Affairs,* 86(3), 607-17.

[175] Summers, L. H. 2007. Summers Speaks. *The International Economy* 21(4), 12-17.

[176] Suominen, K. and Dadush, U. 2012. Is there life for the G-20 beyond the global financial crisis? *Journal of Globalization and Development* 2(2).

[177] Switow, M. 2012. Access and the G8: Hear our voices. Huffington Post, 17 May. www.huffingtonpost.com/michael-switow/access-and-the-g8-hear-ou_b_1520027.html

[178] Taylor, I. 2012. Spinderella on Safari: British policies toward Africa under New Labour. *Global Governance: A Review of Multilateralism and*

International Organizations, 18(4), 449–60.

[179] The trouble with Ms. Merkel 2012. *The New York Times*, 20 June, A28.

[180] Truman, E. M. 2009. Globalization goes into reverse? *Real Time Economic Issues Watch*, 30 January. Washington: Peterson Institute for International Economics. www.petersoninstitute.org/realtime/?p=453 [accessed: 9 February 2013].

[181] Truman, E.M. 2012. The G–20 is failing. *Foreign Policy,* 12 April. www.foreignpolicy.com/articles/2012/04/12/the_g_20_is_failing?page=0,2 [accessed: 2 November 2012].

[182] Ugarteche, O. 2012. Are we moving towards the privatization of international governance? *G20 Update,* 13(September), 9–11. www.boell.org/downloads/G20_Update_13_2012–09–19.pdf [accessed: 30 November 2012].

[183] Van de Graaf, T. and Westphal, K. 2011. The G8 and G20 as global steering committees for energy: Opportunities and constraints. Global Policy 7(2, Supplement 1), 19–30. http://onlinelibrary.wiley.com/doi/10.1111/gpol.2011.2.issue–s1/issuetoc [accessed: 25 January 2013].

[184] Vestergaard, J. and Wade, R. 2011. The G–20 has served its purpose and should be replaced. *Journal of Globalization and Development,* 2(2).

[185] Vestergaard, J, and Wade, R. 2012. The governance response to the Great Recession: The ‘Success’ of the G20. *Journal of Economic Issues*, 46(2), 481–90.

[186] Vickers, B. 2006. Heading towards the G–8 St. Petersburg Summit: What’s in it for Africa? *Global Insight*, 63, July. www.igd.org.za/publications/global–insight/finish/3–global–insight/77–heading–towards–the–g–8–st–petersburg–summit–whats–in–it–for–africa [accessed: 17 September 2012].

[187] Vinci Giacchi, A. 2001. Origine del vertice [Origin of the summit]. *Politica Internazionale,* 29(1/2), 31–36.

[188] Von Furstenberg, G M. and Daniels, J.P. 1992. *Economic Summit Declarations, 1975-1989: Examining the Written Record of International Cooperation.* Princeton, NJ: Princeton Studies in International Finance, 72, International Finance Section, Dept. of Economics, Princeton University.

[189] Weinrichter, N. 2000. The world monetary system and external relations of the EMU: Fasten your seatbelts! European Integration Online Papers (EIoP) 4(10). 27 August. http://eiop.or.at/eiop/texte/2000-010.htm [accessed: 24 June 2012].

[190] Whittington, L. 2010. Relatively speaking, a G20 summit of love. *Toronto Star*. 14 November, A2.

[191] Whyman, W.E. 1995. We can' t go on meeting like this: Revitalizing the G-7 process. *The Washington Quarterly*, 18(3), 149-63.

[192] Williamson, H. 2007. Emerging powers flex muscles to push for more influence on G8. *Financial Times,* 4 July, 6.

[193] Wilson, M. 2010. The Future of the G8. *Munk Monitor,* Spring, 5.

[194] Woods, N. 2010b. Global governance after the financial crisis: A new multilateralism or the last gasp of the great powers? *Global Policy* 1(1), 51-63. http://onlinelibrary.wiley.com/doi/10.1111/j.1758-5899.2009.0013.x/pdf [accessed: 24 February 2013].

[195] Wright, T. 2010. The United States and the G20. *The Future of the G8 and G20,* special issue of *Studia Diplomatica* 63(2), 71-79.

[196] Wu, X.B. 2010. Understanding the geopolitical implications of the global financial crisis. *The Washington Quarterly,* 33(4), 155-63.

[197] Xue L. 2007. Breaking deadlocks in global governance: How to make the L-20 work. *Global Governance: A Review of Multilateralism and International Organizations,* 13(3), 320-23.

[198] Yamashita, H. 2013. The Group of 8 and global peacekeeping, 2004-

2010. *Global Governance: A Review of Multilateralism and International Organizations*, 19(3), 333–52.

官方（政府和国际政府组织）出版物

[1] Australia. Treasury and Reserve Bank of Australia 2006. *Demography and Financial Markets: Proceedings of a Conference, Sydney, Australia, 23-25 July,* edited by C. Kent, A. Park and D. Rees. Canberra. www.rba.gov.au/publications/confs/2006/conf–vol–2006.pdf [accessed: 28 January 2013].

[2] Bank for International Settlements 2012. *About BIS.* www.bis.org/about/index.htm [accessed: 26 October 2012].

[3] Bank for International Settlements. Basel Committee on Banking Supervision 2010. *Basel III: International Framework for Liquidity Risk Measurement, Standards and Monitoring*. December. www.bis.org/publ/bcbs188.htm [accessed: 17 September 2012].

[4] Bank for International Settlements. Basel Committee on Banking Supervision 2012a. *About the Basel Committee.* www.bis.org/bcbs/about.htm [accessed: 26 October 2012].

[5] Bank for International Settlements. Basel Committee on Banking Supervision 2012b. *Report to G20 Finance Ministers and Central Bank Governors on Basel III Implementation*. October. www.bis.org/publ/bcbs234.pdf [accessed: 19 November 2012].

[6] Bank for International Settlements. Basel Committee on Banking Supervision 2012c. *Report to G20 Leaders on Basel III Implementation*. June. www.bis.org/publ/bcbs220.pdf [accessed: 17 September 2012].

[7] Bank for International Settlements. Basel Committee on Banking Supervision 2013. Progress Report on Implementation of the Basel Regulatory

Framework. www.bis.org/publ/bcbs247.pdf [accessed: 27 September 2013].

[8] Bank of Indonesia and the Banco de Mexico 2008. *Proceedings of the G20 Workshop on Competition in the Financial Sector*, Bali, 16–17 February 2008. www.g20mexico.org/images/stories/canalfinan/eventante/05competition.pdf [accessed: 1 February 2013].

[9] BÉnassy–QuÉrÉ, et al. 2011. *RÉformer le système monÉtaire international* [Reforming the International Monetary System]. Rapports du CAE [Conseil d'Analyse Économique]. Paris : Documentation française.

[10] Camdessus, M., Lamfalussy, A. and Padoa–Schioppa, T. 2011. *La rÉforme du système monÉtaire international : une approche coopÉrative pour le vingt-et-unième siècle* [Reform of the International Monetary System: A Cooperative Approach for the Twenty–first Century]. Paris: PrÉsidence de la RÉpublique.

[11] Canada 2010. *Backgrounder: The SME Finance Challenge*. http://canadainternational.gc.ca/g20/summit–sommet/2010/backgrounder–b20–note.aspx?lang=eng [accessed: 9 September 2012].

[12] Canada. Department of Foreign Affairs and International Trade 2012. *How the G20 Works*. www.canadainternational.gc.ca/g20/about–a_propos/howworks–g20–fonctionnement.aspx?lang=eng&view=d [accessed: 14 July 2012].

[13] Canada. Prime Minister's Office 2010. *Statement by the Prime Minister of Canada* [to the World Economic Forum]. Davos, Switzerland, 28 January www.pm.gc.ca/eng/media.asp?id=3096 [accessed: 31 August 2012].

[14] De Brouwer, G. 2012. *The Asian Century and the G20: An Australian Perspective on a Changing World.* Dept. of Foreign Affairs and Trade. www.dfat.gov.au/aic/sir_john_crawford_lecture_120320.html [accessed: 18 February 2013].

[15] De Brouwer, G. and Yeaman, L. 2007. *Australia's G-20 Host Year: A Treasury Perspective*. http://archive.treasury.gov.au/documents/1268/HTML/docshell.

asp?URL=03_G-20.asp [accessed: 14 July 2012].

[16] Fardoust, S., Kim, Y.B. and Paz Sepulveda, C. (eds) 2010. Postcrisis Growth and Development: A Development Agenda for the G20. Washington, DC: World Bank.

[17] Financial Stability Board 2010. *Korea-FSB Financial Reform Conference: An Emerging Market Perspective*. Seoul, 2–3 September. *www.g20mexico.org/load/780982897* [accessed: 1 February 2013].

[18] Financial Stability Board 2011. *FSB Report on the Overview of Progress in the Implementation of the G20 Recommendations for Strengthening Financial Stability*. 4 November. www.financialstabilityboard.org/publications/r_111104.pdf [accessed: 28 January 2013].

[19] Financial Stability Board 2012a. *Mandate*. www.financialstabilityboard.org/about/mandate.htm [accessed: 14 July 2012].

[20] Financial Stability Board 2012b. *Overview of Progress in the Implementation of the G20 Recommendations for Strengthening Financial Stability*. 19 June. www.financialstabilityboard.org/publications/r_120619a.pdf [accessed: 28 January 2013].

[21] France G20 2011. *Press Kit: Cannes Summit, 3-4 November*. www.g20-g8.com/g8-g20/root/bank_objects/Livret_Presse_Anglais_-_final.pdf [accessed: 14 July 2012].

[22] France. Ministère de la Culture et de la Communication 2011. *Cultural Summit, Avignon, 17-18 November*. 'Cultural G8-G20' . www.g20-g8.com/g8-g20/root/bank_objects/Cloture_Sommet_culturel_Avignon_EN.pdf and http://www.culturecommunication.gouv.fr/Ministere/L-histoire-du-ministere/Archives/Frederic-Mitterrand-2009-2012/Articles-2009-2012/Sommet-culturel-sur-la-creation-a-l-ere-numerique/(language)/fre-FR [accessed: 14 July 2012].

[23] France. Ministère de l'Ėconomie, des Finances et de l'Industrie 2011. *G20 Ministerial Meeting on Development: Communiqu*É. Washington, DC. 23 September. http://proxy-pubminefi.diffusion.finances.gouv.fr/pub/document/18/11572.pdf [accessed: 14 July 2012].

[24] France. PrÉsidence de la RÉpublique 2008. *ConfÉrence de presse*, 8 January.

[25] G7 1995. *The Halifax Summit Review of the International Financial Institutions: Background Document, 5. Promoting Financial Stability in a Globalized Economy*. 16 June. www.g8.utoronto.ca/summit/1995halifax/financial/5.html [accessed: 14 July 2012].

[26] G7 Finance Ministers and Central Bank Governors 1999a. *Communiqu*É. 20 February. www.g8.utoronto.ca/finance/fm022099.htm [accessed: 14 September 2012].

[27] G7 Finance Ministers and Central Bank Governors 1999b. *Statement of G-7 Finance Ministers and Central Bank Governors* Washington, DC. 25 September. www.g8.utoronto.ca/finance/fm992509state.htm [accessed: 14 July 2012].

[28] G8 2009. *The Agenda of the Heiligendamm/L'Aquila Process (HAP)*. www.oecd.org/dataoecd/62/35/43299213.pdf [accessed: 14 July 2012].

[29] G8 Finance Ministers and Central Bank Governors 1999. *Communiqu*É. 20 February. www.g8.utoronto.ca/finance/fm022099.htm [accessed: 14 July 2012].

[30] G8 Finance Ministers and Central Bank Governors 2006. *G8 Finance Ministers' Statement on Access to Energy Services for the Millennium Development Goals*. St. Petersburg, 9-10 June. http://www.g8.utoronto.ca/finance/fm060610_energy.htm

[31] G8 & G20 Youth Summits 2011. *Final Communiqu*É. 3 June. http://g8-g20-youth-summits.org/FCYS.pdf [accessed: 6 August 2012].

[32] G8 Research Group 2012. *2011 Deauville G8 Summit Final Compliance*

Report. 18 May. www.g7.utoronto.ca/evaluations/2011compliance-final/2011g8finalcompliance.pdf [accessed: 22 November 2012].

[33] G8 Research Group 2013. 2012 Camp David G8 Summit Final Compliance Report. 14 June. www.g8.utoronto.ca/evaluations/2012compliance/2012compliance.pdf [accessed: 4 November 2013].

[34] G20 1999. *CommuniquÉ of G-20 Finance Ministers and Central Bank Governors - Berlin, Germany*. 15–16 December. http://g20mexico.org/images/stories/canalfinan/docs/germany/02germany.pdf and www.g20mexico.org/images/stories/canalfinan/docs/germany/02germany.pdf [accessed: 23 March 2012].

[35] G20 2002. *Globalisation, Living Standards and Inequality: Recent Progress and Continuing Challenges*. www.rba.gov.au/publications/bulletin/2002/sep/pdf/bu-0902-1.pdf [accessed: 14 July 2012].

[36] G20 2003. *Economic Reform in This Era of Globalization: 16 Country Cases*. www.g20.utoronto.ca/docs/economicreform.pdf [accessed: 24 July 2012].

[37] G20 2004. *G-20 Accord for Sustained Growth*. www.g8.utoronto.ca/g20/2004/2004growth.html [accessed: 24 July 2012].

[38] G20 2005. *Case Studies - Institution Building in the Financial Sector*. www.g20.utoronto.ca/docs/ [accessed: 24 July 2012].

[39] G20 2007. *The Group of Twenty: A History*. www.g20.utoronto.ca/docs/g20history.pdf [accessed: 14 July 2012].

[40] G20 2008. *Declaration: Summit on Financial Markets and the World Economy* and *Action Plan to Implement Principles for Reform*. Washington, 15 November. g20mexico.org/images/stories/docs/eng/washington.pdf [accessed: 14 July 2012].

[41] G20 2009a. *Declaration on Strengthening the Financial System and*

Declaration on Delivering Resources through the International Financial Institutions. London. www.g20.utoronto.ca/2009/2009ifi.pdf and www.g20.utoronto.ca/2009/2009delivery.pdf [accessed: 1 February 2013].

[42] G20 2009b. *Join the debate ahead of the London Summit*. 30 January. http://webarchive.nationalarchives.gov.uk/20090505130642/http://londonsummit.gov.uk/en/media-centre/articles-and-publications/join-debate-press-release [accessed: 10 August 2012].

[43] G20 2009c. *Leaders Statement: The Pittsburgh Summit*. 24–25 September. www.g20.utoronto.ca/2009/2009communique0925.html [accessed: 10 August 2012].

[44] G20 2009d. *London Summit - Leaders' Statement*. 2 April. www.g20.utoronto.ca/2009/2009communique0402.pdf [accessed: 24 July 2012].

[45] G20 2010a. *The G-20 Toronto Summit Declaration*. 27 June. www.g20.utoronto.ca/2010/to-communique.html [accessed: 7 November 2013].

[46] G20 2010b. *The G20 Seoul Summit Leaders' Declaration*. 12 November. www.g20.utoronto.ca/2010/g20seoul.pdf [accessed: 23 November 2012].

[47] G20 2010c. *Principles for Innovative Financial Inclusion*. 27 June. www.canadainternational.gc.ca/g20/summit-sommet/2010/toronto-principles-toronto.aspx?lang=eng [accessed: 24 July 2012].

[48] G20 2010d. *Seoul Summit Document*. www.g20.utoronto.ca/2010/g20seoul-doc.pdf [accessed: 10 August 2012].

[49] G20 2010e. *The Seoul Summit Document - ANNEX I: Seoul Development Consensus for Shared Growth*. www.g20.utoronto.ca/2010/g20seoul-development.pdf [accessed: 10 August 2012].

[50] G20 2010f. *The Seoul Summit Document, Annex III: G20 Anti-Corruption Action Plan* www.g20.utoronto.ca/2010/g20seoul-anticorruption.pdf [accessed: 12 August 2012].

[51] G20 2010g. *Supporting Document*. 12 November. www.canadainternational.gc.ca/g20/assets/pdfs/2010%20-%20Seoul%20Summit%20Supporting_Document.pdf [accessed: 24 November 2012].

[52] G20 2011a. *The Cannes Action Plan for Growth and Jobs*. 4 November. www.g20-g8.com/g8-g20/g20/english/for-the-press/news-releases/the-cannes-action-plan-for-growth-and-jobs.1556.html and www.g20.utoronto.ca/2011/2011-cannes-action-111104-en.html [accessed: 24 July 2012].

[53] G20 2011b. *Cannes Summit Final Declaration: Building Our Common Future: Renewed Collective Action for the Benefit of All*. 4 November. www.g20-g8.com/g8-g20/g20/english/for-the-press/news-releases/cannes-summit-final-declaration.1557.html, http://g20mexico.org/images/stories/docs/eng/cannes.pdf and www.g20.utoronto.ca/2011/2011-cannes-declaration-111104-en.html [accessed: 10 August 2012].

[54] G20 2011c. *Final CommuniquÉ [of the] G20 Leaders' Summit, Cannes*. 4 November. www.g20-g8.com/g8-g20/g20/english/for-the-press/news-releases/g20-leaders-summit-final-communique.1554.html and www.g20.utoronto.ca/2011/2011-cannes-communique-111104-en.html [accessed: 24 July 2012].

[55] G20 2011d. *G20 Action Plan to Support the Development of Local Currency Bond Markets*. 15 October. www.g20-g8.com/g8-g20/root/bank_objects/ANG_G20_Action_Plan_for_development_of_local_currency_bond_markets_ANG.pdf [accessed: 24 July 2012].

[56] G20 2011e. *G20 Coherent Conclusions for the Management of Capital Flows Drawing on Country Experiences*. 15 October. www.g20-g8.com/g8-g20/root/bank_objects/ANG_G20_CONCLUSIONS_ON_MANAGEMENT_OF_CAPITAL_FLOWS.pdf [accessed: 24 July 2012].

[57] G20 2011f. *G20 Principles for Cooperation between the IMF and Regional*

Financing Arrangements. 15 October. www.g20-g8.com/g8-g20/root/bank_objects/ANG_G20_Principles_for_Cooperation_between_the_IMF_and_Regional_Financing_Arrangements.pdf [accessed: 24 July 2012].

[58] G20 2011g. *What is the G20?* www.g20-g8.com/g8-g20/g20/english/what-is-the-g20-/what-is-the-g20-/what-is-the-g20.70.html [accessed: 23 March 2012].

[59] G20 2012a. *B20 [sic] Trade Ministers' Meeting: Trade and Investment: Promoters of Development, Growth and Employment*. Puerto Vallarta, 19 April. http://g20mexico.org/index.php/en/press-releases/346-comercio-e-inversion-promotores-del-desarrollo-crecimiento-y-la-generacion-de-empleos-b20 [accessed: 12 September 2012].

[60] G20 2012b. *Broader Discussion*. http://g20mexico.org/index.php/en/widened-discussion [accessed: 31 July 2012].

[61] G20 2012c. *Calendar*. http://g20mexico.org/index.php/en/calendar [accessed: 24 July 2012].

[62] G20 2012d. *Civil Society and NGOs*. www.g20mexico.org/index.php/en/civil-society-and-ngos [accessed: 31 July 2012].

[63] G20 2012e. *CommuniquÉ of Ministers of Finance and Central Bank Governors of the G20*. 5 November. www.g20mexico.org/index.php/en/press-releases/537-final-communique and www.g20.utoronto.ca/2012/2012-121105-finance-en.html [accessed: 11 January 2013].

[64] G20 2012f. *The Finance Track*. www.g20mexico.org/index.php/en/financial-track [accessed: 14 September 2012].

[65] G20 2012g. *G20-Civil Society Dialogue*. http://g20mexico.org/images/stories/docs/dgvosc/sc20/eng/cs20.pdf and www.g20mexico.org/images/stories/docs/dgvosc/sc20/eng/cs20.pdf [accessed: 17 September 2012].

[66] G20 2012h. *Financial Inclusion: From Principles to Action*. Washington, DC,

22 April. www.g20mexico.org/images/stories/canalfinan/eventante/summary_financial_inclusion_22042012.pdf [accessed: 1 February 2013].

[67] G20 2012i. *G20 Convention Center*. 16 June. www.g20mexico.org/index.php/en/news/445-centro-de-convenciones-de-g20 [accessed: 3 August 2012].

[68] G20 2012j. *G20 Leaders Declaration*. 19 June. http://g20mexico.org/images/stories/docs/g20/conclu/G20_Leaders_Declaration_2012.pdf, www.g20mexico.org/images/stories/docs/g20/conclu/G20_Leaders_Declaration_2012.pdf and www.g20.utoronto.ca/2012/2012-0619-loscabos.pdf [accessed: 10 August 2012].

[69] G20 2012k. *G20 Summit Leaders' Heads of Security Meet*. Los Cabos, 19 June. http://g20mexico.org/index.php/en/news/464-se-reunen-jefes-de-seguridad-de-mandatarios-asistentes-a-la-cumbre-del-g20 [accessed: 24 July 2012].

[70] G20 2012l. *The Informal Meeting of G20 Foreign Ministers Concludes*. Los Cabos, 20 February. www.g20mexico.org/index.php/en/press-releases/220-concluye-reunion-informal-de-ministros-de-relaciones-exteriores [accessed: 12 September 2012].

[71] G20 2012m. *The Los Cabos Growth and Jobs Action Plan*, 19 June http://g20mexico.org/images/stories/docs/g20/conclu/Los_Cabos_Growth_and_Jobs_Action_Plan_2012.pdf and www.g20.utoronto.ca/2012/2012-0619-loscabos-actionplan.pdf [accessed: 14 September 2012].

[72] G20 2012n. *Mexican Presidency of the G20*. www.g20mexico.org/index.php/en/mexican-presidency-of-the-g20 [accessed: 24 July 2012].

[73] G20 2012o. *The Mexican Presidency of the G20 Meets with Civil Society Organizations*. 16 June. www.g20mexico.org/index.php/en/press-releases/444-la-presidencia-mexicana-del-g20-celebra-reunion-con-organizaciones-de-la-sociedad-civil [accessed: 3 August 2012].

[74] G20 2012p. *The Origins and Evolution of the G-20*. www.g20mexico.org/index.php/en/the-origins-and-evolution-of-the-g20 [accessed 24 July 2012].

[75] G20 2012q. *Peasant and Indigenous Organizations Participate in the Preparation of Proposals for the G20 Leaders' Summit*. 12 June. www.g20mexico.org/index.php/en/press-releases/437-organizaciones-campesinas-participan-en-propuestas-para-cumbre-de-lideres-del-g20 [accessed: 3 August 2012].

[76] G20 2012r. *Policy Commitments by G20 Members*, 19 June http://g20mexico.org/images/stories/docs/g20/conclu/Policy_Commitments_By_G20_Members.pdf and www.g20.utoronto.ca/2012/2012-0619-loscabos-commitments.pdf [accessed: 14 September 2012].

[77] G20 2012s. *Presentation of Mexican Order of Aztec Eagle Awards*. Los Cabos, 16 June. www.g20mexico.org/index.php/en/press-releases/446-imposicion-de-la-orden-mexicana-del-aguila-azteca [accessed: 25 October 2012].

[78] G20 2012t. *Press Statement by President Felipe Calderón to Mark the End of the G20 Summit*. Los Cabos, 19 June. www.g20mexico.org/index.php/en/speeches/461-el-presidente-calderon-en-la-conferencia-de-prensa-ofrecida-a-medios-de-comunicacion [accessed: 10 August 2012].

[79] G20 2012u. *Previous Leaders' Summits*. http://g20mexico.org/en/previous-leaders-summits [accessed: 25 May 2012].

[80] G20 2012v. *The Sherpas Hold Their Fifth and Final Meeting Under the Mexican Presidency of the G20*. 31 October. www.g20mexico.org/index.php/en/press-releases/541-los-sherpas-sostienen-su-quinta-y-ultima-reunion-en-el-marco-de-la-presidencia-mexicana-del-grupo-de-los-veinte [accessed: 11 January 2013].

[81] G20 2012w. *Sherpas' Track*. www.g20mexico.org/index.php/en/sherpas-track

[accessed: 14 September 2012].

[82] G20 2012x. *Statistics* www.g20mexico.org/en/numeralia [accessed: 11 May 2012].

[83] G20 2012y. *The T20 Activities Begin in Yucatan.* www.g20mexico.org/index.php/en/press–releases/397–inician–trabajos–del–t20–en–yucatan [accessed: 24 July 2012].

[84] G20 2012z. *Think20 Meeting Concludes Successfully.* 29 February. www.g20mexico.org/index.php/en/press–releases/259–la–reunion–think–20–concluye–exitosamente [accessed: 4 August 2012].

[85] G20 2012aa. *Think-20 Summary Report by Co-chairs.* December. http://en.g20russia.ru/docs/think_20/summary_report.html [accessed: 14 January 2013].

[86] G20 2012ab. *The VIIth G20 Leaders' Summit Concludes.* 19 June. www.g20mexico.org/index.php/en/press–releases/460–concluye–la–vii–cumbre–de–lideres–del–g20 [Not a full transcript] [accessed: 1 February 2013].

[87] G20 2012ac. *What is the G20?* http://g20mexico.org/en/g20/what–is–the–g–20 [accessed: 23 March 2012].

[88] G20 2012ad. *Who Are the Sherpas?* www.g20mexico.org/en/who–are–the–sherpas [accessed: 12 September 2012].

[89] G20 2012ae. *Working Groups.* www.g20mexico.org/index.php/en/working–groups [accessed: 24 July 2012].

[90] G20 2012af. *Y20 Mexico Delegates' Summit.* http://g20mexico.org/index.php/en/y20–mexico–youth–fora [accessed: 6 August 2012].

[91] G20 2012ag. *Y20 Puebla Agreement.* http://g20mexico.org/images/stories/docs/y20/y20puebla.pdf [accessed: 6 August 2012].

[92] G20 2013a. *Annex 1: St. Petersburg Fiscal Templates: G-20 Advanced Economies.* http://en.g20russia.ru/load/783139442 [accessed: 29 September

2013].

[93] G20 2013b. *Annex 2: St. Petersburg Fiscal Templates: G-20 Emerging Economies*. http://en.g20russia.ru/load/783047026 [accessed: 29 September 2013].

[94] G20 2013c. *Annex 3: MAP Policy Templates for all G20 Countries*. http://en.g20russia.ru/load/783046978 [accessed: 27 September 2013].

[95] G20 2013d. *Annex 4: St. Petersburg Accountability Assessment*. http://en.g20russia.ru/load/783047169 and www.g20.utoronto.ca/2013/Accountabilty_Assessment_FINAL.pdf [accessed: 29 September 2012].

[96] G20 2013e. *G20 5th Anniversary Vision Statement*. September. http://en.g20russia.ru/load/782787912 [accessed: 29 September 2013].

[97] G20 2013f. *G20 Leaders' Declaration*. 6 September. http://en.g20russia.ru/load/782795034. The Declaration and most other documents of the St. Petersburg summit are also accessible at www.g20.utoronto.ca/summits/2013stpetersburg.html [accessed: 29 September 2013].

[98] G20 2013g. [Official logo of the] *Leaders' Summit 2013* www.g20mexico.org/docs/summit/summit_2013.html [accessed: 9 January 2013].

[99] G20 2013h. *Priorities of Russia's G20 Presidency in 2013*. www.g20mexico.org/docs/g20_russia/priorities.html [accessed: 9 January 2013].

[100] G20 2013i. *The Russian Presidency of the G20: Outline*. http://en.g20russia.ru/docs/g20_russia/outline [accessed: 25 January 2013].

[101] G20 2013j. *St. Petersburg Action Plan*. http://en.g20russia.ru/load/782786923 [accessed: 27 September 2013].

[102] G20 2013k. *Saint Petersburg Accountability Report on G20 Development Commitments*. www.g20.utoronto.ca/2013/Saint_Petersburg_Accountability_Report_on_G20_Development_Commitments.pdf [accessed: 29 September 2013].

[103] G20 2013l. *St. Petersburg Strategic Framework for the G20 Anti-Corruption Working Group*. http://en.g20russia.ru/load/783345715 [accessed: 29 September 2013].

[104] G20 Agriculture Ministers 2011. *Action Plan on Food Price Volatility and Agriculture*. 22–23 June. www.g20–g8.com/g8–g20/root/bank_objects/ANG_20110623_PLAN_D_ACTION_AGRI_vANG.pdf [accessed: 24 July 2012].

[105] G20 Agriculture Vice Ministers/Deputies 2012. *Report*, 18 May. www.g20.utoronto.ca/2012/2012–0518–agriculture.pdf [accessed: 28 January 2013].

[106] G20 Anti–Corruption Working Group 2011. *First Monitoring Report of the G20 Anti-Corruption Working Group to G20 Leaders on Individual and Collective Progress Made by G20 Countries in the Implementation of the Seoul Action Plan.* www.g20–g8.com/g8–g20/root/*bank*_objects/Final_G20_Anti–corruption_Working_Group_progress_Report.pdf [accessed: 24 July 2012].

[107] G20 Development Working Group 2011. *2011 Report of the Development Working Group.* www.g20.utoronto.ca/2011/2011–cannes–dwg–111028–en.pdf [accessed: 3 December 2012].

[108] G20 Development Working Group 2012. 2012 *Progress Report of the Development Working Group*. www.g20mexico.org/images/stories/docs/g20/conclu/2012_Progress_Report_Of_The_Development_Working_Group.pdf and www.g20.utoronto.ca/2012/2012–0619–dwg.pdf [accessed: 10 August 2012].

[109] G20 Energy Experts Group 2010. *Report to Leaders on the G20 Commitment to Rationalize and Phase Out Inefficient Fossil Fuel Subsidies*. http://g20mexico.org/images/stories/canalfinan/gexpert/energia/01fuelsubsidies.pdf [accessed: 28 January 2013].

[110] G20 Finance Ministers 2012. *The G20 Welcomes Major Policy Actions in Europe*. 29 June. www.g20.utoronto.ca/2012/2012–0629–finance.pdf [accessed: 18 December 2012].

[111] G20 Finance Ministers and Central Bank Governors 1999. *Financial Sector Regulation and Supervision (Backgrounder)*. Berlin, 15–16 December. www.g20.utoronto.ca/1999/1999regulation.htm [accessed: 28 January 2013].

[112] G20 Finance Ministers and Central Bank Governors 2004. *Combating Money Laundering and Terrorist Financing: Report to G-20 Finance Ministers and Central Bank Governors.*

[113] G20 Finance Ministers and Central Bank Governors 2005. *The G20 Statement on Reforming the Bretton Woods Institutions*. Xianghe, Hebei (China), 16 October. www.g20.utoronto.ca/2005/2005bwi.pdf [accessed: 28 January 2013].

[114] G20 Finance Ministers and Central Bank Governors 2010. *CommuniquÉ. Gyeongju, Republic of South Korea*, 23 October. www.g20.utoronto.ca/2010/g20finance101023.pdf [accessed: 18 March 2013].

[115] G20 Finance Ministers and Central Bank Governors 2011. *CommuniquÉ [of the] Meeting,* Washington, DC. 14–15 April. www.g20.utoronto.ca/2011/2011–finance–110415–en.html [accessed: 23 November 2012].

[116] G20 Finance Ministers and Central Bank Governors 2012. *CommuniquÉ of Ministers of Finance and Central Bank Governors of the G20*. Mexico City, 5 November. www.g20mexico.org/index.php/en/press–releases/537–final–communique [accessed: 24 November 2012].

[117] G20 Framework for Strong, Sustainable, and Balanced Growth Working Group 2012. *Proposal: Framework Working Group's 2013 Work Plan*. 1 November. www.g20mexico.org/images/stories/canalfinan/deliverables/framework/Proposal_Framework_WG.pdf [accessed 4 December 2012].

[118] G20 Global Partnership for Financial Inclusion 2011. *Report to the Leaders*. 5 November. www.g8.utoronto.ca/g20/2011/2011-cannes-global-partnership-report.pdf [accessed: 17 September 2012].

[119] G20 Global Partnership for Financial Inclusion 2012. *Follow Up Report to G20 Leaders*. 19 June. www.g20mexico.org/images/stories/canalfinan/deliverables/financial_inclusion/120916_GPFI_follow_up_report.pdf [accessed: 17 September 2012].

[120] G20 High-Level Panel on Infrastructure 2011. *Recommendations to G20: Final Report*. www.g20-g8.com/g8-g20/root/bank_objects/HLP_-_Full_report.pdf [accessed: 24 July 2012].

[121] G20 Information Centre 2013. *G20 Ministerial and Deputies Meetings*. www.g20.utoronto.ca/ministerials.html [accessed: 20 October 2013].

[122] G20 Labour and Employment Ministers 2010. *G20 Labour and Employment Ministers' Recommendations to G20 Leaders*. Washington, DC, 21 April. www.g20.utoronto.ca/2010/g20lab0421.html and www.dol.gov/ilab/media/events/G20_ministersmeeting/results.htm [accessed: 28 January 2013].

[123] G20 Labour and Employment Ministers 2011. *G20 Labour and Employment Ministers' Conclusions*. Paris, 27 September. www.g20-g8.com/g8-g20/root/bank_objects/G20_Travail-Emploi_ANG_27_09%5B1%5D.pdf [accessed: 24 July 2012].

[124] G20 Labour and Employment Ministers 2012. *G20 Labour and Employment Ministers' Conclusions*. Guadalajara, Mexico, 18 May. www.g20.utoronto.ca/2012/2012-0518-labour.pdf [accessed: 28 January 2013].

[125] G20 Study Group on Commodities 2011. *Report of the G20 Study Group on Commodities Under the Chairmanship of Mr. Hiroshi Nakaso*. November. www.cmegroup.com/education/files/G20Nakaso-November202011.pdf [accessed: 28 January 2013].

[126] G20 Trade Finance Experts Group 2009. *Report: US-UK Chair's Recommendations for Finance Ministers*. August. http://g20mexico.org/images/stories/canalfinan/gexpert/finanzas/02g20finance.pdf [accessed: 28 January 2013].

[127] G20 Trade Finance Experts Group 2010. *Report: Canada-Korea Chair's Recommendations for Finance Ministers*. April. http://g20mexico.org/images/stories/canalfinan/gexpert/finanzas/01g20finance.pdf [accessed: 28 January 2013].

[128] G20 Trade Ministers 2012. *Condensed Version of the Press Conference held by the Minister of Economy, Bruno Ferrari, to Present the Conclusions of the G20 Trade Ministerial Meeting*. Puerto Vallarta, Mexico. April. www.g20mexico.org/index.php/en/speeches/355–version–estenografica–del–mensaje–ofrecido–por–bruno–ferrari–secretario–de–economia–de–mexico–y–presidente–de–la–reunion–ministerial–de–economia–y–comercio–del–g20–durante–la–presentacion–de–las–conclusion [accessed: 28 January 2013].

[129] G22 1998. *Summary of Reports on the International Financial Architecture*. Washington, DC. www.imf.org/external/np/g22/summry.pdf [accessed: 24 July 2012].

[130] Germany, Bundesregierung. 2006. *Focuses of the German G-8 Presidency*, G8 Summit 2007: Heiligendamm, 18 November. www.g–8.de/Webs/G8/EN/Agenda/agenda.html

[131] Germany. Federal Ministry of Finance 2010. *Effective Financial Market Regulation after Pittsburgh: Achievements and Challenges: International Conference*. Berlin, 19–20 May. *www.g20mexico.org/load/780981917 [accessed: 1 February 2013].*

[132] India. Ministry of Finance 2012. *The BRICS Report: A Study of Brazil,*

Russia, India, China, and South Africa with Special Focus on Synergies and Complementarities. New Delhi: Oxford University Press.

[133] India. Press Information Bureau. Prime Minister’s Office 2013. *Media Note on the Informal Meeting of BRICS Leaders ahead of the G20 Summit in St. Petersburg*. 5 September. http://pib.nic.in/newsite/erelease.aspx?relid=99138 [accessed: 29 September 2013].

[134] Institute of International Finance 2012. *High-Level Public-Private Sector IIF G-20 Seminar: The G-20 Agenda under the Mexican Chairmanship*. Mexico City, 24–25 February. www.g20mexico.org/images/stories/canalfinan/eventante/summary_iif_g20.pdf [accessed: 1 February 2013].

[135] Inter–American Development Bank 2012. *The Priorities of Latin America and the Caribbean for the Group of Twenty*. 17 March. Seminar. Montevideo, Uruguay. www.g20mexico.org/images/stories/canalfinan/eventante/seminar_priorities_latin_america_for_the_g20_17032012.pdf [accessed: 1 February 2013].

[136] International Monetary Fund. 2006. *A Guide to Committees, Groups, and Clubs*: *Factsheet.* www.imf.org/external/np/exr/facts/groups.htm [accessed: 24 July 2012].

[137] International Monetary Fund. 2010a. *G-20 Mutual Assessment Process: Alternative Policy Scenarios* www.imf.org/external/np/g20/pdf/062710a.pdf [accessed: 24 July 2012].

[138] International Monetary Fund. 2010b. *G-20 Mutual Assessment Process—IMF Staff Assessment of G-20 Policies*. www.imf.org/external/np/g20/pdf/111210.pdf [accessed: 24 July 2012].

[139] International Monetary Fund. 2011a. *G-20 Mutual Assessment Process: From Pittsburgh to Cannes - IMF Umbrella Report*. IMF Staff Reports for the G–20 Mutual Assessment Process. www.imf.org/external/np/g20/

pdf/110411.pdf [accessed: 24 July 2012].

[140] International Monetary Fund. 2011b. *Review of the Fund's Involvement in the G-20 Mutual Assessment Process.* 13 May. www.imf.org/external/np/pp/eng/2011/051311.pdf [accessed: 24 July 2012].

[141] International Monetary Fund 2012a. *G20 Agreement on Quotas and Governance.* 18 June. www.imf.org/external/np/exr/faq/quotasgov.htm [accessed: 26 October 2012].

[142] International Monetary Fund 2012b. *Joint Statement by the International Monetary and Financial Committee and the Group of 20 Finance Ministers and Central Bank Governors on IMF Resources.* Washington, DC, 20 April. Press Release 12/144. www.imf.org/external/np/sec/pr/2012/pr12144.htm [accessed: 18 December 2012].

[143] International Monetary Fund 2012c. *Toward Lasting Stability and Growth: Umbrella Report for G-20 Mutual Assessment Process.* www.imf.org/external/np/g20/pdf/map2012/umbrella.pdf [accessed: 14 September 2012].

[144] International Monetary Fund 2013. *Imbalances and Growth: Update of Staff Sustainability Assessments for G-20 Mutual Assessment Process.* September. www.imf.org/external/np/g20/pdf/map2013/map2013.pdf [accessed: 29 September 2013].

[145] International Trade Union Confederation 2008. *G20 Trade Union Leaders Meet with IFIs, Heads of State and Call for Vigorous Action to Counter the Global Economic Crisis.* 15 November. www.ituc–csi.org/g20–trade–union–leaders–meet–with.html [accessed: 31 July 2012]. The Washington Declaration (2008) is accessible at: www.ituc–csi.org/IMG/pdf/0811t_gf_G20.pdf.

[146] Japan. Ministry of Foreign Affairs 2012. *MOFA: G20 rotating presidencies - Regional groups.* www.mofa.go.jp/policy/economy/g20_summit/2011/

annex10.html?b5d444e0 [accessed: 11 May 2012].

[147] Korea. Ministry of Strategy and Finance 2009. *G-20 Workshop on Securing Sustainable Economic Recovery: Chair's Statement.* Seoul, 15–16 November. www.g20mexico.org/images/stories/canalfinan/eventante/03seoul.pdf [accessed: 1 February 2013].

[148] Major Economies Forum on Energy and Climate 2012. *Description/Purpose.* www.majoreconomiesforum.org/about/descriptionpurpose.html [accessed: 4 November 2012].

[149] Major, J. and Gorbachev, M. 1991. *Joint Press Conference Given by the Prime Minister, Mr John Major and the Soviet President, Mr Mikhail Gorbachev.* London, UK, 17 July.

[150] Mexico 2012. *Discussion Paper: Mexico's Presidency of the G-20.* January. www.g20mexico.org/images/pdfs/disceng.pdf [accessed: 24 July 2012].

[151] Mexico. Ministry of Finance 2011. *G20 Seminar on 'Current Challenges for Global Economic Growth': Summary.* 12–13 December. www.g20mexico.org/images/stories/canalfinan/eventante/summary.pdf [1 February 2013].

[152] Mexico. Presidencia de la Rep ú blica 2012a. *Global Economic Crisis: Role and Challenges of the G20.* 26 January. www.presidencia.gob.mx/2012/01/sesion–publica–stand–alone–global–economic–crisis–role–and–challenges–of–the–g–20/ [accessed: 31 August 2012].

[153] Mexico. President 2012b. *Remarks made by the President of Mexico, Felipe Calderón Hinojosa, during the G20 Ministers of Foreign Affairs Informal Meeting.* 20 February. www.g20mexico.org/index.php/en/speeches/221–mensaje–al–grupo–del–g20–por–parte–del–presidente–felipe–calderon [accessed: 24 July 2012].

[154] Mexico. Secretary of Foreign Affairs 2012. The Role of Mexico in the G20 by Aranda Bezaury, L. *G20 Journals,* 1, 1–39. Mexico City: Mat í as Romero

Institute. http://g20mexico.org/images/stories/docs/cuadernos/G20ceng.pdf [accessed: 24 July 2012].

[155] Nelson, R. 2009. *The G20 and International Economic Cooperation: Background and Implications for Congress*. Congressional Research Service 7-5700. 9 December.

[156] Organisation for Economic Co-operation and Development. 2009. *Mandate of the Heiligendamm L'Aquila Process Support Unit*. www.oecd.org/document/50/0,3746,en_21571361_40549151_41518322_1_1_1_1,00.html [accessed: 24 July 2012].

[157] Organisation for Economic Co-operation and Development 2011a. *Beating the Crisis: The Role of the OECD and G20*.

[158] www.oecd.org/document/0/0,3746,en_2649_201185_48964973_1_1_1_1,00.html [accessed: 26 October 2012].

[159] Organisation for Economic Co-operation and Development 2011b. *Joining Forces against Corruption: G20 Business and Government: Conference Summary and Conclusions*. Paris, 21 October. www.oecd.org/daf/briberyininternationalbusiness/47715445.pdf [accessed: 1 February 2013].

[160] Organisation for Economic Co-operation and Development 2011c. *Price Volatility in Food and Agricultural Markets: Policy Responses: Policy Report.* 2 June. www.oecd.org/dataoecd/40/34/48152638.pdf [accessed: 19 September 2012].

[161] Organisation for Economic Co-operation and Development 2012a. *Boosting Jobs and Living Standards in G20 Countries: A Joint Report by the ILO, OECD, IMF and the World Bank*. June. www.oecd.org/eco/productivityandlongtermgrowth/Boosting%20jobs%20and%20living%20standards%20in%20G20%20countries.pdf [accessed: 25 October 2012].

[162] Organisation for Economic Co-operation and Development 2012b. *G20/*

OECD Policy Note on Pension Fund Financing for Green Infrastructure and Initiatives. June. www.oecd.org/daf/financialmarketsinsuranceandpensions/privatepensions/S3%20G20%20OECD%20Pension%20funds%20for%20green%20infrastructure%20-%20June%202012.pdf [accessed: 26 October 2012].

[163] Organisation for Economic Co-operation and Development 2012c. *G20 Seminar on Green Growth: Agenda. Paris*, 22 May. www.g20mexico.org/images/stories/canalfinan/greengrowth/final_annotated_agenda_g20_green_growth_seminar.pdf [accessed: 1 February 2013].

[164] Organisation for Economic Co-operation and Development 2012d. *Global Forum on Transparency and Exchange of Information for Tax Purposes: Progress Report to the G20*. June. www.oecd.org/ctp/exchangeofinformation/G20_Progress_Report_June_2012.pdf [accessed: 26 October 2012].

[165] Organisation for Economic Co-operation and Development 2012e. *The History of the OECD and the G20*. www.oecd.org/about/thehistoryoftheoecdandtheg20.htm [accessed: 26 October 2012].

[166] Organisation for Economic Co-operation and Development 2012f. *Incorporating Green Growth and Sustainable Development Policies into Structural Reform Agendas*. https://www.google.com/url?q=http://www.oecd.org/eco/greeneco/G20_report_on_GG_and_SD_final.pdf&sa=U&ei=nq1mUu7yEcep2gXF5oHgDQ&ved=0CAcQFjAA&client=internal-uds-cse&usg=AFQjCNFqSp15AeLhKE6ZoqH2xS3dDgspzg [accessed: 22 October 2013].

[167] Organisation for Economic Co-operation and Development 2012g. *OECD/INFE High-Level Principles on National Strategies for Financial Education*. June. www.oecd.org/daf/financialmarketsinsuranceandpensions/financialeducation/OECD_INFE_High_Level_Principles_National_Strategies_Financial_Education_FINAL.pdf [accessed: 26 October 2012].

[168] Organisation for Economic Co–operation and Development 2012h. *Pursuing Strong, Sustainable and Balanced Growth: A Note on Implementation of G20 Structural Commitments*. June. www.oecd.org/eco/productivityandlongtermgrowth/OECD%20G20%20Framework%20Note%20on%20Structural%20Policy%20Implementation%20(12%20June%202012.pdf [accessed: 26 October 2012].

[169] Organisation for Economic Co–operation and Development 2012i. *Reports on G20 Trade and Investment Measures*. 31 May. www.oecd.org/daf/internationalinvestment/investmentpolicy/50492978.pdf [accessed: 26 October 2012].

[170] Organisation for Economic Co–operation and Development 2012j. *Sustainable Agricultural Productivity Growth and Bridging the Gap for Small Family Farms: Interagency Report to the Mexican G20 Presidency*. 12 June. www.oecd.org/tad/agriculturalpoliciesandsupport/50544691.pdf [accessed: 26 October 2012].

[171] Organisation for Economic Co–operation and Development. OECD Task Force on Institutional Investors and Long–Term Financing 2013. *G20/OECD High-Level Principles of Long-Term Investments Financing by Institutional Investors*. www.oecd.org/daf/fin/private–pensions/G20–OECD–Principles–LTI–Financing.pdf [accessed: 27 September 2013].

[172] Organisation for Economic Co–operation and Development and Russia' s G20 Presidency 2013. *Advancing National Strategies for Financial Education*. www.oecd.org/finance/financial–education/G20_OECD_NSFinancialEducation.pdf [accessed: 27 September 2013].

[173] Persini, C. (ed.) 2011. *G20 : les enjeux de la prÉsidence française*. Regards sur l' actualitÉ, 371. Paris: Documentation française. May.

[174] Ramos, G. 2011. G20 and the OECD: Before and beyond the Crisis.

Uluslararası Ekonomik Sorunlar 41(11), 7–15 Turkey: Ministry of Foreign Affairs. www.mfa.gov.tr/data/Kutuphane/Yayinlar/EkonomikSorunlarDergisi/Sayi41/sayı%2041_mayis_2011.pdf [accessed: 9 February 2013].

[175] Reserve Bank of India and the Bank of England 2009. *G20 Workshop on the Global Economy: Causes of the Crisis: Key Lessons*, Mumbai, India, 24–26 May. www.g20mexico.org/images/stories/canalfinan/eventante/04causescrisis.pdf [accessed: 1 February 2013].

[176] Russia. President 2012. *Address by Vladimir Putin on Russia Assuming the G20 Presidency*. 1 December. www.g20mexico.org/news/20121201/781005673.html and www.g20.utoronto.ca/2012/2012–putin–1201.html [accessed: 9 January 2013].

[177] Russia. President 2013. *Vladimir Putin's News Conference Following the G20 Summit*. 6 September. http://en.g20russia.ru/news/20130906/782816253.html [accessed: 29 September 2013].

[178] Sala–i–Martin, X. and Mohapatra, S. 2002. *Poverty, inequality and the distribution of income in the Group of 20*. Australia. Treasury. Prepared for the G20 Finance Ministers' and Central Bank Governors' meeting in November. www.g20.utoronto.ca/biblio/salaimartin–mohapatra.pdf [accessed: 25 January 2013].

[179] United Kingdom 2009. *The Road to the London Summit: The Plan for Recovery*.

[180] United Kingdom. Prime Minister 2011. Governance for Growth: Building Consensus for the Future. November. www.number10.gov.uk/wp–content/uploads/2011/11/GovernanceForGrowth_acc.pdf [accessed: 14 September 2012].

[181] United Kingdom. Prime Minister 2012. In fight for open world, G8 still matters. The Globe and Mail, 21 November, B2.

[182] United Nations 2004. A More Secure World: Our Shared Responsibility, Report of the High-level Panel on Threats, Challenges and Change. New York: United Nations.

[183] United Nations. Department of Public Information 2008. Activities of the Secretary-General in Washington, DC, 14-15 November. (SG/T/2633). https://www.un.org/News/Press/docs/2008/sgt2633.doc.htm [accessed: 25 October 2012].

[184] United Nations. Department of Public Information 2009a. Activities of the Secretary-General in United Kingdom, 1-3 April. (SG/T/2665). www.un.org/News/Press/docs/2009/sgt2665.doc.htm [accessed: 25 October 2012].

[185] United Nations. Department of Public Information 2009b. Premature Exit from Stimulus Efforts Could Put Global Recovery at Risk, Secretary-General Warns in Remarks to G-20 Summit. 25 September. (SG/SM/12491). www.un.org/News/Press/docs/2009/sgsm12491.doc.htm [accessed: 25 October 2012].

[186] United Nations. Department of Public Information 2009c. Secretary-General Welcomes Pledge of G-20 Leaders to $1.1 Trillion Aid Package. (SG/SM/12165). www.un.org/News/Press/docs/2009/sgsm12165.doc.htm [accessed: 25 October 2012].

[187] United Nations. Department of Public Information 2010a. Daily Press Briefing by the Office of the Spokesperson for the Secretary-General. 24 June.

[188] United Nations. Department of Public Information 2010b. In Seoul, Secretary-General Says Development Not Side Issue: 'Investing in Development Is Investing in Everyone' s Recovery' . 12 November. (SG/SM/13244). www.un.org/News/Press/docs/2010/sgsm13244.doc.htm [accessed: 25 October 2012].

[189] United Nations. Department of Public Information 2010c. Secretary-General,

in Remarks to Economic and Social Council, Reports Uneven Progress on Millennium Development Goals. 28 June. (SG/SM/12977). www.un.org/News/Press/docs/2010/sgsm12977.doc.htm [accessed: 25 October 2012].

[190] United Nations. Department of Public Information 2011. Daily Press Briefing by the Office of the Spokesperson for the Secretary–General. 3 November.

[191] United Nations. Department of Public Information 2012. Secretary–General Outlines Messages He Took to G–20 Summit in Los Cabos, Introduces Mexico' s Vice–Minister to Brief General Assembly in Detail. 31 July. (SG/SM/14438). www.un.org/News/Press/docs/2012/sgsm14438.doc.htm [accessed: 25 October 2012].

[192] United Nations. Economic and Social Council. 11th Session 2012. 17 May. Half–day Discussion on the Rights of Indigenous Peoples to Food and Food Sovereignty. (E/C.19/2012/L.10). www.g20mexico.org/images/stories/docs/dgvosc/sc20/eng/n1234365.pdf [accessed: 3 August 2012].

[193] United Nations. General Assembly. 54th Session 1999. *Official Records*, Supplement No. 1: *Report of the Secretary-General on the Work of the Organization*. (A/54/1).

[194] United Nations. General Assembly. 63rd Session 2009. *Outcome of the Conference on the World Financial and Economic Crisis and Its Impact on Development: Resolution Adopted by the General Assembly*. 13 July. (A/RES/63/303).

[195] United Nations News Service 2009. *Global Finance Structures Must Be Revamped, Says UN Expert Panel*, 26 March. www.un.org/apps/news/story.asp?NewsID=30309&Cr=financial+crisis&Cr1#.UJRA4Yaz7YM [accessed: 2 November 2012].

[196] United Nations News Service 2013. *At G20 Summit, Ban, UN-Arab League Envoy Push for Political Solution to Syria Crisis*, 5 September. www.un.org/

apps/news/story.asp?NewsID=45780&Cr=syria&Cr1=g20#.UnUiORBcyBZ [accessed: 2 November 2013].

[197] United Nations World Tourism Organization 2012. *T.20 Initiative.* http://t20.unwto.org/en [accessed: 12 September 2012].

[198] United States. Congress. Senate. Committee on Banking, Housing and Urban Affairs 2011 *An Action Plan for the G-20: Testimony before the Hearing 'The G-20 and Global Economic and Financial Risks'*, Bergsten, C.F.; and Urban Affairs Subcommittee on Security and International Trade and Finance, 20 October. www.piie.com/publications/testimony/testimony.cfm?ResearchID=1960 [accessed: 19 September 2012].

[199] United States. Department of State 2012. *G8 Summit 2012.* www.state.gov/e/eb/ecosum/2012g8/index.htm [accessed: 9 January 2013].

[200] United States. President 2009. *Remarks by President Obama at G20 Closing Press Conference.* 25 September. www.whitehouse.gov/the_press_office/Remarks–by–the–President–at–G20–Closing–Press–Conference [accessed: 10 August 2012].

[201] United States. White House. Office of the Press Secretary 2013. *Joint Statement on Syria.* 6 September. www.whitehouse.gov/the–press–office/2013/09/06/joint–statement–syria [accessed: 27 September 2013].

[202] Walter, A. 2011. *Global Economic Governance after the Crisis.* Bank of Korea Working Papers. Seoul: Bank of Korea. January.

[203] World Bank. 2010. *G20 and Global Development: Report Prepared by Staff of the World Bank for G20 Growth Framework and Mutual Assessment Process* http://siteresources.worldbank.org/DEC/Resources/G20Framework&MAP–WBReport–TorontoSummit–2.pdf [accessed: 19 September 2012].

[204] World Bank Group 2011. *Mobilizing Climate Finance: A Paper Prepared at*

the Request of G20 Finance Ministers. 6 October. www.imf.org/external/np/g20/pdf/110411c.pdf [accessed: 28 October 2012].

[205] World Bank 2012a. *G20 Commodities Seminar: Summary*. Los Cabos, Mexico, 5–6 May. www.g20mexico.org/images/stories/canalfinan/commodities/commodities_seminar_summary.pdf [accessed: 1 February 2013].

[206] World Bank 2012b. *Measuring Financial Inclusion: The Global Financial Inclusion Indicators (GFII)* http://go.worldbank.org/MXB6HOJ5U0 [accessed: 26 October 2012].

[207] World Bank 2012c. *Measuring Financial Inclusion: the Global Findex Database*. www-wds.worldbank.org/servlet/WDSContentServer/WDSP/IB/2012/04/19/000158349_20120419083611/Rendered/PDF/WPS6025.pdf [accessed: 30 October 2012].

[208] World Bank 2012d. *Restoring and Sustaining Growth*. 8 June. http://siteresources.worldbank.org/DEC/Resources/84797-1320153303397/World_Bank_Repor_for_G20_Framework_June_8_2012.pdf [accessed: 26 October 2012].

[209] World Bank Group 2011. *Mobilizing Climate Finance: A Paper prepared at the request of G20 Finance Ministers*. 6 October. www.imf.org/external/np/g20/pdf/110411c.pdf [accessed: 28 October 2012].

[210] Accompanied by the following background papers: 1: IMF, *Promising Domestic Fiscal Instruments for Climate Finance*; 2: IMF, *Market-Based Instruments for International Aviation and Shipping as a Source of Climate Finance*; 3: OECD, *Fossil-fuel Support*; 4: Patel, S. *Climate Finance: Engaging the Private Sector*; 5: Ambrosi, P. *How to Keep Momentum Up in Carbon Markets?*; 6: World Bank Group, *The Scope for MDB Leverage and Innovation*.

网站[①]

[1] Australia. Department of Foreign Affairs and Trade. [G20–related] www.dfat.gov.au/trade/g20/index.html.

[2] B20 (Business 20) 2013. www.b20russia.com/en/.

[3] Bruegel. *G20 Monitor.* Includes *Bruegel Blog* April 2010–present. Brussels: Bruegel. www.bruegel.org/g20–monitor.

[4] BRICS Research Group. *BRICS Information Centre.* www.brics.utoronto.ca.

[5] Canada. Department of Foreign Affairs and International Trade. www.canadainternational.gc.ca/g20/index.aspx?lang=eng&view=d.

[6] Centre for Global Studies. *L20: A Leaders' Forum.* Victoria, BC: Centre for Global Studies, University of Victoria. www.l20.org.

[7] Centre for International Governance Innovation www.cigionline.org.

[8] Financial Stability Board. www.financialstabilityboard.org.

[9] G8 Research Group. *G8 Information Centre.* www.g8.utoronto.ca.

[10] G8/G20 Civil – NGOs Russia. www.g20civil.com.

[11] G20. [Official website of the G20 finance ministers' and central bank governors' forum] www.g20mexico.org

[12] G20. Washington Summit (2008).

[13] G20. London Summit 2009.

[14] G20. Los Cabos Summit (2012). http://g20mexico.org/en

[15] G20. St. Petersburg Summit (2013). http://en.g20russia.ru/

[16] G20 Research Group. *G20 Information Centre.* www.g20.utoronto.ca

[17] Group of Five (G5). www.groupoffive.org

① 说明：除特别说明外，截至2013年1月25日，以下列出的所有网站均可访问。

[18] Halifax Initiative. http://halifaxinitiative.org

[19] InterAction. www.interaction.org

[20] International Monetary Fund. [G20–related web page] www.imf.org/external/np/g20

[21] Major Economies Forum on Energy and Climate. www.majoreconomiesforum.org

[22] *This website provides links to documents of MEF meetings and other information.*

[23] Organisation for Economic Co–operation and Development. *OECD and the G20*. www.oecd.org/G20.

[24] United Kingdom. The National Archives [UK Government Web Archive section under G–20 UK.] http://webarchive.nationalarchives.gov.uk/*/http://www.g20mexico.org/.

[25] United States. Department of State. www.state.gov/e/eb/ecosum/pittsburgh2009/resources/index.htm.

参考文献

（中文部分）

书籍、报告及系列出版物

[1] 曹令军. 八国集团——从G7到G8. 北京：中共中央党校，2004

[2] 陈晓进. 中国与八国集团. 北京：时事出版社，2006

[3] 安德鲁·库珀. 全球治理中的新兴国家. 上海：上海人民出版社，2008

[4] 彼得·哈吉纳尔. 八国集团体系与二十国集团. 上海：上海人民出版社，2010

[5] 唐颖. 全球治理中的发达国家与新兴国家. 上海：外交学院，2010

[6] 王道云. 八国集团国际协调机制研究. 上海：华东师范大学，2009

[7] 徐婷. 全球气候治理中的非正式国际机制研究. 上海：上海外国语大学，2010

期刊文章

[1] 曹令军. 关于中国拒绝加入八国集团的思考[J]. 汕头大学学报（人文社会科学版），2003（3）：10–16

[2] 曹令军. 中国加入八国集团研究[J]. 燕山大学学报（哲学社会科学版），

2003（4）：68–71

[3] 曹令军. 俄罗斯加入七国集团对中国的启示[J]. 学习论坛， 2006， 22（8）：72–74

[4] 龚伟， 赵春珍. 二十国集团——21世纪全球治理中心?[J]. 当代世界，2008（6）：27–28

[5] 彼得・哈吉奈尔. G20与市民社会[J]. 国际观察， 2011（2）：16–22

[6] 焦艳. G20中国财经外交启新篇[J]. 中国经贸， 2005（11）：28–28

[7] 刘宗义. 二十国集团的角色转型与法国戛纳峰会展望[J]. 国际观察， 2011（2）：30–36

[8] 倪建军，王凯. 从华盛顿到伦敦的G20峰会传达了什么信息？[J]. 世界知识，2009（8）：50–51

[9] 佚名. 二十国集团在柏林创始[J]. 上海对外经贸大学学报， 2000（1）：7.

[10] 佚名. 二十国集团强调推进世贸组织发展回合谈判[J]. 上海对外经贸大学学报， 2003（1）：44–44

[11] 徐婷. 跨政府网络与G20的治理模式[J]. 国际观察， 2011（2）：23–29

[12] 余翔. 从G20峰会看世界经济秩序新动向[J]. 当代世界， 2009（5）：53–55

[13] 余永定. 崛起的中国与七国集团、二十国集团[J]. 国际经济评论， 2004（5）：9–12

[14] 章伟. 二十国集团伦敦峰会的成果与难题[J]. 国际研究参考， 2009（4）：41–42

[15] 朱杰进. G20机制非正式性的起源[J]. 国际观察， 2011（2）：9–15.

简称、专有名词、专业术语等的翻译及说明

由于本书中有非常多的简称、专有名词和专业术语，考虑到中文的行文习惯并参考了这些词的翻译惯例，我们对一些常见的简称、专有名词、专业术语等的翻译做了统一安排。

简称的翻译与保留

由于很多英文简称并不是很常见，所以我们在本书中仅保留了以下简称，而对其他英文简称均进行了全称翻译。

G5	五国集团
G7	七国集团
G8	八国集团
G20	二十国集团
B20	二十国集团工商峰会
T20	二十国集团智库会议
Y20	二十国集团青年会议
NGO	非政府组织

WTO	世界贸易组织
IMF	国际货币基金组织
CEO	首席执行官、总裁
Rio +20	联合国可持续发展大会
APEC	亚太经济合作组织
OECD	经济合作与发展组织

人名的翻译与保留

由于书中出现的人名众多，我们在翻译的时候采取的策略是只翻译各国总统、总理、首相以及世界银行、联合国和IMF等机构首脑的名字，其他人（除非是中国人）的英文名字都不予翻译。

专有名词和专业术语的翻译

英文	翻译
Alternative/Parallel Summits	平行峰会
Bretton Woods Institutions	布雷顿森林机构
CIGI	加拿大国际治理创新中心
Civil Society Groups	民间社会组织
Climate Change Financing/ Climate Finance	气候融资
Financial Inclusion	普惠金融
Finance Ministers and Central Bank Governors Meeting	财长和央行行长会议
G20 Actor	G20行为体
G20 Communiqué	G20宣言
G20 Declaration	G20公报
G20 Leaders' Statement	G20领导人声明
G20 Presidency	G20轮值主席国

G20 Sub-summit	G20下设机构会议
G20 Sub-summit Group	G20下设机构团体
Global Partnership for Financial Inclusion, GPFI	普惠金融全球伙伴关系
Global South	欠发达地区
Growth Inclusion	包容性增长
International Governmental Organization, IGO	国际政府组织
International Financial Architecture	国际金融架构
Innovation Financing	融资创新
Mutual Assessment Process（MAP）	二十国集团相互评估进程
Labour and Employment Ministers Meeting	劳工就业部长会议
MYAP	首尔发展领域多年行动计划
Non-state Actors	非政府行为体
Peer Review	同行评审
Private Philanthropies	私人慈善机构
Sherpa	协调人
Stakeholders	利益相关方
Task Force	工作组
Tax Heavens	避税场所
The International Chamber of Commerce, ICC	国际商会
The New Development Bank	金砖国家新开发银行
Troika	三驾马车规则
Variable Geometry of Summitry	多种峰会变形

其他说明

说明1：由于英文原书中对历届G20峰会名称的提法并不统一，我们在翻译的过程中对历届G20峰会的提法进行了统一，即采用“G20+城市名+峰会”的格式，比如，G20华盛顿峰会、G20杭州峰会，等等。

说明2：书中有很多地方都谈到了G20的合法性（Legitimacy）问题，这里有必要对Legitimacy一词的翻译进行说明。在翻译实践中，有人将Legitimacy译为“合法性”，也有人将其译为“正当性”。单从字面意思讲，中文的“合法性”暗含的意思是“对某一个‘法’的符合程度”，所以，许多中国人在讨论这个词时常会先提出一个疑问——“合法性”中的“法”是指哪个“法”？但事实上，由于中国正式的、法律意义上的、政治意义上的“合法性”一词是由“Legitimacy”翻译而来，所以，中文“合法性”中的“法”并不特指某一个“法律”或“法规”。相反，它是指符合某些规则，而法律只是其中一种比较特殊的规则，此外的社会规则还有规章、标准、原则、典范以及价值观、逻辑等。因此，合法性的基础可以是法律程序，也可以是一定的社会价值或共同体所沿袭的先例。照此理解，狭义的“合法性”就是指合乎法律或者符合法律的规定，其对应的英文单词为Legality。

译后记

2016年7月22日，我到国务院发展研究中心报到，当天下午就接到了中央领导布置的一项研究任务，要求就“国际宏观经济政策协调”做一些案例研究。就这样，抱着“边干边学”的态度，我开始了在中心的研究工作。在魏加宁老师的带领和指导下，我们以“广场协议”这一宏观经济政策的国际协调实践为研究对象，系统考察了“广场协议”签订的背景、“广场协议”框架下的政策协调机制以及该框架下政策协调的效果，并在此基础上，就设计宏观经济政策的国际协调机制提出了一系列建议。通过这个课题，我对国际经济金融治理体系的演变有了更全面的了解，包括布雷顿森林体系的兴衰、G5-G6-G7-G8的演变、G20先后在财长和央行行长会议层面以及领导人峰会层面上的成立与演变。

不仅如此，我对国际经济政策协调也有了更新的认识。随着经济全球化的不断深化与扩散，商品市场、资本市场的跨国联系越来越紧密，经济政策的溢出效应越来越明显：一方面，本国（尤其是大国）的经济政策不仅会影响到国内市场，也会对国际市场造成一定的冲击或者扰动，甚至是当国际市场受到其影响之后还会进一步反馈到国内市场；另一方面，国内市场也会受到其他国家（尤其是大国）经济政策的波及。以美联储加息为例，欧洲、日本、中国以及其他新兴经济体的表现在美国联邦公开市场委员会的议息会议上被越来越频繁地提及，说明美国加息与否不仅取决于美国国内经济走势，同时也受制于其他国家的经济走势。为了避免彼此政策效果的相互抵消或者对国际、国内市场可能带来的不必要的扰动，国与国之间——尤其是世界主要经济体之间——的经济政策协调就显得尤为重要。

2016年9月，G20杭州峰会成功召开，这是近年来中国主办的级别最高、规模最大、影响最为深远的一次国际峰会。这为我们近距离观察世界主要经济体之间进行经济政策协调提供了一次难能可贵的机会。我们不但可以看到此次峰会达成的一系列共识和取得的丰硕成果，还可以看到中国在全球治理体系中的地位已经今非昔比，同时也能看到G20这一平台在全球治理中所发挥的作用以及所面临的挑战。伴随着这些观察、思考与写作，我对国际经济政策协调、国际经济金融治理的研究兴趣也愈加浓厚。

2016年10月，魏加宁老师访问了加拿大多伦多大学，并在一次座谈会上见到了本书作者哈吉纳尔教授。会后，哈吉纳尔教授将本书赠送给魏老师，魏老师当即提出能否将本书的中文版版权给我们，我们课题组来组织翻译，作者很爽快地答应了。

本书的翻译工作是从2016年12月开始的。由于自本书英文版2014年面世以来，G20布里斯班峰会、安塔利亚峰会与杭州峰会已经分别于2014、2015和2016年召开，有关G20的各种讨论也更加丰富，为了本书中文版能够反映出全球治理体系的新变化，在我们翻译的过程中，本书作者彼得·哈吉纳尔教授还对各章节进行了修改与更新，书中大部分资料都更新到了2016年底，个别章节甚至更新到了2017年3月。不仅如此，作者还重写了绪论、结语和第七章。

关于翻译工作的分工，我负责翻译了本书的前言与致谢、绪论、结语以及第一、三、七、八章，孙天琪负责第二章的初译，杨坤负责第四章的初译，黄赐妹负责第五章的初译，黄晓璞负责第六章的初译，周颖负责第九章的初译，甘静芸负责第十章的初译。唐滔和朱太辉也对本书译稿提出了很好的修订意见。最后，我负责完成了对本书中文版的统稿与校对。在此过程中，杨坤和赵伟欣给予了极大帮助。在此，对以上所有人员的付出与努力一并表示感谢。

本书中文版的面世，还要感谢劳特利奇出版社（Routledge）的版权许可，感谢国务院发展研究中心在科研经费及硬件方面提供的支持，尤其要感谢中心王一鸣副主任的支持，感谢魏加宁老师的信任，感谢中心宏观经济研究部陈昌盛副部长与吴振宇副部长以及中心众多同事的鼓励，感谢中国发展出版社的几位编辑，尤其是雒仁生先生，他们为本书的出版做了大量的工作。

最后，我要特别感谢我的妻子和家人对我工作的支持与理解。

杨光普

2017年6月